HÉRCULES 56

SILVIO DA-RIN

HÉRCULES 56

O seqüestro do embaixador americano em 1969

ZAHAR
Jorge Zahar Editor
Rio de Janeiro

Jorge Zahar Editor Ltda.
rua México 31 sobreloja
20031-144 Rio de Janeiro, RJ
tel.: (21) 2108-0808 / fax: (21) 2108-0800
e-mail: jze@zahar.com.br
site: www.zahar.com.br

Projeto gráfico e composição: Mari Taboada
Capa: Miriam Lerner
Foto de capa: © Acervo Iconographia

CIP-Brasil. Catalogação-na-fonte
Sindicato Nacional dos Editores de Livros, RJ.

Da-Rin, Silvio, 1949-
D233h Hécules 56: o seqüestro do embaixador americano em 1969 / Silvio Da-Rin. — Rio de Janeiro: Jorge Zahar Ed., 2007.

Apêndice
Inclui bibliografia
ISBN 978-85-378-0038-6

1. Elbrick, C. Burke, 1908-1983 – Seqüestro, 1969. 2. Brasil – Política e governo – 1969-1974. 3. Documentário (Cinema) I. Título.

CDD: 981.062
07-3567 CDU: 981"1964/1985"

Sumário

INTRODUÇÃO E AGRADECIMENTOS

Em dezembro de 2004, decidi realizar um documentário que colocasse em discussão a luta armada contra o regime militar. Para dar forma a esse projeto, procurei os idealizadores do seqüestro do embaixador americano Charles Elbrick, em 1969, e os remanescentes do grupo de presos políticos libertados em conseqüência da ação.

Dos 15 brasileiros que desembarcaram em liberdade na Cidade do México no dia 7 de setembro de 1969, seis haviam falecido. Onofre Pinto foi atraído do Chile para o Brasil e assassinado por órgãos de segurança das Forças Armadas em 1974. No mesmo ano, João Leonardo da Silva Rocha, descoberto pela repressão no interior da Bahia, também foi executado. Luís Travassos morreu em um trágico acidente automobilístico no Rio de Janeiro, em 1982. Rolando Frati, Gregório Bezerra e Ivens Marchetti tiveram morte natural.

Todos os nove remanescentes aderiram incondicionalmente ao projeto. Cada entrevista foi filmada em um único encontro. Procuramos privilegiar os locais de moradia dos personagens, com duas exceções. O músico Ricardo Vilas, que vive em Paris, estava de passagem pelo Rio de Janeiro e foi o primeiro a ser filmado, em 3 de agosto de 2005, no apartamento de Luciana Castelo Branco, a quem agradeço. Ricardo Zarattini foi entrevistado em um local mais silencioso que sua residência: a sede de um diretório do PT, em São Paulo. A última filmagem, no dia 8 de outubro de 2005, foi a reunião dos que idealizaram e realizaram o seqüestro do embaixador Elbrick. A locação foi um restaurante, no Centro do Rio de Janeiro.

Poucos dias antes, havíamos realizado a penúltima entrevista individual, com Agonalto Pacheco. Aos 79 anos, ele vivia em Aracaju, na casa de familiares. O encontro com a equipe de filmagem foi emocionante, mas sua memória estava seriamente comprometida. A idade parecia ter exacerbado sua preocupação com as normas de segurança que precisou respeitar ao longo de toda a vida de militante comunista. Na conversa, evitou ao máximo referir-se a episódios concretos e citar espontaneamente o nome de ex-companheiros. Agonalto veio a falecer no dia 13 de abril de 2007, poucas semanas antes da homenagem que organizamos em Aracaju, com uma exibição especial do documentário *Hércules 56*.

Na medida em que o projeto se desenvolvia, tomava forma uma narrativa composta de fragmentos de memórias individuais. E crescia minha preocupação com a preservação das entrevistas, para que futuros pesquisadores pudessem consultá-las independentemente da forma com que a edição do filme as segmenta e articula. Daí nasceu a proposta deste livro.

Embora um pouco mais curtas que o material filmado, as entrevistas foram editadas com a preocupação de preservar a fluência original. Marcas excessivas de oralidade foram atenuadas e algumas redundâncias suprimidas. A seqüência segue a ordem em que as conversas foram gravadas.

Agradeço a todos os personagens, pela confiança irrestrita que depositaram na edição de suas memórias; a seus familiares, por nos terem recebido em suas casas; a todos os membros da equipe do filme *Hércules 56*, em especial à produtora Suzana Amado, que autorizou a publicação das entrevistas, e a Joana Nin, parceira na preparação e realização das entrevistas; à Petrobras e ao Instituto Telemar, por proporcionarem os recursos necessários à realização do documentário; a Maria Pia Amado e Selmy Yassuda, bem como às instituições e pessoas que conservam as imagens históricas que ilustram o volume; e aos inumeráveis amigos e colaboradores deste projeto.

APRESENTAÇÃO

Nos debates realizados à época do lançamento do filme *Hércules 56*, havia uma pergunta recorrente: o que motivou a realização do documentário? Eu costumava responder que no filme há fortes ressonâncias das experiências da minha juventude. Mais do que isso, é um projeto que concerne à memória de uma geração. Tomei o seqüestro do embaixador norte-americano Charles Elbrick como o fio de uma meada que traz à tona uma série de episódios relacionados ao enfrentamento desigual entre pequenos grupos de esquerda e as Forças Armadas. Não buscava respostas acabadas, muito

O Hércules 56 da FAB decola da Base Aérea do Galeão, com 13 presos políticos a bordo, na tarde de 6 de setembro de 1969.

menos respostas consensuais. Tampouco tinha qualquer ilusão a respeito da objetividade dos relatos. Tenho plena convicção de que o passado histórico não é um objeto disponível para análise laboratorial, objetiva e isenta. O discurso histórico é construído a partir de fabulações, produzidas por seres humanos e necessariamente impregnadas de emoção. Ou a partir da interpretação de documentos, também um trabalho subjetivo.

Acima de tudo, sempre tive clareza de que a construção de versões sobre um período histórico é um gesto político. Iluminar o passado contribui para entender o presente e melhor projetar o futuro da sociedade em que vivemos, onde os interesses estão permanentemente em jogo e muitas vezes se confrontam. Nunca tive ilusões a respeito de uma possível neutralidade ou representação isenta dos anos de chumbo. Procurei me reunir com aqueles que empenharam suas vidas em nome das utopias de uma época, esgarçadas pelo tempo. Se hoje a agenda política gira em torno da cidadania e do meio ambiente, o que estava na ordem do dia do Terceiro Mundo nos anos 60 era a idéia de revolução. Nações africanas sepultavam o colonialismo. Cuba mostrava que era possível derrotar o imperialismo. A Guerra do Vietnã confirmava essa crença. O socialismo parecia representar a emancipação dos trabalhadores em quase metade do planeta.

Fui ao encontro de 14 revolucionários daquela época, interessado em saber o que pensam hoje sobre os descaminhos de um projeto que partilhamos quatro décadas atrás. Para tornar mais explícito meu interesse pessoal no tema que nos aproximou, faço um breve relato do que foi minha vida nos meses que se seguiram ao seqüestro do embaixador Elbrick. Provavelmente nada muito diferente do que viveram centenas de outros brasileiros recém-saídos da adolescência, naqueles anos conturbados em que um outro Brasil parecia possível.

Na boca da noite de 3 de setembro de 1969, eu caminhava pela avenida Oswaldo Cruz, em direção à praia de Botafogo, ansioso para cobrir um ponto com dois companheiros da Vanguarda Armada Revolucionária (VAR-Palmares) que eu nunca havia encontrado. Naqueles dias, em algum lugar do país, a organização realizava o congresso que consolidaria a recente fusão entre os Comandos de Libertação Nacional (Colina), a Vanguarda Popular Revolucionária (VPR) e dois grupos menores. Um deles era uma dissidência da Ação Popular (AP), onde eu começara a militar em 1967, aos 17 anos. A soma de militantes, armas e esquemas logísticos em torno da criação da VAR apontava para a reversão do processo de fragmentação da esquerda brasileira, que começara antes do golpe de 1964 e vinha se acentuando.

"O Rio de Janeiro continua lindo, o Rio de Janeiro continua sendo..." Nas rádios, o samba de Gilberto Gil era o que mais se ouvia. Cheguei à esquina da rua Barão de Icaraí com uma revista na mão e a senha na ponta da língua. O companheiro do Comando Regional vinha se aproximando pela transversal, absolutamente pontual, por imposição das normas de segurança cada vez mais rigorosas. Não havia mais encontros em pontos fixos – alguém parado poderia despertar suspeitas. Caminhamos juntos mais duas esquinas, até onde se juntaria a nós o militante que vinha de uma atuação no meio operário do Rio Grande do Sul. Nosso encontro representava o início da minha integração efetiva à nova organização. Para minha decepção, a reunião foi desmobilizada e remarcada para duas semanas depois. O membro do comando disse, em voz baixa e tom grave: "Recebemos, de uma organização aliada, a informação de que uma ação de grande repercussão vai acontecer nos próximos dias, atraindo muita repressão. Precisamos evitar a circulação nas ruas da Guanabara."

O momento político era inusitado. Poucos dias antes, o marechal Costa e Silva sofrera uma isquemia e havia sido afastado da Presidência da República. O vice-presidente Pedro Aleixo, um jurista da Arena, fora colocado em prisão domiciliar na casa de uma filha, em Copacabana. Às vésperas da Semana da Pátria, em nome da segurança nacional, mais um ato institucional fora editado às pressas, para dar posse a um "comando revolucionário" formado pelos três ministros militares. Nunca, desde o golpe de 1964, a ditadura tornara-se tão escancarada: em vez de um ditador único ungido por um Congresso submisso, uma junta militar autoproclamada.

Menos de 24 horas depois, eu compreendi a recomendação de recolher a militância. Sucediam-se edições extraordinárias nos noticiários de rádio, TV e jornal: o embaixador dos Estados Unidos havia sido seqüestrado. Até então, as ações armadas das organizações de esquerda limitavam-se a alguns assaltos a bancos e lojas de armas, atentados a instalações militares e o justiçamento de um empresário que colaborava com a repressão e a tortura. Nunca houvera no Brasil uma operação de tamanha ousadia, atingindo um representante da diplomacia norte-americana, exigindo dos militares a divulgação de um manifesto revolucionário e a libertação de presos políticos.

Poucas semanas antes, eu havia alugado um pequeno quarto no apartamento de uma senhora, no Catete. Eu era um quadro legal, ainda não procurado pela polícia política, mas acatei a orientação da organização: sair da casa dos meus pais por razões de segurança preventiva e viver em um aparelho. Enquanto aguardava a documentação falsa, com a nova identidade que adotaria ao me empregar como torneiro mecânico para desenvolver um trabalho político em um estaleiro, minha ocupação principal era a leitura e discussão dos documentos preparatórios do congresso que definiria o programa da VAR-Palmares.

As teses que circulavam nas bases versavam sobre questões de estratégia e tática. Os grupos que formaram a VAR tinham afinidades em torno da urgência de desencadear a luta armada contra a ditadura, mas cada qual vinha defendendo uma combinação particular de formas de atuação. Agora, tratava-se de formular um programa unificador. A organização reunia por volta de 350 militantes efetivos e número mais ou menos equivalente em grupos parapartidários e simpatizantes, comprometidos com tarefas de apoio. Nosso objetivo estratégico era a luta guerrilheira no campo, mas nesse setor quase tudo estava por fazer. Era preciso concentrar os esforços, antes que a repressão fechasse o cerco nas cidades.

Desde dezembro de 1968, o regime militar havia reduzido drasticamente o espaço da atividade política na sociedade brasileira. Qualquer ato que pudesse vagamente representar uma contestação à "revolução" de 1964 era duramente reprimido e enquadrado na Lei de Segurança Nacional. Imperavam as cassações de mandatos de parlamentares, a aposentadoria compulsória de professores, a intervenção nos sindicatos, o fechamento de centros acadêmicos e a censura cada vez mais estrita da imprensa.

Esse quadro parecia justificar, para nós, a substituição da ação política coletiva, tornada inviável, pela atuação exemplar das vanguardas armadas. A teoria do foco, derivada de uma generalização do triunfo da Revolução Cubana, ganhava cada vez mais adeptos em toda a América Latina. No Brasil, desde a fragorosa derrota, sem resistência, em abril de 1964, crescia no ambiente da esquerda a contestação ao formato leninista de partido político, bem como ao trabalho lento e gradual de organização dos trabalhadores. As organizações político-militares que surgiam depois do golpe de 1964 tinham como prioridade programática a preparação de focos de guerrilha rural. Acreditávamos que o povo entenderia o exemplo e gradativamente engrossaria as fileiras de combatentes, no assalto aos céus que derrubaria a ditadura e abriria caminho para a construção do socialismo.

Mas "a revolução faltou ao encontro", como disse um pesquisador do período.* A insatisfação da classe média não era tão grande nem tão disseminada como nos parecia. Nossas ações armadas tinham alguma repercussão, mas não se pode dizer que os trabalhadores se identificassem com o projeto revolucionário dos setores mais radicalizados da esquerda. Não havia um "milagre brasileiro", como a propaganda oficial procurava fazer crer, mas a crise que marcara o período do golpe de 1964, com alta inflação e baixo índice de crescimento econômico, já estava superada. Os sinais eram visíveis no pregão da bolsa de valores, na expansão do crédito ao consumidor e na redução do desemprego, apesar do persistente arrocho salarial. O crescimento real do Produto Interno Bruto, que havia sido de 2,4% em 1965, 6,7% em 1966 e 4,2% no ano seguinte, manteve uma média de 11,2% entre 1968 e 1973, ano em que chegou a atingir o patamar de 14%.** Ao contrário do que pregávamos em nossos discursos, a ditadura não estava isolada. O projeto militar-tecnocrático vinha se consolidando e ampliando seu apoio, não só entre o empresariado, mas também em alguns setores das camadas médias da sociedade.

O ambiente da Semana da Pátria de 1969 era completamente distinto daquele do ano anterior, quando as ruas das principais cidades brasileiras foram tomadas por manifestações estudantis, algumas regiões industriais voltaram a ser palco de greves por melhores salários, intelectuais e artistas realizaram espetáculos de protesto e atos públicos contra a censura e os festivais de música transmitidos pela televisão reuniram multidões exaltadas. Nos cinco continentes, o ano de 1968 foi exuberante, renovador, marcado pela criatividade e pelo inconformismo.

No Brasil, onde diferentes grupos no interior das Forças Armadas lutavam pela hegemonia do movimento desencadeado em 1964, a onda de protestos precipitou alinhamentos à esquerda e à direita, radicalizando a cena política. Aquele ciclo de manifestações públicas se fechara e a pá de

---

*AARÃO REIS, Daniel. *A revolução faltou ao encontro: os comunistas no Brasil*. São Paulo, Brasiliense, 1990.

** Fonte: Ipeadata (www.ipeadata.gov.br).

cal foi o AI-5, no dia 13 de dezembro. Ao invés de recuar para recompor as forças, em 1969 as organizações político-militares apostaram em uma crise progressiva da ditadura e multiplicaram as ações armadas contra o regime militar. O seqüestro do embaixador Elbrick foi a mais ousada delas.

"Chacrinha continua balançando a pança, e buzinando a moça e comandando a massa, e continua dando as ordens no terreiro..." Meu pequeno quarto não tinha TV, as notícias vinham pelo rádio. Trocando sempre de estação, em busca dos desdobramentos do seqüestro, escutei muitas vezes e facilmente decorei *Aquele abraço*, o primeiro grande sucesso popular de Gilberto Gil. Ele não estava no Brasil para desfrutar. Havia partido para Londres, em companhia de Caetano Veloso. Duas semanas depois da decretação do AI-5, ambos haviam sofrido uma absurda prisão que se prolongou até depois do carnaval de 1969. Não havia uma acusação formal contra eles, mas um ódio difuso dos conservadores pelo que consideravam a ameaça dos tropicalistas aos valores da religião e da família. Gil e Caetano caíram no mesmo arrastão que, pelos mais diversos motivos, vitimou milhares de brasileiros naqueles últimos dias de 1968. Entre eles, Ferreira Gullar, Zuenir Ventura, Carlos Heitor Cony, Antonio Callado, Juscelino Kubitschek e até mesmo um entusiasmado defensor da quartelada de 1964, que passara toda uma década arquitetando um golpe contra a ordem institucional: Carlos Lacerda.

Os jornais do dia 5 de setembro traziam detalhes da captura de Charles Elbrick na rua Marques, no Humaitá, ocorrida na véspera. Seu carro fora abandonado na rua Euclides Figueiredo, encosta do Corcovado, com um manifesto revolucionário no banco traseiro. O texto já havia sido lido em rede de televisão no início da madrugada, sinal de que os militares aceitavam negociar. Publicado na íntegra nos jornais daquela sexta-feira, sua leitura me enchia de entusiasmo. O rapto era apresentado como "mais um ato na guerra revolucionária que avança a cada dia e que ainda este ano iniciará sua etapa de guerrilha rural".

Duas organizações assumiam a operação: a Ação Libertadora Nacional (ALN) e o Movimento Revolucionário 8 de Outubro (MR-8). À primeira vista, me parecia uma estranha aliança. ALN era a organização liderada por Carlos Marighella, forte em São Paulo mas pouco expressiva no Rio de Janeiro. MR-8 era uma sigla criada pela repressão alguns meses antes para divulgar o aniquilamento da Dissidência Universitária do PCB de Niterói, que editava o jornal-panfleto *8 de Outubro* – referência à data de captura de Che Guevara nas selvas da Bolívia, em 1967. Demorei algumas horas para entender que a sigla MR-8 estava sendo apropriada por outra organização, a Dissidência da Guanabara, num gesto de contra-informação. Demorei muito mais tempo para descobrir que Marighella só soube do seqüestro pelo noticiário. Ele estava na Guanabara e quase foi preso numa das barreiras policiais que ocuparam ruas e estradas na tentativa de localizar o embaixador.

Após a divulgação do manifesto, os seqüestradores anunciaram os nomes dos 15 presos políticos que deveriam ser libertados. Praticamente todas as tendências da esquerda estavam representadas. A lista era encabeçada por Gregório Bezerra, velho militante do PCB, o mais antigo preso político brasileiro, detido em Recife imediatamente após o golpe. Também seriam soltas as principais lideranças estudantis, capturadas em outubro de 68 quando caiu o congresso da UNE em Ibiúna, interior de São Paulo: Vladimir Palmeira, José Dirceu e Luís Travassos. Figurava ainda José Ibrahin, líder da greve de Osasco, que havia surpreendido os militares por sua organização clandestina a partir de comissões de fábrica. Flávio Tavares e Onofre Pinto eram nomes familiares. Talvez eu já tivesse cruzado com os estudantes Ricardo Vilas e Maria Augusta no campus universitário da Praia Vermelha ou em alguma manifestação estudantil pelas ruas do Centro. Os outros eu só viria a conhecer através das fotografias e resumos biográficos divulgados pela imprensa: João Leonardo da Silva Rocha, Rolando Frati, Ivens Marchetti, Ricardo Zarattini, um tal Chuchu, que no dia seguinte foi identificado como Mario Zanconato, e o nordestino "Argonauta da Silva", que depois vim a saber chamar-se Agonalto Pacheco.

Trinta e cinco anos depois, quando resolvi realizar um documentário sobre a luta armada contra o regime militar, aqueles 15 facilmente se impuseram como protagonistas. Por que razão escolher arbitrariamente interlocutores para rememorar o período, se havia uma relação de nomes historicamente legitimados pelos autores do seqüestro e que representavam praticamente todo o arco das forças que combatiam a ditadura no final dos anos 60? Haveria evento mais pertinente para colocar em discussão as causas e conseqüências da imersão das esquerdas na luta armada?

Eu não pensava em filmes naquela Semana da Pátria de 1969. Vivia o combate eletrizante entre o regime militar e nossas organizações armadas, numericamente pequenas, mas capazes de cometer ações de repercussão internacional. A imagem dos 15 brasileiros desembarcando no México, no dia 7 de setembro, confirmava a meus olhos que a ditadura podia ser abalada por operações técnica e militarmente bem preparadas. Nossas expectativas foram de tal modo tonificadas por aquela ação que seus desdobramentos trágicos eram encarados com naturalidade, como ossos do ofício.

Já no começo da semana seguinte, os militares decretavam dois novos atos institucionais, banindo do território nacional os presos trocados pelo embaixador e adotando a pena de morte em casos de "guerra revolucionária ou subversiva". Em menos de 48 horas, foram presos dois participantes da ação: Cláudio Torres, ao chegar à casa de seus tios, no Leme; e Antônio Freitas Filho, o Baiano. Depois viemos a saber que ambos caíram por motivos fortuitos. Cláudio, identificado pela etiqueta de um paletó esquecido no cativeiro do embaixador por um companheiro responsável por limpar o local; Baiano, por ter abandonado na casa um jornal de onde recortara anúncios classificados de quartos para alugar. Menos de um mês depois da captura do embaixador, caíam mais três participantes da operação, entre eles o comandante Virgílio Gomes da Silva, o Jonas, morto sob tortura na Operação Bandeirantes, em São Paulo.

Meu otimismo não chegou a ser abalado quando, ainda em setembro, eu constatei que a VAR-Palmares não representava o esperado movimento de união da esquerda armada. Ao invés de consolidar uma fusão, o congresso resultou em um racha que originou duas organizações. Eu teria de optar por uma delas e nunca tinha vivido solitariamente um dilema dessa ordem. Em dois anos, havia deixado de ser um adolescente dedicado ao cineclubismo para me transformar, sucessivamente, em membro do grêmio, liderança do movimento estudantil no colégio André Maurois, militante da Ação Popular, participante da luta interna que resultou na formação de uma pequena dissidência e, meses depois, membro do Colina, organização de médio porte que já vinha preparando sua fusão com a VPR, formando a VAR-Palmares. Nesse percurso rápido, sem muito tempo de amadurecimento, as opções foram sendo assumidas no calor da agitação política que marcou o ano de 1968.

Na noite de 15 de outubro, encontrei um ex-colega de colégio, Bastos. Havíamos percorrido juntos o caminho que nos levou à VAR-Palmares e perdêramos contato ao nos integrar a diferentes setores da nova organização. Fomos até a casa que ele estava em vias de abandonar, na rua Tavares

Bastos, também no Catete, e discutimos exaustivamente a encruzilhada criada com a cisão no congresso da VAR. De um lado, prosseguir no esforço de construção de uma organização capaz de preparar a guerrilha rural sem abandonar as poucas formas ainda possíveis de atuação política junto a trabalhadores e estudantes. De outro, aderir aos dissidentes liderados pelos ex-militares que retomavam a sigla da Vanguarda Popular Revolucionária. Estes eram adeptos das teses formuladas por Ladislau Dowbor, o Jamil – uma variante da teoria do foco que pregava o corte absoluto dos laços com movimentos sociais e a criação de uma organização inteiramente clandestina, formada por revolucionários profissionais dedicados a ações armadas urbanas e ao foco guerrilheiro no campo. No meio da madrugada, exausto, decidi dormir ali para não correr o risco de caminhar pela rua com textos políticos no bolso.

Pouco antes do amanhecer, fomos acordados por gritos, chutes e metralhadoras apontadas para nossas cabeças. Mãos algemadas nas costas, fomos jogados no banco traseiro de um Ford Galaxie. Bastos conseguiu reconhecer Orlando, sentado em outro carro, atrás do nosso. As peças não se juntavam. Éramos todos ex-secundaristas, militantes da mesma organização, mas atuávamos em setores completamente distintos e praticamente estanques.

Preso pouco antes em um aparelho no subúrbio de Del Castilho, Orlando procurara ganhar tempo antes que fosse levado a um quartel e submetido às torturas que haviam se tornado a cruel rotina dos órgãos de segurança. Nenhuma informação deveria ser aberta para a repressão, mas a violência da tortura era crescente e os métodos de operação das nossas organizações formavam um quebra-cabeça com várias peças já conhecidas por eles, em conseqüência dos sucessivos surtos de quedas que vinham ocorrendo desde o início do ano. Não se podia confiar na resistência absoluta e indefinida aos choques elétricos, espancamentos e afogamentos dos companheiros pendurados no pau-de-arara. Era preciso retardar ao máximo esse momento. As primeiras 24 horas eram decisivas – tempo necessário para que a organização soubesse da prisão e desmobilizasse os aparelhos e pontos conhecidos pelo companheiro que caiu preso.

A tortura já começava no carro, para tentar obter de imediato o endereço de algum aparelho que pudesse ser estourado, ou um ponto de rua que levasse à prisão de outros militantes. Orlando deu uma pista falsa e deve ter ficado arrasado ao nos ver sair algemados de um quarto onde ele morara meses atrás e que havia abandonado. Bastos e outro companheiro alugaram aquele imóvel a partir de um anúncio de jornal, sem qualquer relação com o antigo morador. Nossa prisão se deveu a uma coincidência.

Eu estava atônito. Na militância clandestina, a prisão é uma possibilidade nas nossas cogitações abstratas. Mas, quando acontece, corresponde à entrada no inferno. O caminho do inferno passava pela avenida Brasil. Eram quatro os oficiais e soldados à paisana no Galaxie que nos transportava. No começo quase não falavam, muito menos nos permitiam falar. Quando já nos aproximávamos da Vila Militar, começaram uma prosaica especulação sobre os ministros que comporiam o governo do general Emílio Garrastazu Médici.

Castello Branco, representante da elite castrense formada nas academias norte-americanas, em março de 1964 liderara uma intervenção prevista para durar alguns meses e promover novas eleições. Costa e Silva, ex-ministro do Exército, arrebatara o poder para a linha dura e apertara o ferrolho do AI-5, alinhando compulsoriamente todas as instituições brasileiras à vontade do Estado-Maior das Forças Armadas. Agora, depois de muita disputa interna, a escolha do terceiro comandante do ciclo militar não deixava dúvidas sobre quem havia ganhado a queda-de-braço. Médici vinha do comando do Serviço Nacional de Informações. Era o prenúncio de tempos ainda mais sombrios. Nossos captores estavam jubilosos. Mais que nunca, sentiam-se no poder.

Chegando ao quartel da Polícia do Exército, Orlando foi imediatamente despido, pendurado no pau-de-arara e submetido a ininterruptas pancadas e choques elétricos. Os militares já sabiam que ele integrava um Grupo de Ação Violenta da VAR e havia participado de alguns assaltos, entre eles a expropriação de um cofre contendo mais de dois milhões e meio de dólares que pertenciam ao ex-governador de São Paulo Adhemar de Barros, já falecido. Conscientes de que o relógio trabalhava contra eles, tinham uma urgência macabra em arrancar informações sobre pontos de encontro e aparelhos. Os gritos de Orlando eram lancinantes. Ele resistia. Até quando?

Enquanto a selvageria dos agentes se concentrava sobre Orlando, eu e Bastos, duas incógnitas que caíram na rede, fomos poupados por meia hora. Nos tempos de colégio, Bastos havia sido um animado parceiro de conversas sobre os filmes exibidos no Cineclube Canal, os rumos do movimento estudantil e a luta interna que nos afastou da Ação Popular. Nos poucos segundos em que a vigilância da guarda foi relaxada, trocamos sussurros e conseguimos esboçar um álibi capaz de atenuar meu sofrimento e preservar a segurança da organização. Eu seria apenas um ex-colega que, na véspera, havia encontrado Bastos por acaso, perto da casa de meus pais, e varado a noite lembrando os velhos tempos. Uma história que pôde ser sustentada por três semanas, até uma companheira que acabara de ser presa apontar o indicador e me reconhecer: "Este é o Ivan." Àquela altura, a vertigem da queda no inferno já tinha passado e, junto com ela, a selvageria dos primeiros interrogatórios. Não havia mais pontos nem aparelhos a abrir.

Quem comandava o interrogatório naquela manhã fatídica de 16 de outubro era o tenente Ailton Joaquim. Supliciado por várias horas, Orlando continuava dando pistas falsas. Volta e meia saía uma equipe à rua, para conferir. Voltavam frustrados e com ódio redobrado. Nos intervalos, Bastos e eu entrávamos no pau. Supondo que os presos antigos já tinham confessado as ações armadas de que participaram, Orlando confirmou um assalto a banco no Rio e levou de volta ao pau-de-arara o mineiro Lima, que já havia saído da fase de interrogatório sob tortura. Os gritos se sobrepunham. O dia parecia não ter fim.

No meio da tarde, uma equipe voltou exultante de uma incursão a Vila Cosmos, onde o ex-sargento José de Araújo Nóbrega teria sido atingido por mais de 40 balas ao resistir ao estouro de seu aparelho. Nóbrega era um antigo quadro da VPR, próximo ao capitão Carlos Lamarca, e os militares tinham uma especial gana em prender e torturar aqueles que haviam desertado das Forças Armadas e colocavam seu treinamento a serviço da guerrilha, combatendo no campo inimigo. Nesse caso, enganaram-se. Passaram-se algumas semanas até que as impressões digitais revelassem a verdadeira identidade do corpo desfigurado pelas balas: Eremias Delizoikov, um dos ex-secundaristas da Zona Leste de São Paulo que se integraram à VPR no início daquele ano. Tinha 19 anos. Nóbrega está vivo até hoje.

Eu ainda não tinha sido identificado como o Ivan da VAR-Palmares na noite de 4 de novembro, quando a equipe de interrogadores e torturadores da Polícia do Exército irrompeu no bloco de celas em grotesca comemoração. Estavam exultantes com a notícia de que a equipe do delegado Fleury tinha acabado de matar Carlos Marighella em uma emboscada nas ruas de São Paulo. Para nós, foi um momento depressivo. Entre os presos políticos da PE da Vila Militar não havia um único da ALN, mas todos nós considerávamos Marighella o símbolo maior da luta armada contra a ditadura.

Sua morte, exatamente dois meses depois da captura do embaixador americano, representava um revés insuportável.

O desaparecimento de Marighella está associado a uma polêmica que se desenvolve há quase 40 anos: o seqüestro de Charles Elbrick representou ou não um marco na virada da repressão política no Brasil? Sem dúvida, os organismos de segurança passaram a atuar de forma cada vez mais coordenada. Mas a Operação Bandeirantes, primeiro passo no sentido dessa articulação de esforços repressivos em mãos militares, já havia sido oficialmente montada no dia 1º de julho de 1969, dois meses antes do seqüestro. O alijamento de um vice-presidente civil e a investidura na Presidência da República de uma junta formada pelos comandantes do Exército, da Marinha e da Aeronáutica também foram decisões que antecederam a ação, e sinalizavam claramente o papel que as Forças Armadas reivindicavam na condução da vida política brasileira, em nome da doutrina de segurança nacional. A decisão de dar combate inclemente aos grupos de esquerda havia sido tomada em 1968, nos bastidores da decretação do AI-5. No primeiro trimestre de 1969, tanto a VPR quanto o Colina tiveram dezenas de militantes presos. No segundo, a Dissidência de Niterói foi praticamente exterminada. No terceiro, foi a vez de a Ala Vermelha sofrer diversas quedas, poucos dias antes do rapto do embaixador.

Certamente, a derrota sofrida com a libertação de 15 presos políticos, a divulgação pública do manifesto e a humilhação internacional que isso representou para a ditadura foram usadas como justificativa para a supressão das garantias individuais e o recrudescimento do regime de força. O saldo da onda repressiva que se seguiu imediatamente ao seqüestro é eloqüente: quase a metade dos participantes da ação caiu antes que a captura de Elbrick tivesse completado um mês. Em janeiro de 1970, ano em que mais três seqüestros resultaram na libertação de outros 115 presos políticos, a repressão atingiu um novo patamar de organização e planejamento, com a criação dos Destacamentos de Operações de Informações e do Centro de Operações de Defesa Interna (DOI-Codi). Através dos DOIs, o Exército assumiu o comando das forças repressivas. As organizações político-militares eram o alvo prioritário, mas todo o arco da esquerda acabou sendo atingido por prisões e assassinatos, nas ruas e nas salas de tortura.

O sucesso das primeiras ações, quando o inimigo era surpreendido e a repressão pouco sabia do funcionamento das organizações armadas, estimulou entre nós um sentimento de onipotência. A condição de preso, ao contrário, nos colocava em situação de absoluta impotência: os carrascos haviam se apoderado de nossos corpos, estávamos imobilizados nas celas, qualquer iniciativa nos era suprimida. Quando a tortura amenizava e a incomunicabilidade era rompida, começava entre nós um processo de autocrítica que não tivéramos condições de desenvolver lá fora. Organizações revolucionárias dependem da coesão da militância. As discussões políticas cotidianas se concentravam em torno das opções táticas que levassem a atingir os objetivos estratégicos. As raras análises da correlação de forças não avaliavam de modo realista nossa fragilidade operacional, dentro de um quadro de crescente isolamento social. Vivíamos uma espécie de otimismo revolucionário compulsivo.

Nas celas coletivas, afastados das tarefas impostas pela militância, nossa reflexão sobre as causas dos reveses sofridos pelas organizações armadas começava nos detalhes técnicos: a fragilidade das medidas de segurança e o despreparo para enfrentar os rigores da tortura. Mas, inevitavelmente, acabava extrapolando para uma análise política que constatava o voluntarismo de nossa auto-atribuída condição de vanguarda em um processo de radicalização política que não estava encontrando a esperada ressonância na sociedade. Nossa consciência do extremo desequilíbrio das forças em confronto naquela guerra surda se produzia sob a penosa condição do imobilismo impotente dos prisioneiros.

Os momentos mais difíceis eram as chegadas de novos presos. Pouco mais de duas semanas depois da morte de Marighella, numa noite de sexta-feira, ouvimos os berros sádicos dos militares recebendo três companheiros que acabavam de chegar do Dops. Haviam sido presos na véspera, em um aparelho no subúrbio carioca de Lins de Vasconcelos. Eram Antônio Roberto Espinosa, membro do Comando Nacional da VAR, sua companheira, Maria Auxiliadora Lara Barcelos, e Chael Charles Schreier, integrante do Comando Regional. Já haviam sido torturados por algumas horas no Dops. Como eram membros da VAR, foram transferidos para a PE da Vila Militar, onde o capitão Celso Lauria cuidava do inquérito da organização. Ao chegar, foram imediatamente despidos e barbarizados.

Das celas, a poucos metros da sala de interrogatório, nós nada víamos. Ouvíamos os gritos dos torturadores e dos torturados. O suplício atravessou toda a madrugada, ninguém conseguiu dormir. A certa altura, o dia quase amanhecendo, Chael foi retirado do pau-de-arara e levado ao fundo do corredor das celas, onde havia um chuveiro. Voltou arrastado pelas cordas que atavam suas mãos, trôpego, com o corpo encharcado, passando diante das grades das quatro celas coletivas. Submetido a novas descargas elétricas, urrou por alguns minutos e silenciou.

No lugar dos gritos de Chael, um burburinho tomou conta do prédio. Os torturadores não sabiam o que fazer. Soldados e cabos esperavam uma decisão dos oficiais. O comandante, major Lacerda, não estava no quartel. Arrastaram o corpo inerte para o corredor transversal às celas. Eu habitava o X-1, primeira grade do corredor, e pude ver o companheiro morto, cheio de hematomas, com as mãos ainda amarradas e o rosto ensangüentado. Nunca esquecerei essa imagem. Era a manhã de um sábado, 23 de novembro de 1969.

Espinosa e Maria Auxiliadora foram incluídos, juntamente comigo, entre os 15 militantes arrolados no IPM da VAR-Palmares, enviado à 2ª Auditoria da Marinha no início de maio de 1970. Eu os reencontrei no prédio do I Distrito Naval no dia do meu sumário de defesa. Dora seria libertada em janeiro de 1971, em conseqüência do seqüestro do embaixador suíço Giovanni Bucher. Viveu no Chile até o golpe que derrubou o governo Allende. Exilou-se no México e passou curtos períodos em Bruxelas e Paris, até fixar residência em Colônia, Alemanha. Estava prestando exames para concluir seu curso de medicina quando jogou-se nos trilhos do metrô e teve morte instantânea. Só fui rever Espinosa na tarde de 24 de março de 2007, no Centro Cultural São Paulo. Ele compareceu à exibição do documentário *Hércules 56*. Chegou tarde e a sala estava lotada. Enquanto aguardávamos o fim da projeção e o início do debate, fomos reapresentados e rememoramos aqueles dias trágicos na PE da Vila Militar.

Eu já recebia visitas regulares aos domingos quando, perto do Natal de 1969, fui transferido para o X-3, um xadrez no meio do corredor, onde estavam outros companheiros da organização. Os soldados que se revezavam na guarda eram pessoas comuns que serviam no Exército. Não haviam sido suficientemente doutrinados a ponto de nos considerar inimigos de guerra. As freqüentes torturas os perturbavam, como sempre haverá de perturbar qualquer ser humano que não tenha sido inteiramente brutalizado por essa prática hedionda. Tinham compaixão e arriscavam pequenos gestos de solidariedade para conosco. Passavam objetos, frutas e doces de uma cela para outra. No meio, iam bilhetes reforçando álibis e fazendo circular, entre os que não recebiam visita, as informações que chegavam através das famílias.

Alguns soldados, já próximos de concluir o serviço militar, nos contavam como havia sido a passagem do ano anterior, quando as celas ficaram cheias com o arrastão do AI-5. Lembravam-se particularmente de Caetano Veloso e Gilberto Gil, que viveram um tempo no X-4. Mais tarde, quando estourou o sucesso de *Aquele abraço*, sentiram-se homenageados ao ouvir a letra da música que se repetia nas rádios: "Alô, alô, Realengo, aquele abraço..." Depois de libertados, os baianos negociaram uma espécie de exílio. Passaram um curto período na Bahia, onde fizeram um show de despedida no teatro Castro Alves – eternizado no disco sugestivamente intitulado *Barra 69* –, e viajaram para Londres.

Os baianos experimentaram uma condição que me lembra o banimento dos 15 presos políticos trocados pelo embaixador americano. Ao contrário de destilar amargura com a partida compulsória do país, Gil fez uma catarse, despedindo-se alegremente daqueles com quem conviveu na Vila Militar, perto de Realengo. Sua canção é uma saudação à Banda de Ipanema, ao velho guerreiro Chacrinha, à moça anônima da favela, a todo mundo da Portela, ao Rio de Janeiro e a todo o povo brasileiro. Foi uma saudável coincidência que *Aquele abraço* tenha estourado nas paradas de sucesso justamente na semana que antecedeu o seqüestro de Charles Elbrick.

Quando o IPM da VAR-Palmares foi levado à Justiça Militar, começamos a ser transferidos da PE para outras unidades. Passei algumas semanas no Quartel dos Marinheiros, na avenida Brasil, perto da Penha. Os únicos presos políticos éramos eu e Valentin Ferreira, um quadro da ALN com 18 anos de idade. A alimentação melhorou sensivelmente, podíamos receber livros e jornais nas visitas semanais e tínhamos direito a banho de sol diário. Essa condição durou poucas semanas. Um dia, subitamente, fui colocado em um camburão da Marinha e levado ao porão do prédio do I Distrito Naval. Passei uma semana em uma cela estreita e úmida. Fui levado a dois interrogatórios sem outro objetivo aparente que não fosse conhecer o prisioneiro que tinham recebido. Não houve tortura.

No final de fevereiro, fui novamente transferido, dessa vez para a Ilha das Flores, que a Marinha havia transformado em presídio político misto, com duas alas incomunicáveis, a feminina e a masculina. Depois de alguns dias em quarentena, fui integrado ao coletivo, um conjunto de aproximadamente dez celas onde viviam 54 presos de diversas organizações. As portas gradeadas davam para um corredor também gradeado, de onde se avistava o continente, próximo. Meu primeiro contato foi com Jorge

Medeiros Vale. Ele se aproximou da grade de nossa cela e se apresentou. Pessoa afável e de comunicação fácil, era conhecido como "bom burguês". Havia desviado mais de dois milhões de dólares de uma agência do Banco do Brasil no Leblon, onde era gerente. Doou a maior parte do dinheiro para a dissidência do PCB fluminense. Boa parte dos membros da organização, que preparava uma área de treinamento guerrilheiro no oeste do Paraná, estava agora reunida na Ilha das Flores. Haviam caído maciçamente, por volta de junho de 1969.

Diariamente, durante um par de horas, no fim da tarde, as grades eram abertas e podíamos freqüentar as celas uns dos outros. O único conhecido que reencontrei ali foi Jean Mark, estudante de química, ex-presidente da UNE, meu companheiro dos tempos da AP. Fiz muitos amigos nesses curtos porém intensos períodos de convivência. Um deles foi Cláudio Torres, o primeiro participante do seqüestro de Charles Elbrick a ser preso. Ele deve ter comido o pão que o diabo amassou nas mãos do Cenimar, mas conservava uma altivez que me impressionava. Nossas mães acabaram por se tornar amigas, por força das visitas dominicais. Algumas vezes atravessaram juntas a baía de Guanabara, trocavam telefonemas e se freqüentavam. Décadas depois, esse foi mais um elo a me reaproximar de Cláudio, quando o procurei em Teresópolis para apresentar o projeto de realização do filme *Hércules 56* e convidá-lo a reunir-se com ex-companheiros para uma filmagem.

Em dezembro de 2004, ao estruturar o projeto de um documentário que colocava em discussão as causas e conseqüências da luta armada contra a ditadura, decidi entrevistar individualmente os remanescentes do grupo de 15 presos libertados por exigência dos seqüestradores do embaixador Elbrick. Para reavaliar a própria operação, optei por filmar uma reunião dos três dirigentes da DI-GB que assumiram fazê-la. Cláudio era um deles. Os demais eram Franklin Martins e Daniel Aarão Reis. Em um segundo momento, me dei conta de que a ALN, convidada a somar-se à execução da ação, não poderia ficar fora daquele encontro. Convidei então Paulo de Tarso Venceslau e Manoel Cyrillo. Os outros dois militantes da ALN que participaram do seqüestro haviam sido assassinados pelos militares. Virgílio Gomes da Silva, o Jonas, fora brutalmente surrado até morrer, três semanas depois da libertação do embaixador. Joaquim Câmara Ferreira, o

Toledo, fora capturado e morto em novembro de 1970, em conseqüência da traição de um companheiro preso em Belém que passou a colaborar com a repressão.

Mesmo convencido de que não seria produtivo para meus propósitos reunir um grupo muito numeroso, e de ter feito uma escolha criteriosa, não posso deixar de lamentar a ausência de João Lopes Salgado, Cid Queirós Benjamin e Vera Sílvia Magalhães, todos membros da Frente de Trabalho Armado da DI-GB, que tiveram participação destacada na captura do embaixador.

A reunião acabou sendo realizada no dia 8 de outubro de 2005, uma "homenagem" inteiramente casual ao MR-8. O restaurante onde se daria o encontro já estava escolhido quando fiquei sabendo que os donos eram filhos de Carlos Alberto Muniz, ex-militante do "Oito". Franklin e Daniel sempre conservaram laços de amizade. Daniel também era compadre de Paulo de Tarso. Cláudio não costumava encontrar seus ex-companheiros. Paulo de Tarso e Cyrillo haviam tido um rompimento no passado, seqüelas da fase de interrogatórios. Cyrillo não via Cláudio e Franklin desde o momento em que libertaram o embaixador, naquele longínquo 7 de setembro de 1969. A conversa foi um genuíno esforço de recuperação da memória sobre um episódio que os unira décadas atrás e que marcou para sempre suas vidas. Nas avaliações que fizeram, nota-se a ausência de travas de amargura ou arrependimento.

A Ilha das Flores foi o último estágio daquela minha primeira prisão política. No começo de junho de 1970, recebi a grata notícia de que o juiz civil titular da 2ª Auditoria da Marinha havia relaxado minha prisão preventiva. Eu responderia em liberdade ao IPM da VAR-Palmares. Esperei com ansiedade o dia em que seria retirado da cela e deixado em quarentena em uma casamata fora do pavilhão dos presos. Era uma espécie de solitária embutida no terreno, com pequena greta horizontal por onde eu podia avistar o mundo e ouvir os pássaros. Surpreendi-me quando os soldados se afastaram e pude escutar uma voz familiar perguntando meu nome. Ao responder, tive a confirmação de que o habitante da outra metade da casamata era Orlando, meu velho companheiro secundarista, que havia feito, no carro de trás, a viagem para a Vila Militar naquele inesquecível dia de nossas prisões. Eu estava saindo da Ilha das Flores; ele, entrando.

Não ficaria ali por muito tempo. Alguns dias depois, a VPR seqüestraria o embaixador alemão Ehrenfried von Holleben e exigiria a libertação de 40 presos políticos. Orlando foi um deles.

Retirado da quarentena, fui conduzido a pé até a guarita na cabeça da ponte que liga a Ilha das Flores ao continente. Assinei um termo e atravessei a porta para a liberdade. Não tinha um centavo no bolso. Sozinho, em frente a uma instalação militar à beira da estrada, meus primeiros minutos fora da prisão foram marcados pela apreensão. Acenei para um ônibus. Contei com a boa vontade do trocador, que me deixou seguir até a estação das barcas, em Niterói.

A travessia da baía de Guanabara foi especialmente emocionante. Não só para mim, que circulava novamente em liberdade depois de oito meses. Todos os passageiros estavam excitados, inquietos, ouvidos colados nos rádios de pilha. O Brasil havia entrado em campo para o primeiro jogo da Copa do Mundo de 1970, no México. Enfrentava a Tchecoslováquia. O adversário fez 1 X 0 quando a barca mal havia levantado a âncora. Ao atracar na praça XV, a Seleção Canarinho fez seu primeiro gol em Guadalajara. A multidão vibrava quando eu pulei da embarcação para o cais, sem esperar que os marinheiros completassem a atracação. O Brasil ganhou aquele primeiro jogo e viria a ganhar a Copa. Em março de 2007, eu pude finalmente conhecer Guadalajara. Não fui ao estádio de futebol, mas às salas Cinépolis, onde o filme *Hércules 56* foi apresentado no festival de cinema. No debate que se seguiu à projeção, os mexicanos reagiram com interesse à história de 15 brasileiros que, 38 anos antes, foram recebidos em seu país como exilados políticos.

SILVIO DA-RIN
abril de 2007

RICARDO VILAS

O carioca **RICARDO VILAS BOAS DE SÁ REGO** iniciou sua carreira musical no grupo Momento Quatro. Participou do Festival da TV Record de 1967, ao lado de Edu Lobo, com "Ponteio". Estudante de psicologia integrante da DI-GB, foi preso em 1º de maio de 1969. Permaneceu algum tempo no México e veio a optar pelo exílio na França, onde formou bem-sucedida dupla musical com Teca Calazans, gravando discos e se apresentando em diversos países europeus. Voltou ao Brasil em dezembro de 1979, com a anistia, quando aderiu ao PT e participou das campanhas eleitorais que se seguiram, tendo composto a música da campanha de Lysâneas Maciel ao governo do estado do Rio de Janeiro e de Vladimir Palmeira ao Senado, em 1982. Trabalhou em TV como diretor musical, desenvolveu carreira solo de intérprete e, nos últimos 12 anos, divide seu tempo entre Paris e o Rio de Janeiro. Ricardo tem mais de 20 discos gravados.

Entrevista no Rio de Janeiro, 3 de agosto de 2005

SILVIO: *Como você recebeu a notícia do golpe de 64?*

RICARDO: Em 64 eu era muito criança. Não vivi tanto o golpe; eu não era muito consciente dessa história. Mas tenho um primo, cinco anos mais velho que eu, que foi preso pelo Exército numa manifestação estudantil. Lembro que fui com meu tio procurar e tentar resgatar esse meu primo. Então, a lembrança que tenho do golpe, particularmente, é essa. Posteriormente, me informei melhor sobre a história do golpe. Mas confesso que o golpe, em si, não foi uma coisa que me marcou. Eu não tinha uma consciência política nessa época.

SILVIO: *E para sua família?*

RICARDO: Minha família era tradicionalmente de direita. Eu digo que eu não tinha uma consciência política, mas é claro que eu sabia que havia um movimento bem forte da direita, de desestabilização do governo Jango. E minha família era favorável ao golpe. Eles depois se arrependeram profun-

damente, mas participaram daquela Marcha com Deus pela Liberdade.* Mas para mim, pessoalmente, foi uma coisa um pouco exterior. Comecei a sentir mais esse golpe a partir do colégio secundário, a partir das mobilizações, das reuniões que a gente tinha, das eleições para o grêmio, da repressão. Eu era do Colégio de Aplicação, que sempre foi uma escola muito politizada.

SILVIO: *Como era sua vida nessa época?*

RICARDO: Olha, eu sempre participei da diretoria do grêmio da escola, mas nunca me interessei, por exemplo, em me candidatar a presidente. Fui diretor de música, por exemplo; em outro ano, diretor de esportes. Eu tinha muito prestígio com as turmas mais novas, também pelo esporte. Articulei uma eleição em meus últimos anos no Colégio de Aplicação, e nossa chapa venceu. Fui um dos articuladores dessa chapa, e a partir daí nosso contato com o pessoal mais politizado foi se aprofundando. Já havia os movimentos, já havia o PC lá, e eu era completamente externo a isso tudo.

Meus dois últimos anos no secundário foram se radicalizando cada vez mais e coincidiram também com minha entrada na vida artística, que foi mais ou menos por acaso. No Colégio de Aplicação tínhamos uma vida social muito intensa, fazíamos teatro, esporte, música. E lá conheci meus companheiros de grupo, do Momento Quatro, o grupo que acabamos formando: eu, o David Tygel, o Maurício Maestro e o Zé Rodrix. Criei uma discoteca na escola, e começamos a compor músicas. E eu estava ainda na escola secundária quando fomos convidados a assinar o primeiro contrato profissional, com a Philips. Isso foi em 1966.

Então, em 67, eu estava no secundário, já tinha um contrato como artista da Philips, o Momento Quatro estava gravando, e nós começamos

* As Marchas da Família com Deus pela Liberdade foram organizadas como uma espécie de resposta ao Comício da Central, que reuniu milhares de trabalhadores em apoio ao presidente João Goulart na Central do Brasil, em 13 de março de 1964. A primeira marcha dos conservadores foi em São Paulo, no dia 19 de março, seguida de manifestações similares em diversas cidades paulistas. Elas continuaram ocorrendo em seguida ao golpe de 31 de março, como manifestações de apoio ao movimento militar. A do Rio de Janeiro percorreu a av. Rio Branco no dia 2 de abril. Há registros de pelo menos 50 marchas até o mês de junho de 1964.

a acompanhar o Edu Lobo em shows. E isso tudo foi muito dividido com a coisa política. Era a vida estudantil, a vida artística e essa atividade política também, que vinham ao mesmo tempo. E tinha o vestibular. Eu passei para psicologia e comecei a cursar exatamente em 1968. E aí a radicalização foi cada vez maior, fui tendo uma participação mais importante. E a política foi assumindo a parte mais importante da minha vida, a um ponto em que a música ficou realmente num plano secundário. Ao final de 68, eu praticamente tinha parado de fazer música e estava na militância quase que integralmente. Num momento determinado, achei que a única coisa que tinha sentido fazer naquele momento seria uma atividade política, vista toda a situação de crise que a gente vivia no país, a repressão, a ditadura. Então, realmente, tudo passava por essa atividade política, por essa militância. E comecei a fazer faculdade. O primeiro ano eu praticamente não cursei: foi mobilização atrás de mobilização – era 68. E foi indo, até o AI-5.

SILVIO: *Você chegou a ficar dividido?*

RICARDO: Num determinado momento eu cheguei a ficar dividido, e falei com o pessoal do grupo: eu vou parar, porque a militância, atualmente, é mais importante para mim. E naquela época você, enquanto universitário, não podia não ver o movimento, era impensável não participar. Não participar era ser um pouco marginalizado também. Porque realmente, no campus onde eu estudava, ali na Praia Vermelha, a mobilização estudantil era muito forte. Era difícil estudar, aliás, porque era difícil se abstrair de todas as mobilizações, das manifestações constantes que existiam.

Foi um período que eu vivi muito intensamente, em que coisas muito fortes aconteceram na minha vida, 67, 68 e 69. Em 67 nós participamos, com o Edu Lobo, da interpretação da música "Ponteio", em São Paulo, tiramos o primeiro lugar no festival e passamos a ser contratados da TV Record, que era o canal mais forte para música. E participamos de outro festival ainda, em 68. E após essa participação foi quando eu disse: "Olha, eu vou deixar a música um pouco de lado, não vou continuar no grupo, e vou me dedicar integralmente à militância." Havia também, por parte da organização, essa orientação de dedicação integral. Isso hoje em dia eu acho que foi uma das razões que nos levaram ao isolamento total, quer

Vladimir Palmeira discursa durante manifestação no campus universitário da Praia Vermelha, na manhã de 20 de junho de 1968.

dizer, foi retirar as pessoas do contexto social, isolá-las, e com isso fragilizar o movimento terrivelmente. Uma das posições erradas dessa época foi justamente isolar a militância.

SILVIO: *Qual era o seu projeto no começo de 1968, quando você entrou para a universidade?*

RICARDO: Fazer política. Era fazer política, realmente. Eu estava totalmente envolvido com o movimento. Mas, ao mesmo tempo, no começo de 68, nosso grupo tinha uma atividade muito intensa. O Momento Quatro passou a ser o grupo do movimento estudantil. Estávamos em tudo que era manifestação, tudo que era show, todas as assembléias de artistas. Acho até que em 68 eu tinha participação maior nas assembléias de artistas, nas movimentações de artistas, do que no movimento estudantil propriamente dito. A participação no movimento estudantil, com uma organização, só se reforçou mais no fim de 68, quando saiu o AI-5.

No começo de 1969 eu tinha sido recrutado pela organização. A orientação que seguíamos, na época, era a de se profissionalizar realmente com a militância. Era fazer a revolução. Então, tínhamos deixado toda atividade paralela, e não só eu, mas todos os companheiros. Engraçado isso, intencionalmente nos isolávamos, vivíamos em aparelhos, nós mesmos nos "clandestinizávamos". O começo de 69 foi isso. E as coisas se encadearam muito rapidamente para mim.

Trabalhávamos bastante. Eu, particularmente, fazia parte do núcleo de trabalho operário. Então numa região fazíamos trabalho em porta de fábrica. Nossa organização vinha do movimento estudantil, de onde vinham praticamente todos os seus militantes, oriundos do movimento estudantil, da classe média, da Zona Sul. E precisávamos conquistar a classe operária para nossa organização. Nosso papel era recrutar operários, desenvolver o movimento operário, entrar nas fábricas, construir bases nas fábricas.

E 1969 foi isso, até cairmos; tudo muito rápido. Eu devia ter um ou dois meses de militância. Quer dizer, de militância como quadro da organização. Havia vários níveis... Você começava como simpatizante, depois fazia parte de OPP – organização parapartidária –, e finalmente era recrutado. Então, na condição de membro da organização, eu tinha pouco tempo, uns dois meses, uma coisa assim.

Silvio: *Qual foi sua experiência na organização?*

Ricardo: Inicialmente eu entrei como simpatizante. Tínhamos o grupo de estudos, em que discutíamos questões políticas, ideológicas, econômicas, estudávamos textos, livros. Achei essa atividade super-rica, muito interessante, apesar de haver sempre um orientador que direcionava os debates dentro de uma linha ideológica que caminhava para as posições defendidas pela organização. Depois disso, passei a fazer parte de uma OPP. No quadro das atividades da OPP fizemos um curto treinamento militar – tiro ao alvo, aprender a manusear a arma, abrir, carregar. E depois, durante uma semana mais ou menos, fomos para um lugar no interior aprender a atirar.

Na ótica da organização, nessa época, todos os militantes deveriam estar armados. Não apenas os da frente de trabalho armado, que eram as pessoas mais qualificadas para essa função, com treinamento mais aprofundado, mas os militantes em geral. Era o que chamávamos de autodefesa armada. Então, no caso de ter voz de prisão, você reagia armado. O que, eu acho, foi uma orientação errada, mais uma que provocou a radicalização do movimento e levou ao aumento da repressão que se seguiu, com conseqüências humanas bastante fortes. Mas, naquele momento, achávamos que era a posição correta.

Então, passei a andar armado. Era engraçado, porque eu começava a viver duas vidas, dois mundos. Vivia uma vida normal de um jovem que andava pela rua e a vida de um militante clandestino armado. E uma vez me aconteceu um fato. Nessa época havia muitas turmas de rua, na Zona Sul. Então, a turma da rua tal, quando o pessoal de outra rua passava, dava porrada; um não podia passar no território do outro. Vivi isso mais intensamente aos 14, 15 anos. Depois passei a não andar tanto assim pela rua, pelo bairro. Eu morava em Ipanema, e lá tinha uma turma grande, a da rua Barão da Torre. Todo mundo que morava naquela área era filiado à turma da Barão da Torre. E se você passava em Copacabana, por exemplo, na Miguel Lemos, e era reconhecido como membro da turma da Barão da Torre, levava porrada. Um dia eu vinha por Copacabana, passei justamente na Miguel Lemos, e tinha uma turma da rua. E eu estava armado. Se os caras vierem, eu vou me defender. Foi uma das coisas que bateram na minha cabeça: estou armado e vou fazer o quê? Se os caras vierem me dar porrada, eu vou deixar? Eu não vou levar porrada! Vou fazer o quê? Puxar a arma? Já pensou as conseqüências? Enfim, fatos assim, isolados, foram me dando uns toques. Eu disse: o que eu estou fazendo com essa arma aqui?

SILVIO: *Você chegou a participar de alguma ação armada?*

RICARDO: Propriamente, não. O trabalho armado era voluntário. Nós tínhamos uma frente de trabalho operário, para a qual todo mundo podia ser destacado. Mas a frente de trabalho armado era uma coisa mais delicada, precisava de um preparo maior, acho que era voluntário. Agora, na seqüência, se eu não tivesse sido preso, certamente ia chegar lá. Porque foi onde todo mundo chegou, não tinha muita saída, quer dizer, estávamos indo para um beco sem saída total. Penso que se eu tivesse continuado a desenvolver meu trabalho artístico e fizesse um trabalho político inserido socialmente, seria muito mais importante. Mas naquele tempo eu não via as coisas assim; comecei a carreira artística bem cedo, e no momento em que essa consciência política, esse engajamento político foi aumentando, para mim a única coisa que fazia sentido era aquele engajamento político.

SILVIO: *Como era o dia-a-dia de sua militância na frente de trabalho operário?*

RICARDO: Eu curtia muito, nós estudávamos textos, livros. Estudamos até Fernando Henrique Cardoso, que era um sociólogo respeitado pela nossa esquerda. Fazíamos levantamento das fábricas em nossa região, íamos para as portas de fábrica, na abertura, na hora do almoço ou na saída. Nós mesmos produzíamos os panfletos. Havia todo um trabalho de levantamento, de tentar obter informações sobre o funcionamento daquela fábrica, ver se havia conflitos especiais ali. Foi um trabalho que eu fiz durante muito pouco tempo. A nossa base, inclusive, era nova. Éramos cinco, e dois OPPs agregados. Preparávamos ações, fazíamos panfletagem em porta de fábrica. Todo dia tínhamos essa atividade e à noite íamos tomar chope, como todo bom jovem de 19 anos. Bom, a coisa não era tão simples assim, porque já tínhamos a perspectiva de morar mais para a Zona Norte, desviar um pouco o eixo da vida para uma área mais popular, sair um pouco da Zona Sul.

SILVIO: *E um dia você foi preso.*

RICARDO: Era 1º de maio. Íamos para a porta de uma fábrica que funcionava no 1º de maio. Marcamos o encontro na praça Tiradentes muito cedo, por volta das cinco da manhã, para ir a Caxias. E na praça Tiradentes, no dia 1º de maio, às cinco da manhã, realmente não tem ninguém. Quatro, cinco estudantes ali já é estranho. O rapaz que trazia os panfletos morava em Niterói. Ele se atrasou, ficamos esperando. E nisso a Maria Augusta foi reconhecida por um cara do Dops. Eu estava num canto, e o pessoal, mais ou menos espalhado. O cara chegou, começou a falar com ela, agarrou sua mão, ela se debatendo. Um companheiro nosso – não longe de mim, mas bem no meio da rua – puxou a arma e começou a atirar. Então o policial se jogou no chão, rolou que nem em filme americano, escapou pelo lado de um carro, levantou-se, puxou a arma e saiu atirando. Eu pensei: "Pô, tenho que fazer alguma coisa aqui, o que é que eu faço? O companheiro é um alvo próximo e desprotegido. Não vou atirar no policial. Quer dizer, não só não vou acertar como não estou a fim de acertar." Essa consciência me veio claramente. Não vou matar o cara. Nem que ele estivesse na minha frente, não ia. Eu corri, me afastei um pouquinho, puxei a arma e disse: vou atirar para o chão, mais ou menos na diagonal. E comecei a disparar.

O policial de repente ouviu um outro disparar, não sabia mais de onde vinham os tiros. Nisso, nosso companheiro Rios, que já é falecido, botou a arma na bolsa e saiu correndo. E Maria Augusta começou a correr em direção à praça Tiradentes. Guardei a arma na pastinha, como usávamos na época, e peguei a Guta pela mão, dizendo: "Vamos na direção oposta." Mas já era tarde. Então fomos rendidos pelo outro cara que estava com o primeiro policial. Logo depois veio um choque da PM, nos botaram no carro. E eu com a arma. Me botaram ali no jipe e fomos para o Dops. Dentro do jipe da PM, eu com a porcaria da pastinha com a arma. Pensei: "Merda, o que é que eu faço com isso aqui, tenho que dispensar." Então discretamente coloquei a pastinha para fora do jipe e deixei cair no chão. Mas fez um estrondo danado. O policial abriu a pasta e lá estava a arma. Piorou para o meu lado, a arma disparada, quatro tiros. Quando chegamos no Dops, foi corredor polonês, sob os gritos: "Ele tentou matar um colega!"

SILVIO: *Você ficou sempre no Dops?*

RICARDO: Sim, sempre. Tínhamos acesso às informações, pelo rádio, por uma televisãozinha. Quando havia algum acontecimento assim, fora do normal, eles fechavam as celas. Se fosse um carcereiro mais simpático, deixava-as abertas. Circulávamos pelas celas, nossa prisão era de presos políticos ou especiais, policiais ou pessoas com nível universitário. Então havia muito policial preso e muito bicheiro também, crime contra a economia, contravenção, como chamávamos.

Silvio: *Em algum momento passou pela sua cabeça que a organização poderia tirá-lo da prisão?*

Ricardo: Ali era complicado, mas eu ia a julgamento na Auditoria,* na praça da República. Não recebi nenhum recado nesse sentido, de que haveria isso. Mas sempre que eu ia à Auditoria, tinha alguém da organização, que eu reconhecia, sentado lá. No dia do julgamento mesmo eu vi um companheiro, que foi até do Aplicação também. Falei com ele: o que você está fazendo aqui? Era o dia da decisão, já tinha havido a terceira audiência, era o dia do julgamento. Então, no intervalo para a deliberação, recebi o recado: "Se alguém for condenado, nós tiramos." Puta que o pariu! Eu saía com um batalhão de choque, dois soldados da PE, cada um com dois metros de altura, algemado, os caras armados de metralhadora, me levavam com escolta de um batalhão de choque. E voltava de lá na mesma situação. Pensei: "Pô, tirar como?" E eu tinha visto o companheiro Marcos lá na platéia.

Quando efetivamente houve a decisão do juiz, eu fui o único condenado. Eu tinha que fazer alguma coisa para mostrar que não estava de acordo com uma ação para tentar me tirar numa situação daquelas. Enfim, todo aquele questionamento que eu já vinha tendo. Fiquei, aliás, muito puto de pensar que eles teriam pensado em fazer alguma coisa sem me consultar. Imagina, uma situação daquelas, as pessoas descem com você, cheio de gente da família, cheio de pessoas nossas, que foram lá assistir ao julgamento. Imagina, sair um tiroteio ali. Saiu a condenação, e decidi: vou ter uma crise de nervos aqui. Comecei a berrar. Eles vão entender, no mínimo, que não estou em condições psicológicas de que essa ação seja feita. Aí me acalmaram, me levaram com a escolta, algemado.

Quando cheguei lá fora, os companheiros estavam lá, na calçada da frente, uns três, quatro, todos com a pastinha na mão. Pensei: "Não é possível, nossos

---

* O AI-2, de 27 de outubro de 1965, modificou o art.108 da Constituição e determinou que os crimes contra a ordem política e social passariam a ser julgados pela Justiça Militar, por intermédio das auditorias de Exército, Marinha ou Aeronáutica, conforme a distribuição de cada IPM. Nos dias em que se realizavam sumários de acusação, defesa e julgamento, os presos eram levados à auditoria sob a guarda de escoltas militares.

camaradas vão fazer o quê com a pastinha debaixo do braço?" E dei outro ataque. Conto isso porque tem relação com algo que aconteceu posteriormente, chegando no México, e eu acho que esse fato foi o que pesou na decisão. Nós éramos três da organização. Os outros dois se reuniram sem mim e decidiram a minha exclusão da organização, por falta de "nível ideológico". Enfim, isso é uma coisa que me marcou muito, que me feriu profundamente, da forma como foi feita, sem discussão e sem nenhuma possibilidade de defesa. Penso que foi esse fato, do dia da condenação na Auditoria, que levou a essa decisão dos outros dois. Em suma, foi isso. E então, condenado, voltei para a cadeia.

SILVIO: *O curioso é que esse fato não impediu que seu nome fosse incluído na lista.*

RICARDO: É verdade. Engraçado isso, não é? Mas aconteceu outra coisa também. No dia em que saiu a lista, eles de repente se deram conta: "Não sabemos nada sobre ele!" Fui condenado, eles tinham anexado ao processo uns panfletos velhos do movimento estudantil, de um ano e meio atrás, uma coisa completamente absurda. O material subversivo que tinha era um panfleto de eleição de DCE de um ano atrás. Eles não sabiam nada de mim, eu não tinha nenhuma participação política anterior, nenhuma ficha, nada. E, de repente, estava incluído naquela lista. Porque, mal ou bem, Maria Augusta tinha sido presa em Ibiúna, Vladimir era líder estudantil, o Dirceu... Outros eram líderes sindicais. Eu, além de ser o mais jovem, era um cara que tinha a ficha completamente limpa. E Maria Augusta também, sua única implicação era o movimento estudantil. Eles não tinham nenhuma informação sobre ela estar ligada a alguma organização.

Então, nesse dia, eu já estava de mala arrumada, festejamos pra caramba a saída, foi bota-fora e tudo. Teve até festa na cadeia. E foi o Eduardo Homem quem me deu a notícia: "O carcereiro me falou que está correndo uma notícia, eles estão dizendo que você não quer ir." Pensei: "Tô fodido." E nisso o carcereiro avisou minha mãe, porque a história era para me segurar ali. Minha família saiu ligando para todos os jornais, desmentindo: "Não, ele quer ir, ele quer ir." E eu soube posteriormente que teve uma reunião do comando da ação, dizendo: "Não, não, todo mundo tem que ir." Porque se colocar "eles não querem ir", o que eles fariam? Eles firmaram o pé, e finalmente nós fomos. Mas houve essa conjunção de os companheiros terem firmado o pé e de minha família ter desmentido, entendeu?

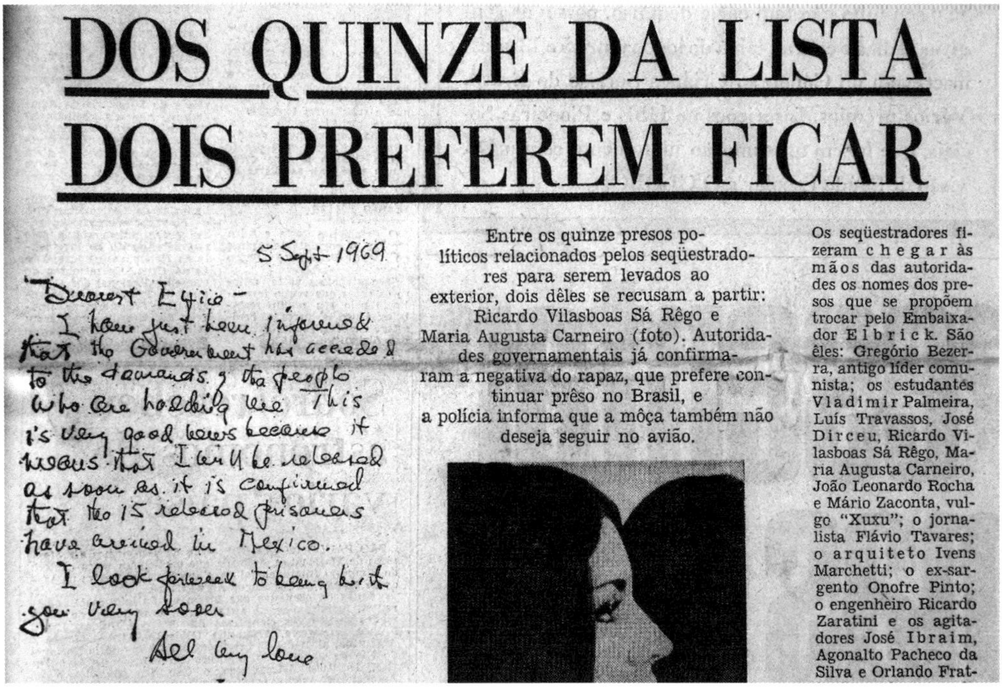

DOS QUINZE DA LISTA DOIS PREFEREM FICAR

5 Sept 1969

Dearest Enrico –
I have just been informed that the Government has acceded to the demands of the people who are holding me. This is very good news because it means that I will be released as soon as it is confirmed that the 15 released prisoners have arrived in Mexico.
I look forward to being with you very soon
All my love

Entre os quinze presos políticos relacionados pelos seqüestradores para serem levados ao exterior, dois dêles se recusam a partir: Ricardo Vilasboas Sá Rêgo e Maria Augusta Carneiro (foto). Autoridades governamentais já confirmaram a negativa do rapaz, que prefere continuar prêso no Brasil, e a polícia informa que a môça também não deseja seguir no avião.

Os seqüestradores fizeram chegar às mãos das autoridades os nomes dos presos que se propõem trocar pelo Embaixador Elbrick. São êles: Gregório Bezerra, antigo líder comunista; os estudantes Vladimir Palmeira, Luís Travassos, José Dirceu, Ricardo Vilasboas Sá Rêgo, Maria Augusta Carneiro, João Leonardo Rocha e Mário Zaconta, vulgo "Xuxu"; o jornalista Flávio Tavares; o arquiteto Ivens Marchetti; o ex-sargento Onofre Pinto; o engenheiro Ricardo Zaratini e os agitadores José Ibraim, Agonalto Pacheco da Silva e Orlando Frat-

Em sua edição de sábado, 6 de setembro de 1969, o jornal *O Globo* publicou na primeira página, abaixo da manchete "Tudo resolvido para o resgate", uma foto de Ricardo Vilas e Maria Augusta, acompanhada do texto: "Entre os quinze presos políticos relacionados pelos seqüestradores para serem levados ao exterior, dois deles se recusam a partir: Ricardo Vilasboas Sá Rêgo e Maria Augusta Carneiro. Autoridades governamentais já confirmaram a negativa do rapaz, que prefere continuar preso no Brasil, e a polícia informa que a moça também não deseja seguir no avião."

Porque nos seqüestros posteriores a repressão começou a segurar algumas pessoas que ela não queria deixar sair. Então, eu não sei se isso pesou ou não na minha inclusão na lista. Não sei.

Silvio: *A que você atribui o fato de a imprensa ter publicado que você não queria sair?*

Ricardo: Acho que foi uma nota da ditadura. Para mim está claro que eles disseram: "Não é possível: como é que o cara está preso há seis meses, não se tem nenhuma informação sobre ele, ele sai na lista junto com Gregório Bezerra, junto com José Ibrahin, junto com Vladimir Palmeira? Não é possível! Esse cara é muito mais importante do que pensamos." Entendeu? Porque eles não conseguiram estabelecer nenhum vínculo meu com qualquer organização. Então, para eles, eu era do movimento estudantil, estava dando cobertura para a Maria Augusta. Quer dizer, as questões se colocavam: por que ele tinha uma arma?, o que ele estava fazendo na praça Tiradentes, no 1º de maio? Quando saiu a lista, os caras disseram assim: "Não é possível: vocês não sabem nada, o cara está na lista dos 15 prisioneiros políticos mais importantes do país e vocês vêm dizer que o cara não tem nada. Não é possível." A única explicação plausível que eu tenho é essa.

Silvio: *Como se passou esse período entre o anúncio da lista e o embarque no avião?*

Ricardo: Ali no Dops, na cadeia, eu não sofri absolutamente nada. Até o momento em que vieram me pegar, me botaram no camburão com dois policiais e demos umas voltas com as sirenes ligadas. Foi então que recebi porrada e ameaça. Mas acho que estavam fazendo aquilo só por fazer mesmo, porque não era a intenção deles me matar ali. Nem tirar informação no camburão. Era só para me mostrar que eles podiam também não me entregar, não fazer tão barato assim. Acho que foi mais nesse sentido. Como fizeram com o pessoal em São Paulo, fuzilamento, não sei o quê. É só manifestação da impotência, da raiva deles, de ter que nos deixar sair. Depois, no avião, ficamos bastante preocupados com a possibilidade de nos jogarem lá de cima. Foi uma viagem muito tensa.

Silvio: *Mas a que você atribui o fato de seu nome ter sido incluído na lista?*

Ricardo: Eu era o único militante da organização já condenado – quatro anos. Em segundo lugar, fui o primeiro a opor uma resistência armada. Então foi uma coisa um pouco simbólica. Acho que foi isso. Eu, sinceramente, acho que não estava no mesmo nível de envolvimento que as outras pessoas, que os outros líderes históricos, o José Ibrahin, que foi um líder sindical importante. Minha história na militância política era muito pequena. Agora, embarquei nesse vôo, embarquei na história. E isso não é uma questão de merecimento ou não merecimento, eu acho que foi aquele momento ali, eu estava naquele momento, representei aquilo ali. E sempre tive essa consciência e orgulho também. Porque foi um momento importante, e eu participei. E quando dei meu engajamento, também foi total.

Silvio: *Como foi o embarque no avião?*

Ricardo: Quando chegamos à Base Aérea do Galeão, havia uma tensão muito grande. Estava a maior confusão, não se sabia se o avião ia sair ou não. Teve aquela ação em que os caras queriam evitar que o avião saísse, essas coisas que são públicas.* Passou o dia todo, eu não sei nem a que horas cheguei lá, não me lembro mais. Sei que o dia passou, chegaram as pessoas de São Paulo, reuniram-se os 13 ali, depois saiu aquela foto. Íamos de um lado para o outro, ficávamos ali, não sabíamos bem o que fazer, não sei nem se comemos, não me lembro.

Então embarcamos. Tinha um soldado da PA, um prisioneiro, com pé e mão algemados. O engraçado é que aparece na foto todo mundo algemado, com as algemas na frente. Aquele dia todo foi muito tenso; não podíamos falar entre nós, só trocar poucas palavras. Eu me lembro de ter conversado com o Travassos, ele estava muito tenso mesmo, muito estressado. Expliquei mais ou menos o que estava sabendo. O pessoal que vinha de São Paulo não tivera o mesmo acesso à informação que no Dops do Rio nós tivemos.

E então fomos. A viagem também foi muito tensa, aquele avião de pára-quedistas, as cadeiras de lado. E depois, lá pelas tantas, deram a comida, uma coisa meio incomível qualquer, mas que comemos assim mesmo. E fomos algemados, pé e mão.

Tudo o que eles podiam fazer para nos perturbar, eles faziam. Não podíamos falar. Acho que o vôo demorou 26 horas. Foi para Recife, de Recife para Belém. Em Recife entrou o Gregório, que nos deu um verdadeiro balão de oxigênio ao entrar, todo sorridente, assoviando a "Internacional". Foi uma coisa assim, que nós estávamos lá com zero, aquela tensão, aquele

* Setores militares insatisfeitos com a decisão de ceder às exigências da ALN e do MR-8 ameaçaram invadir a Base Aérea do Galeão. Naquela tarde, o Grupo de Artilharia da Brigada Pára-Quedista invadiu uma estação retransmissora da Rádio Nacional e fez a leitura de uma proclamação contra a junta militar.

Camburões da polícia e veículos da Aeronáutica movimentam-se na pista da Base Aérea do Galeão, ao lado de dois aviões Hércules da FAB, antes do embarque dos presos para o México. A imprensa foi mantida a cerca de um quilômetro de distância.

estresse danado. Entra o Gregório numa felicidade, com o sorriso até aqui e assoviando a "Internacional", foi realmente uma das cenas mais bonitas que eu já vi. O velhinho era fogo. Lá no México também... Bom, então veio o Gregório, depois pegaram o Chuchu em Belém.

Foi um vôo longuíssimo. E nós naquela tensão. Lá pelas tantas, houve um anúncio, e começou a falar o comandante: "A junta militar..." Começou a fazer um discurso longuíssimo. Ficamos apavorados. Pensei: "Decidiram nos matar!" Passou pela minha cabeça aquilo que temíamos, que nos jogassem lá de cima. E era simplesmente a ordem do dia do 7 de Setembro. Achei que ele ia dizer: "Desculpe, mas a viagem de vocês se encerra agora." Então, foi sem paz, foi aquele estresse o tempo inteiro, aquela viagem horrível. Serviço de bordo de péssima qualidade.

E quando chegamos ao México, o comandante não queria nos liberar. Queria nos entregar ao embaixador brasileiro. Então entrou um representante do governo mexicano no avião e disse: "O quê? Isto aqui é o México, país soberano. Tire isso imediatamente, liberte os prisioneiros, tire as algemas." O comandante ficou assim... "O senhor tire as algemas imediatamente, eles vão sair agora do avião." O cara mandou mesmo. Então o comandante mandou tirar as algemas, começamos a sair, e aquele mar de fotógrafos... Olha, eu nunca tinha visto tanta câmera de televisão, tanta máquina fotográfica, tanta gente. Tinha uma multidão.

Silvio: *E o que você sentiu saindo desse avião, finalmente em liberdade?*

Ricardo: Não é bem liberdade, porque quando saímos dali, primeiro tivemos que responder àqueles jornalistas todos, foi supercomplicado. Tinha muito americano, muito jornalista americano, muito jornalista falando inglês. Você vinha, pá!, botavam o microfone na sua cara, ligavam a câmera: "Por que você está nessa lista?" Enfim, todo tipo de pergunta; fomos muito assediados. Então chegamos lá, eu até vi meu pai distante, de

Após o desembarque, os presos foram conduzidos ao saguão do aeroporto da Cidade do México, sob intenso assédio da imprensa local e internacional.

longe. Não estávamos em liberdade: saímos de lá com a polícia mexicana, nos botaram num hotel.

No dia seguinte distribuíram umas roupas, algum dinheirinho, nos levaram para fazer documento, para pegar asilo no México. E enquanto estávamos lá, os 15, só saíamos em grupo. Só em grupo e escoltados por eles. E a recomendação era não sair. E quando saíamos, havia dois, três carros seguindo. Diziam que tinha tudo: KGB, SNI, CIA... Era um clima de terror total, de controle total. Tanto é que evitávamos sair mesmo. Isso até a ida do pessoal para Cuba. E tivemos lá algumas reuniões conjuntas, cada organização se estruturou. E foi então que fui desligado da organização, e não fui para Cuba.

Silvio: *Qual é a lembrança que você tem de seus 14 companheiros?*

Ricardo: Olha, no México fiquei no quarto com o Onofre, que era sargento do Exército e estava entusiasmadíssimo, achando que a revolução ia acontecer rapidamente. Eu ainda tentei conversar com ele, achava que ia demorar um pouco mais, mas ele achava que em seis meses estaríamos no poder. Maria Augusta e Vladimir, além de militantes da mesma organização, éramos amigos. Tive contato com o Dirceu também, na época. Quer dizer, eu já o conhecia de vista, mas foi no México que tive oportunidade de me aproximar um pouco mais. Fiquei muito amigo do Travassos também. E com Ibrahin fiz algumas coisas, demos umas voltas, depois estive com ele no exílio; ele foi para a Bélgica.

Com relação à questão de Cuba, estivemos todos na embaixada, recebidos pelo embaixador, foi superemocionante. Porque Cuba era o nosso exemplo, nossa referência. E no México não havia condições de ficar, a situação era muito instável, não nos sentíamos tranqüilos. Tínhamos medo de atentado... O governo brasileiro estava puto, os caras estavam a fim realmente de barbarizar. Não tínhamos sensação de segurança no México.

Então, decidiu-se ir para Cuba. E as coisas aconteceram mais ou menos ao mesmo tempo. Eu tive uma reunião, quer dizer, eu estava pedindo uma reunião com o Vladimir e com a Maria Augusta, nós não discutíamos nunca, até que um dia finalmente tivemos uma reunião e eles me comunicaram que achavam que eu não tinha o tal "nível ideológico", e, então, eu estava desligado da organização. E também que eu não deveria ir para Cuba, porque, para ir, tinha que ter "nível ideológico", e era só para aqueles que treinariam e voltariam para fazer a luta armada. E eu já tinha essa convicção, achava que não era esse o caminho, mas eu queria ir para Cuba, porque eu achava que era importante, também; ir a Cuba era um símbolo. E eu pessoalmente estava interessado em ir. Achava que se poderia desenvolver a luta de outras formas, também. E a história demonstrou que nem todos os que foram para Cuba trei nar voltaram ao Brasil para fazer guerrilha. E os que voltaram foram mortos. Eu fiquei bastante sentido com essa decisão.

Acho que nunca tive a atitude de buscar a política pelo poder, sobretudo o poder pessoal; a política para mim foi um meio de manifestar, de defender as convicções, de levar uma luta pelos ideais. Eu achava que a revolução era importante, necessária, naquele momento. Então eu via a política dessa forma, nunca como uma forma de poder pessoal. E acho que nesse momento, por exemplo, poderia ter tido outra atitude, poderia ter levado essa discussão em outro nível, entendeu? Eles não decidiam tudo, quem ia, quem não ia. Eu poderia ter ido, porque... Mas, enfim, a história foi feita assim, e foi esse o meu percurso. Eu gostaria de ter ido, sinceramente, acho que era uma experiência importante. E por isso, também, fiquei um pouco perdido na França no início, sem saber muito como me situar. Porque eu achava importante continuar a militância, coisa que eu fiz, depois eu me entrosei com as organizações, os organismos que existiam na França, de resistência, de denúncia de tortura.

Mas eu tive outra história também. Essa coisa de poder é muito engraçada. Eu era o único membro da organização que estava em Paris. E comecei a ter contatos com a nossa organização do interior, comecei a fazer contatos com outras organizações na França, sobretudo com os palestinos. Quer dizer, dentro daquela ótica de luta armada, o movimento palestino estava num estágio bem superior ao nosso. E foi uma das coisas que eu tinha aberto, um contato com um dirigente palestino na França. Imediatamente, quando cheguei a Paris, tinha uma perspectiva de ir para a Argélia, desenvolver alguma coisa. Lá pelas tantas, chegou um companheiro do Brasil e disse: "Fui designado pela direção para ser a nova direção da organização aqui; então, você está destituído." Eu respondi: "Toma as chaves, pega o poder e se vira", e então parei de militar. Parei de militar na organização; continuei fazendo parte dos organismos, das frentes, mas na organização eu parei.

Silvio: *Você diz que era o único quadro da organização em Paris, mas você tinha sido desligado, no México.*

Ricardo: É, eu tinha sido desligado como quadro da organização, mas era seu representante. E quando chegou esse outro companheiro: "Estou aqui com a orientação de você me passar todos os contatos da organização, que agora todos são meus." Eu disse: "Tudo bem, passo todos os contatos. Leve adiante."

Silvio: *A que você atribui o fato de ter sido desligado da DI-GB?*

Ricardo: Como disse, meu questionamento sobre a luta armada também deve ter pesado, mas o incidente na Auditoria militar me parece ter sido determinante.

Silvio: *Qual incidente?*

Ricardo: Como disse, o fato de no julgamento eu ter sinalizado, da forma que eu podia, uma forma compreensível e clara, que eu não estava de acordo com uma tentativa de resgate ali, naquele momento. O ataque de nervos que eu tive, de berrar e tal. Isso foi um fator importante, que deve ter marcado bastante a Maria Augusta. E o outro fato é que eu já vinha levantando reservas em relação à posição de luta armada. Eu já tinha esse questionamento, que desenvolvi aqui. Achava que tínhamos nos isolado do movimento social, que tínhamos nos "clandestinizado". E a história continuou, até que a resistência foi dizimada.

Bom, não quero dizer que tenho razão. Eu não era o único que estava levantando esse tipo de questionamento; mas no tempo em que fiquei preso essas coisas ficaram mais claras na minha cabeça. E, teoricamente, para meus dois companheiros, eu já não achar que a luta armada era a solução seria fraqueza ideológica, falta de nível ideológico, deveríamos ir para Cuba treinar militarmente. Eu achava que não; achava que a ida a Cuba era simbólica, era importante sinalizar que Cuba era um modelo que seguíamos. Eu achava importante para a sociedade brasileira o modelo cubano como alternativa, e, pessoalmente, como solução, se fazer um trabalho político em Cuba também, em que se poderia aprender muitas coisas. Não forçosamente um treinamento militar para vir fazer guerrilha. Esse questionamento eu tinha. Então, eu atribuo a isso. Você poderia perguntar a eles dois. Qual será a visão deles, tantos anos depois? Porque eu também estou contando, hoje, um sentimento que ficou. Forçosamente já é uma coisa que passou por 30 anos de reflexões e de reelaborações. Eu não quero dizer a você que o que estou contando é exatamente como aconteceu; esse é o sentimento que eu tenho do que aconteceu.

SILVIO: *E como você se sentiu quando recebeu essa notícia?*

RICARDO: Ah, eu me senti muito mal, muito mal. Me senti bastante desprestigiado, desconsiderado. Foi um baque para mim, pessoalmente; foi superdifícil. Mas, ao mesmo tempo, acatei. É verdade que não há só um lado da questão. Isso foi um fato que eu guardei muitos anos, que não conversei com ninguém, e depois, com o tempo, comecei a tentar elaborar um pouco mais. Foi uma coisa que no momento me feriu bastante, sobretudo porque eu os considerava muito meus amigos, considero ainda. Depois tive contato com o Vladimir quando ele esteve exilado na Bélgica. Durante muito tempo não quis conversar com ele, por causa dessa história. E depois nos reencontramos, conversamos. Não sobre isso, mas conversamos. E hoje, gosto muito dele, acho ele um cara muito legal, sincero no seu engajamento. E a Maria Augusta também. Enfim, isso é uma reelaboração, 30 anos depois. Será que adianta ficar na polêmica? Acho que não. Não há culpados, não é o caso de dizer que eles são isso, são aquilo.

Acho que o que tem que se levantar dessa questão é o sistema, é o stalinismo, o que é a minoria, o que é a maioria. Se são três, dois se unem contra um, é a maioria. Essa questão do centralismo democrático, questões atuais. São questões que foram colocadas em todos os partidos comunistas pelo mundo inteiro, em todo movimento de esquerda. Qual é a melhor forma de organização? A questão da luta armada já foi mais transada, mas essa questão do aparelho de partido é atual e deve ser discutida. Então, a conclusão que eu tiro é que num momento determinado, uma direção que emana da maioria, que pode ser circunstancial, decide um determinado tipo de coisa e anula toda voz contrária. E isso é tremendamente ruim. Não existe um verdadeiro debate, uma verdadeira democracia, existe uma ditadura das pessoas que detêm uma maioria circunstancial.

SILVIO: *Seu pai estava morando no México. Você permaneceu no hotel com os companheiros?*

RICARDO: Permaneci com os companheiros, apesar de meu pai estar no México na ocasião como diplomata. Eu era muito jovem também nessa época; tinha feito 20 anos em 30 de agosto e no dia 6 de setembro nós viajamos. E meu pai, evidentemente, estava preocupadíssimo comigo. Ao mesmo tempo, quando os companheiros estavam lá, eu até falei com ele: "Não me sinto seguro de sair daqui, prefiro estar com os companheiros." E, além do mais, nós estávamos vivendo uma coisa superimportante, eu tinha consciência disso.

SILVIO: *Num grupo de 15, 13 vão para Cuba. Como foi a preparação da viagem?*

RICARDO: É engraçado, porque isso depois me perseguiu; volta e meia, esses dois fatos me perseguiram... O Márcio Moreira Alves, que é um jornalista, já muitos anos depois, levantou uma questão política qualquer e deu um exemplo: "Os trocados pelo embaixador americano, teve um que não queria ir e foi obrigado a ir para o México. Hoje em dia ele é taxado de terrorista, mas ele não queria ir." Pensei: "Quer dizer que a verdade histórica se transforma naquilo que ficou registrado?" Então fiz uma carta, evidentemente desmentindo. O jornal publicou. Mas eu desmentindo é uma coisa, a notícia que saiu é outra. Então, isso sempre volta à tona. Mas o fato de não ter ido para Cuba, dois não foram, isso volta menos, hoje em dia não é tão falado. Mas me senti meio abandonado, bastante fragilizado com essa história. Ao mesmo tempo, se abriu outra perspectiva, fiz outras coisas, construí uma história em Paris, por exemplo.

Silvio: *Por que você optou pela França?*

Ricardo: Como alternativa a Cuba, eu iria, como representante da organização, desenvolver um trabalho na Argélia. Mas não havia possibilidade, a Argélia era representada pelo Egito. Tentei ir lá no consulado egípcio para ver, não dava, tinha que passar pela França. E na França tinha uma representação diplomática. Mas também não era assim que se passava, tinha que passar através de contatos. E, depois, acho que tem uma coisa de destino aí. O [Miguel] Arraes estava exilado na Argélia, onde dispunha de muito prestígio. Então, a forma de conseguir um visto seria passando por ele. E ele teve uma atitude superlegal, foi supersolidário. Eu o conheci nessa ocasião.

Ele nos aconselhou: "Olha, se vocês quiserem ir para a Argélia, não tem problema, eu posso intervir e facilitar. Mas por que vocês vão para a Argélia, se enfiar lá? Para sair de lá é um problema. Fica aqui na França, que você tem o mundo inteiro, você está aberto pro mundo." Eu estava com a Teca, que já o conhecia, porque ela tinha participado do MCP, o Movimento de Cultura Popular de Pernambuco, que foi superimportante, uma experiência muito legal, aparentada dos CPCs. Mas foi uma coisa no nível de governo mesmo. Ela o conhecia, ele também gostava muito dela. E ele nos deu esse conselho. Realmente, mais tarde nós voltamos, já como artistas, fomos fazer uns shows lá em Argel e estivemos com ele. Então foi isso, fiquei na França, e fui ficando.

Silvio: *Como se deu a decisão de voltar ao Brasil?*

Ricardo: Ah, o Brasil para mim, no início, era aquela coisa completamente inatingível. Mesmo depois, quando eu tive um documento de viagem, como refugiado... Porque aí já mudou, a partir do Chile mudou o Tratado de Genebra, passou a valer para a América Latina também. Então nós conquistamos uma série de direitos, inclusive o de ter um título de viagem, dado pela ONU. A partir daí, podíamos nos locomover mais facilmente.

Mas estava escrito lá: válido para todos os países, menos o Brasil. Então, eu me sentia numa prisão: podia ir para o mundo inteiro, menos para o Brasil. Então, o Brasil era aquela coisa inatingível, e os anos passavam, passavam, e nada demonstrava que estivéssemos perto de um dia voltar. A ponto de achar que, de repente, não fosse voltar nunca. E quando se começou a falar de anistia, eu ainda fiquei na dúvida. Mas, no momento em que abriu, eu vim. No momento em que deu pra vir, eu vim.

SILVIO: *E como foi essa chegada de volta ao Rio de Janeiro?*

RICARDO: Ah, aquele verão de 1980, o verão da tanguinha do Gabeira, acho que foi o verão mais festivo que eu já vi no Brasil. Cheguei em dezembro de 1979. Saí daqui em 1969, voltei em 1979. E fui para a França outra vez em 1989. Períodos de dez anos, exatinhos. E sem ser intencional. Mas essa chegada foi incrível. O Brasil recebeu seus exilados de braços abertos. Era um momento de abertura política, de conquistas, foi do cacete. Depois, as primeiras campanhas para eleições diretas. Eu participei bastante aqui, do PT, em 82. Mas as campanhas eram ótimas, o PT era um partido de militância. E foi um verão incrível em termos culturais, também. Havia uma ebulição muito grande. Acho que nesse ano o Brasil se reencontrava, no otimismo e tal.

SILVIO: *Nos três primeiros anos na França, você se sentia e se comportava como um revolucionário no exílio?*

RICARDO: Totalmente. Não, eu sempre me considerei e me comportei como revolucionário. Às vezes eu tinha que tomar cuidado, para isso não prejudicar. Porque o artista é uma coisa que também exige muito, você tem que ser inteiro artista, você não pode ser um revolucionário artista. E os anos 70 foram incríveis, de transformações muito rápidas no mundo. A comunicação também deu um salto enorme, passou a circular com uma velocidade muito maior. Foram os anos de Vietnã, de muitas conquistas em termos de sociedade, de mudanças sociais. E com o golpe no Chile, nós tínhamos concentrado em Paris gente da América Latina inteira, de todos os movimentos de resistência. Havia um movimento de canção de protesto, na França, muito importante. E nós, naturalmente, entrávamos nisso.

Ao mesmo tempo, eu tinha que tomar certo cuidado para não ficar só nesse esquema. Por exemplo, nessa ocasião eu trabalhava em dupla com a Teca. E tudo que era greve, tudo que era manifestação, nos chamavam para cantar, e nós íamos. Nossa atividade de música política era superintensa, junto de Isabel e Angel Parra, chilenos, do uruguaio Daniel Vigliette, de espanhóis, de portugueses... Por causa da guerra colonial na África, estava cheio de refugiados portugueses lá. Era um momento em que a música de resistência estava superpresente. Mas, ao mesmo tempo, essa música era um gueto. Nós estávamos num esquema de show business, Olympia de Paris, participamos, por exemplo, de uma importante turnê com o grande cantor e compositor francês Claude Nougaro e Baden Powell. Estávamos num esquemão, tínhamos contrato com uma gravadora grande. Precisava administrar isso, no show business, para o nosso trabalho não ser reduzido apenas à música de protesto, como chamavam na época. E em relação ao outro setor, não – quando era música de protesto, nos recebiam superbem. Mas o show business sempre teve um reflexo de direita, nunca aceitou muito a música de resistência. E tudo que era festa política de partido de esquerda nós íamos. Era muito engraçado, tinha um partido que se chamava Partido Socialista Unificado. Nós fomos participar da festa deles, em um terreno muito grande, um palco. No mesmo parque onde é feita a festa do Partido Comunista Francês, que é uma festa enorme. E, no palco principal, precedemos o Balé Nacional de Cuba. Nesse show do PSU, também em 1975, estava todo mundo nu, foi uma experiência inesquecível. A platéia toda, todo mundo nu, e nós tocando. Nós estávamos vestidos, é claro. Os 70 foram anos bastante ricos, em termos de transformações.

SILVIO: *Qual é a compreensão, ou a autocrítica, que você faz da opção pela luta armada?*

RICARDO: Olha, nós nos baseávamos no Vietnã: o Vietnã conseguiu vencer uma luta armada contra o imperialismo. Hoje o Vietnã está abrindo a sua economia, já pratica a economia de mercado, eles estão profundamente pragmáticos, procuram parcerias, investimentos estrangeiros, como uma forma de se desenvolver. A Guerra do Vietnã foi um trauma terrível para aquele país, foi um sofrimento, um custo humano enorme. Eu acho que antes nós víamos o lado heróico, aqueles caras morrendo com napalm, mas que heróis, conseguiram ganhar do imperialismo! Eu questiono esse processo.

Falávamos em luta armada, e quando eu me vi com uma arma na mão... O que é que eu vou fazer com essa arma? Eu vou matar aquele indivíduo ali? Não, impossível, eu não vou matar. Naquele momento, eu me disse: acho que a luta armada não é a solução. Não é dizer que então aceitamos tudo. Não. Eu vou reagir no momento de injustiça, vou me defender no momento em que seja necessário me defender. Se for para defender minha vida, eu sou capaz de ir às últimas conseqüências, se for para defender a vida de pessoas próximas ou a vida em geral, eu sou capaz de ir às últimas conseqüências, que eu espero nunca sejam de tirar uma vida. E eu, naquele momento, tive a compreensão de que estávamos lutando para fazer o povo entrar numa guerra civil. Com um custo humano, sobretudo para as pessoas mais frágeis, mais pobres e mais desprotegidas. Então acho que o caminho não é esse, não.

Eu acredito no trabalho político. Acredito no trabalho cultural. Acredito no trabalho de mobilização, de conscientização, de organização, de base. E acho que a nossa contribuição, enquanto vanguarda política, é justamente tirar o ensinamento de tudo aquilo que fizemos, porque, depois, nossa luta armada chegou a quê? A fazer ações? A fazer ações de finanças, para poder sobreviver? Porque estávamos totalmente isolados. E não vou entrar nem no mérito de se houve desvio de dinheiro ou não, porque acho que isso é uma outra discussão. Se houve gente que saiu da luta armada e foi pro banditismo, é possível, mas não é a discussão em que quero entrar agora. Nem sei se quero entrar nessa discussão. Acho que a questão é realmente colocar aonde se quer chegar e como se pode chegar a isso.

Sinceramente, esse questionamento sobre luta armada é profundo, porque avalia também o respeito que se tem pela vida do outro. Você vê no Iraque. Quem sofre no Iraque? Não são as pessoas que estão no poder, é o povo que está ali na rua. Quem são os homens-bomba, os kamikazes? A vida humana passa a não valer mais nada. Eu me lembro, muitos anos atrás, antes dessa história de kamikaze se tornar uma coisa comum e banal, falávamos: os japoneses, que loucura, eles eram kamikazes, vinham com o avião e se matavam. Era uma coisa absurda. Hoje passa a ser quase uma normalidade, uma forma de luta. Não, eu realmente acho que temos de ir fundo nisso.

SILVIO: *Pelo que você conta, parece que o primeiro questionamento pessoal mais radical à luta armada foi no próprio ato da resistência à prisão?*

RICARDO: Exatamente. Já tinha acontecido de eu passar naquela rua que tinha uma turma, os caras começaram a olhar para mim, querendo me provocar, e eu pensei: "Que é que eu vou fazer? Estou armado aqui e não vou atirar em ninguém." Foi a conseqüência de ter uma arma na mão, porque isso tem conseqüências. Mas esse questionamento não foi radical. O outro foi; no momento em que eu precisei usá-la, aí foi radical. Porque, enquanto eu estava fazendo tiro ao alvo, o que era? Você tenta acertar no alvo. Agora, quando tem um indivíduo na sua frente e você se coloca a questão de se você vai atirar nele ou não... Foi nesse momento que eu disse: não, a luta armada não é uma abstração. Faz-se luta armada para matar pessoas. E uma guerra civil vai ter um custo humano terrível. Não é também dizer que a Guerra do Vietnã não deveria ter existido, isso foi um processo que aconteceu. Eu sei que esse processo já vem de antes, já vem da resistência contra o colonialismo francês. E foi realmente uma resistência heróica, foi uma vitória contra o imperialismo. Agora, com um custo humano altíssimo.

SILVIO: *Mas trata-se de uma autocrítica com relação à forma de luta ou de um questionamento do projeto revolucionário? Você acha que seria possível fazer uma revolução sem que morresse gente?*

RICARDO: Eu acho que tem que fazer uma revolução. Agora, as pessoas que não têm interesse em que haja revolução não vão abrir mão de seus privilégios de uma forma tranqüila. Acho que confrontos são inevitáveis, mas devem ser buscados mecanismos. Eu acredito em instituições, em organizações, acho que temos de nos organizar, através de debates, de conscientização, de educação, de cultura. Você vê os resultados de um trabalho social e cultural que se faz em comunidades carentes. Quando você desenvolve um trabalho cultural e a coisa começa a dar certo, você vê como as pessoas se reconstroem.

Silvio: *Você acha que a luta armada que se praticou no Brasil nos anos 60 tem alguma relação com o fenômeno do terrorismo contemporâneo?*

Ricardo: Não, nenhuma. Absolutamente. Justamente por isso eu falo de uma coisa descontextualizada. Se você falar em terrorismo hoje, na Europa ou no mundo, imediatamente as imagens que você vê são os kamikazes, aquelas torres, o Bin Laden. De jeito nenhum. O rapto do embaixador americano foi percebido pela população do Brasil e do mundo como uma coisa altamente simpática, o próprio embaixador declarou que foi muito bem tratado. E logo depois foi afastado, aliás. É um perigo, justamente, falar de certas coisas desligadas do seu contexto, você é levado a pensar outra coisa.

Recentemente, eu estava sendo entrevistado por uma rádio francesa, logo depois do 11 de Setembro. E começou a conversa, a respeito do lançamento de um novo disco. Eu tinha chegado na França como refugiado político, então o jornalista perguntou mais detalhes e falei que tinha sido prisioneiro trocado pelo embaixador americano. Foi uma ducha fria na sala: terrorismo, uma coisa completamente fora de contexto. Naquele momento, depois daquele ato dos dois kamikazes nas torres, foi um mal-estar, difícil recuperar. Enfim, as coisas existem na sua verdadeira dimensão dentro de um contexto determinado.

Mario Zanconato

MARIO ROBERTO GALHARDO ZANCONATO nasceu no Rio de Janeiro, em 1945. Estudante de medicina em Belo Horizonte, iniciou militância no PCB logo após o golpe de 1964. Tornou-se dirigente do Comitê Universitário, vindo a participar, sucessivamente, do Comitê Municipal e da Comissão Juvenil do Comitê Estadual do partido. Em 1966, desligou-se do PCB para fundar a Corrente Revolucionária, que manteve relação de semi-autonomia com a ALN, liderada por Carlos Marighella. Preso em abril de 1969, após participar de algumas ações armadas, demorou a ser libertado por resistência de setores do Exército mineiro, sendo afinal transportado pela Aeronáutica para Belém, onde foi o último a embarcar no Hércules 56. Em 1972, integrou-se ao sistema de saúde de Cuba como médico de terapia intensiva. Só voltou ao Brasil em 1993, fixando residência em São Paulo. Trabalha na UTI de um hospital público em Diadema.

Entrevista em São Paulo, 17 de setembro de 2005

SILVIO: *Mario, como foi a sua formação política?*

ZANCONATO: Meu início na atividade política coincide com a entrada na universidade. Naquela época, 1963, a efervescência política dentro da universidade era muito grande. Me aproximei, ainda no pré-médico, como chamávamos o cursinho da faculdade de medicina, dos agrupamentos de esquerda. Chegamos a ter até uma representação junto ao diretório acadêmico da faculdade, sem ser universitários.

Obviamente, a minha definição foi feita com o passar do tempo. Fui aprovado no vestibular, e íamos iniciar nossas aulas no dia 1º de abril de 1964. Minha definição foi forçada pelo que representou aquela data. Comecei minha vida universitária com o primeiro movimento grevista de que participei. Foi radical, foi uma luta muito impulsiva, já que não havia coordenação nenhuma, as direções políticas, como é sabido, deixaram acéfalo todo e qualquer movimento de resposta ao golpe militar. Não fui preso naquela ocasião, mas fomos participantes ativos da greve que se estabeleceu. As aglutinações políticas e ideológicas foram sendo feitas, com o passar dos dias, na greve, e depois na reintegração das aulas. Me aproximei da militância comunista naquela época.

SILVIO: *Militância no PCB?*

ZANCONATO: No PCB.

SILVIO: *Qual era o ambiente no PCB depois do golpe? Havia luta interna?*

ZANCONATO: A falta de um norte político era o predominante; por mais que os quadros mais jovens, os militantes que começavam sua carreira política naquela época, indagassem o que fazer – a eterna dúvida dos revolucionários –, a palavra de ordem principal dos antigos militantes era "preservar as forças". Do nosso ponto de vista de novos militantes, predominava a idéia de que isso era nada mais, nada menos do que esconder o time, não se desgastar, porque poderia ser preso. Antes de uma divergência ideológica, isso significava pura e simplesmente que ninguém sabia o que fazer para resistir àquele golpe militar.

SILVIO: *Mas quais eram as principais posições na luta interna dentro do PCB?*

ZANCONATO: Quando o movimento saiu do grande refluxo de 64, em que predominou o ponto de vista de preservar as forças, reaglutinar o pouco que sobreviveu, muita gente abandonou tudo. No nosso meio, coincidindo com o que houve em outras partes do país no meio universitário e nos que sobreviveram no movimento operário, era o de "ir para as ruas", retomar os sindicatos, os diretórios acadêmicos, organizar as manifestações que surgiam contra a tentativa de privatização da universidade, já no princípio da era militar. Ao contrário do ponto de vista dos que dirigiam então os movimentos, que era o de associar-se por cima aos remanescentes dos partidos políticos menos reacionários, menos integrados à ditadura, para organizar as frentes amplas. Essa era a diferença: os que queriam ir para as ruas e os que queriam se reaglutinar por trás do pano com Juscelino Kubitschek e com o pessoal do PTB, em Minas Gerais.

SILVIO: *E qual era a sua atuação no movimento estudantil?*

ZANCONATO: Eu, logo nos primeiros meses da militância, já fui eleito para o Comitê Universitário, que era o organismo que, de dentro do Partido Comunista, dirigia o movimento universitário. Como esse setor dentro da organização de esquerda era o mais organizado, o que mais crescia, o mais atuante, extrapolamos nossa fronteira e ajudamos na reativação do movimento do funcionalismo público e dos bancários. Logo tivemos contato também com o pessoal do movimento operário. Muitos dos militantes que dentro da estrutura do partido assessoravam, ajudavam o movimento operário pertenciam aos bancários, aos funcionários, alguns eram inclusive estudantes. Por aí se abriu um caminho, e começamos não ainda a criar uma organização paralela, não era esse o objetivo, mas sim ir crescendo e criando raízes dentro da estrutura partidária para poder mudar, buscar uma saída para aquela grande contradição social da ditadura militar conosco.

SILVIO: *E como evoluiu essa dissidência?*

ZANCONATO: Em Minas, nós tivemos esta grande sorte: os quadros dirigentes do Partido Comunista, as direções conciliadoras, que se ligavam às estruturas nacionais, eram muito frágeis, se dispersaram dentro da luta interna. Alguns quadros queimados, evidenciados para a repressão naquela região, foram tirados, e outros foram trazidos de fora para fortalecer os movimentos organizados da esquerda. No nosso caso, quem veio fortalecer o Partidão em Minas Gerais foi o Mário Alves, que nunca foi um adepto das políticas conciliadoras da Comissão Executiva do partido. Isso nos facilitou a liberdade de militância, de atividade.

Logo no final de 64 eu já viajava pelo estado inteiro, para o Triângulo Mineiro, para Montes Claros, para a zona de Governador Valadares, para a zona central de Minas Gerais, Itaúna, Divinópolis, reativando os núcleos do partido. Sempre com a história de que eu era universitário, mas obviamente extrapolava esse movimento. E Juiz de Fora sempre foi um capítulo à parte, nunca chegou a ter uma militância importante, nunca coincidiram seus pontos de vista com os nossos. Tanto os universitários como os outros militantes do movimento dos profissionais liberais em Juiz de Fora sempre foram favoráveis à estrutura do Comitê Executivo do partido, sempre foram muito ligados ao Prestes, a toda a direção do Partido Comunista, nunca nos deram entrada.

SILVIO: *Mas há um momento em que a luta interna no PCB se radicaliza e há um racha.*

ZANCONATO: Antes do VI Congresso,* que marcou a linha divisória de águas entre os mais de esquerda e os mais conciliadores do Partidão, a divisão em Minas Gerais era tão grande que não havia representatividade de massa, nem sindical, nem organizada, nem de militância do pessoal da Comissão Executiva. A tal ponto que antes da reunião estadual do Partidão o Mário Alves já tinha sido deslocado daquela região, pela própria Comissão Executiva. Foi quando ele foi para o Rio de Janeiro. Nesse momento, quando o passo organizatório do Partidão se estabelece, nós já tínhamos a hegemonia de toda a estrutura do partido e estávamos começando a reestruturar, já pensando na eclosão da luta armada. Transformando uma estrutura partidária, clandestina, do nosso ponto de vista ineficaz para aquele momento, numa estrutura razoavelmente político-militar. Ou seja, não gastamos, não perdemos muito tempo, não investimos muito no confronto político-ideológico, já éramos hegemônicos. Herdamos todas as estruturas do partido, nos transformamos numa estrutura político-militar sem grandes conflitos internos.

O grande marco, que trouxe grandes problemas, aproximações e afastamentos entre os militantes da esquerda, era o que fazer com nossos representantes no movimento de massa. A liderança sindical da greve de Contagem**

* O processo de preparação do VI Congresso do PCB começou em julho de 1966, com a publicação das Teses para Discussão no jornal *Voz Operária*. As posições contrárias às teses do Comitê Central prevaleceram em diversas conferências estaduais realizadas em 1967, originando dissidências. O VI Congresso reuniu-se em dezembro de 1967 e formalizou a expulsão de dirigentes já envolvidos na formação de organizações que defendiam as diversas formas de luta armada contra o regime militar, entre eles Carlos Marighella, Joaquim Câmara Ferreira, Jover Telles, Jacob Gorender, Mário Alves, Rolando Frati e Apolônio de Carvalho.

** As primeiras greves operárias desde o golpe de 1964 irromperam em 1968. Na região metalúrgica de Osasco, em fevereiro, as comissões de fábrica paralisaram a Cobrasma.

era praticamente toda nossa, junto com alguns outros isolados militantes da esquerda organizada, mas a maioria era nossa. O que fazer com esse pessoal? Como manter a atividade sindical, universitária e desenvolver paralelamente a estrutura para a luta armada? Isso trouxe grandes conflitos entre nós. Não rachas, já não houve mais nada disso na dissidência do Partidão que veio a chamar-se Corrente Revolucionária de Minas.

Silvio: *Quando você diz "a liderança de Contagem era toda nossa", está se referindo já à Corrente ou ainda ao PCB?*

Zanconato: Ao PCB, porque estava ainda no momento de racha, de separação. Mas se houve uma separação conflituosa no Rio de Janeiro, por exemplo, ou em São Paulo – a mais aguda de todas –, em Minas não houve isso. Em Minas simplesmente um dia nós dissemos: bom, já não somos mais Partidão. E decidimos que, dentro do que estava acontecendo no Brasil naquela época, o nosso esforço político-militar deveria ser somado ao do Marighella em São Paulo. Quando decidimos isso, o Mário Alves disse: "Não é a minha perspectiva, não quero transformar o partido em que eu sempre cresci numa organização político-militar, eu prefiro fundar um partido revolucionário." Então ele foi para o Rio de Janeiro e se juntou aos companheiros de lá, o que deu origem ao PCBR – Partido Comunista Brasileiro Revolucionário.

Esse pessoal de Contagem, o pessoal universitário, junto com as outras organizações de esquerda, nessa época de transição, eram do Partidão. Toda reunião de frente única que tinha em Belo Horizonte, "chama lá o Chuchu..." – era o meu apelido – "chama o Chuchu, que ele é o representante do Partidão". Todo mundo sabia que eu era do Partidão, mas não tinha nada a ver com o Comitê Central, com o Prestes. Até que houve a

---

Na segunda quinzena de abril, cerca de 20 mil metalúrgicos cruzaram os braços no município de Contagem, região metropolitana de Belo Horizonte. Em 16 de julho, 15 mil trabalhadores entraram em greve em Osasco, causando a ocupação do sindicato dos metalúrgicos e a invasão de fábricas por tropas militares.

necessidade de nos definirmos como organização, já que as facções que divergiam do partido na Bahia, no Rio de Janeiro, no Rio Grande do Sul estavam buscando um caminho para se reaglutinar. Então, era o pessoal de Minas, eram os de Minas... Não fomos nós que batizamos a organização, foi uma denominação que surgiu dentro das organizações de esquerda, a corrente revolucionária do Partidão de Minas, aí virou Corrente Revolucionária de Minas.

SILVIO: *E como se deu a opção pela ALN?*

ZANCONATO: Confiança, em primeiro lugar. Os pontos de vista que o Marighella defendeu durante a fase da luta interna eram muito coincidentes com os pontos de vista que nós tínhamos sobre o que fazer no Brasil: atomizar os focos iniciais da luta armada em determinadas regiões-chave, independentes umas das outras do ponto de vista tático. Em Minas Gerais nós teríamos dois grandes núcleos: um no percurso do São Francisco, outro no da Rio–Bahia. Focos de hostilidade, que nunca seriam os focos principais. Nossa concepção nunca foi a de que aquelas seriam as frentes principais da luta armada, mas eram focos decisivos por causa da importância estratégica da região. Enquanto isso Marighella faria os grupos móveis, primeiro na zona urbana, depois no interior, no que seria mais ou menos a mesma região em que o pessoal do PCdoB curtiu a luta lá na zona do Araguaia.

SILVIO: *A Corrente se fundiu à ALN ou vocês mantinham relação de autonomia e independência?*

ZANCONATO: Nós nos somamos. Não nos fundimos, porque o Marighella não aceitava discutir isso. Eu falei: "Marighella, nós temos tantos militantes..." E ele: "Não quero saber nada disso, de militantes, de armas, de explosivos, isso é coisa de vocês, vocês fazem lá, o dia que precisarmos trocar figurinhas, nós fazemos." E isso aconteceu, eu mandei militantes de Minas para São Paulo, ele mandou militantes de São Paulo para Minas, veio militante de Brasília para Minas. Essas coisas só ele, eu e o Toledo sabíamos, e o Hélcio Pereira Fortes – que, logo depois que o Toledo caiu, passou a dirigir a ALN –, que compartilhava a direção da organização em Minas comigo, junto com outros companheiros.

SILVIO: *E como foi seu primeiro contato com o Marighella?*

ZANCONATO: Fomos levados para uma reunião com ele, num aparelho – era o nome que usávamos para os locais de reuniões. E a energia, a absoluta racionalidade das coisas que ele falava, não havia perda de tempo. O mapa em cima da mesa – era o instrumento principal de trabalho dele na época, o mapa do Brasil. "Bom, quais são as áreas de vocês, o que vocês têm a oferecer? O Triângulo não me interessa, aquela zona ali não é importante do ponto de vista militar, segundo as minhas concepções. Mas me interessa essa região do São Francisco, me interessa a região da Rio–Bahia, vocês então concentrem aí seus esforços."

E indagamos: "O que fazemos com nossos quadros de massa, os líderes estudantis, sindicais, operários que temos em Belo Horizonte?" E ele: "Isso é problema de vocês, se conservam aí, se não conservam. Eu acho que não vai resolver nada, acho que o negócio é ir todo mundo pro pau." Foi a única opinião que ele deu. E isso aí gerou algumas diferenças entre nós, principalmente entre aqueles quadros que achavam muito útil manter ao máximo a luta de massas antes de eclodirem as ações militares. Não houve nenhuma separação, nenhum racha. A maioria de nós se integrou às estruturas da luta armada, e começamos as ações armadas. E depois disso tivemos mais três ou quatro contatos com o Marighella, sempre sobre operações, sempre sobre o andamento, o encaminhamento das coisas. Nunca nos pediu recursos, nunca nos pediu armas, mas sim trocas de militantes.

Carlos Marighella

Nós nunca pedimos nada a ele; nem armas, nem trocas de militantes; achávamos que podíamos ser auto-suficientes.

SILVIO: *Qual foi a impressão pessoal que o Marighella lhe causou?*

ZANCONATO: Impactante. Lembre-se de que era um momento em que tínhamos fé no que estávamos fazendo, acreditávamos realmente que era essa a saída, o caminho que tínhamos para romper a estrutura de poder dos militares. Mas cheio de imprecisões, dúvidas, indecisões: será que é por aqui, será que é por ali. E a luz, a energia que ele irradiava era decisiva: o entusiasmo que ele tinha, a alegria com que falava contagiavam.

SILVIO: *E qual era a concepção de luta armada que você tinha naquele momento?*

ZANCONATO: Nossa concepção se aproximava um pouco da teoria do foco.* Mas em nenhum momento achávamos que tínhamos que abandonar toda a estrutura política, nem que teríamos que nos desvincular do movimento sindical, operário etc. Achávamos que era preciso levar em conta as duas estruturas, manter a brecha para o movimento de massas, que durou até 68, 69, 70, e, ao mesmo tempo, estabelecer a luta armada. O que era marcante na época é que todas as organizações tinham seus melhores quadros ligados ao movimento de massas.

Isso gerou um grande problema, porque à medida que se foi estabelecendo a estrutura do movimento armado, as ações começaram a ser feitas, as clandestinidades começaram a ser acentuadas, surgiu a necessidade de

* A teoria do foco, ou foquismo, foi uma tentativa esquemática de generalizar a Revolução Cubana que influenciou grande parte da esquerda latino-americana. Seu principal formulador foi o jornalista francês Régis Debray, no livro *Revolução na revolução*, publicado em 1966. Resumidamente, propunha que o exército revolucionário se desenvolveria a partir da implantação, em zona rural montanhosa, de um grupo de guerrilheiros bem treinados. Seus defensores minimizavam o papel do partido político e maximizavam o papel do foco guerrilheiro como vanguarda do processo revolucionário.

recursos para manter aqueles militantes, a abertura de novas frentes; necessitava-se de uma estrutura mínima, de casas, sítios, armas, infra-estrutura de medicamentos, postos de saúde etc. Toda a montagem disso levava do movimento de massas uma quantidade de quadros.

Então houve críticas dentro da organização: estávamos enfraquecendo o movimento de massas para fortalecer o movimento armado. Era uma contradição real, mas insolúvel na época. Nossos melhores quadros eram os que participavam do movimento de massa. E tivemos que tirar mesmo gente do movimento de massa para a luta armada, não que por concepção fôssemos abandonar o movimento de massa, mas certamente cometemos o erro de enfraquecê-lo. Um erro que era justificado na época por essa concepção.

SILVIO: *Em que ano vocês se desligam do PCB e partem para a formação da Corrente, como uma organização independente?*

ZANCONATO: 1967. O VI Congresso tinha se diluído. Até foi feito, mas já perdera todo o significado político. Foi um monólogo do Prestes e sua turma, já que praticamente ninguém da oposição participou. É, o ano de 67 foi o decisivo. As primeiras organizações armadas no Brasil, as estruturas das organizações nas várias regiões, foram se estabelecendo. Jogue em cima disso as greves do movimento operário em Contagem e Osasco, as passeatas, os movimentos grevistas nas universidades do Brasil inteiro, em 67 e 68.

SILVIO: *Como se desenvolveu a sua militância, até a prisão?*

ZANCONATO: A prisão foi em abril de 1969, em conseqüência de uma série de ações bem-feitas, temos que reconhecer, pela G2 de Minas Gerais – o departamento de atividades de informação e contra-informação da Polícia Militar. Um dos nossos militantes, participante de um assalto a uma agência bancária, reconhecido e denunciado por um dos caixas, foi seguido. Então entrou em campo a Polícia Militar, o pessoal da G2. Identificaram o contato dele com outros militantes e em um intervalo de poucas horas foram presos vários militantes. Algo parecido com o que se passou com o Colina também, as prisões foram quase todas simultâneas. Lamentavelmente, o golpe sobre a estrutura do Colina foi maior, afetou-os mais, e tiveram que se dispersar.

No nosso caso, sobraram vários militantes. Alguns foram presos mais tarde, em outras operações, mas essa ação que a Polícia Militar desenvolveu, logo depois encampada pelo Exército, foi uma operação bem-feita. Eles se vangloriavam muito e jogavam isso na nossa cara na prisão; diziam que nós não éramos de nada, que eles tinham conseguido rapidamente identificar quase todo mundo. Houve alguma fragilidade nos primeiros interrogatórios, companheiros que confirmaram ou não a identificação de outros militantes que estavam presos já sob suspeita, mas não houve grandes traições na nossa organização. Foi mais a inabilidade de interrogatório mesmo. Nossos interrogatórios foram feitos por gente bem experiente.

Silvio: *Como foi a sua prisão?*

Zanconato: Minha prisão foi num cerco. Quando começaram as quedas, alguns dos aparelhos que eu e o Hélcio tínhamos de reserva poderiam estar sendo identificados. Nós passamos a noite em um bar, na rua Bahia, esquina com Amazonas, lá em Belo Horizonte. Uma coincidência muito grande. Uma das patrulhas da G2 de Minas Gerais foi ao mesmo bar fazer lanche de madrugada e deu de cara comigo e o Hélcio, que éramos pessoas conhecidas e identificadas por eles. Montaram um cerco. Quando saímos do bar já estava amanhecendo o dia. Nesse cerco eu fui detido, e o Hélcio conseguiu escapar com um tiro no pulmão. Ele feriu um tenente. Isso me ajudou muito, porque eu passei várias horas só apanhando, ninguém me perguntava nada, para vingar o tenente que tinha sido ferido pelo Hélcio.

Obviamente ajudou, porque deu tempo de se prepararem. Era uma regra nossa. Cada vez que alguém ia preso, se preservava tudo aquilo que o companheiro poderia conhecer: aparelhos, pontos, ninguém mais ia nos pontos, porque ninguém sabia o limite de resistência de cada um. Não nos considerávamos heróis na época. E passaram praticamente o dia inteiro sem me perguntar nada, só batendo, batendo, batendo. Me espancaram violentamente, fui torturado violentamente numa casa que a polícia tinha ao lado da praça da Liberdade, ao lado da Cúria, da casa do bispo. Passei o dia inteiro ali sendo torturado.

Silvio: *E como você ficou sabendo do seqüestro do embaixador americano?*

Zanconato: Já levávamos cinco meses presos, os inquéritos, as averiguações, os procedimentos do Exército com o Colina já tinham acabado, eles estavam sendo transferidos para o presídio de Juiz de Fora para aguardar o julgamento. O da Corrente já estava muito avançado, alguns dos militantes já tinham ido para Juiz de Fora. Os do PCdoB, alguns quadros do Partidão que estavam presos, também já estavam começando a ir para Juiz de Fora. Era uma fase em que os presos já recebiam visitas dos familiares. Estávamos presos em Neves, uma parte no Exército em Juiz de Fora. Eu não fui incluído na lista desses presos que recebiam visitas. Estávamos todos em celas independentes, nos víamos um em frente ao outro, mas não podíamos nos comunicar, porque havia guardas nos corredores que impediam qualquer contato. A gente tinha nossa linguagem, a que usam os surdos-mudos.

A mãe de um dos companheiros do Colina conseguiu introduzir em uma bisnaga de pão um radinho de pilha. Naquela época houve a explosão de uns radinhos de pilha compridinhos. Então, com aquele radinho de pilha, ouvíamos as notícias fragmentadas no horário dos noticiários pelo rádio. Naquela época, o rádio era muito mais decisivo do que a televisão, que estava apenas começando. Então um companheiro do Colina anunciou: "Ei, seqüestraram o embaixador americano, estão pedindo presos em troca." Eu já sabia que provavelmente estaria na lista, porque dali, daquele pessoal, era o Ângelo Pezutti, pelo Colina – tanto é que ele saiu no próximo seqüestro –, eu pela Corrente e outros companheiros da direção que estavam presos também, mas que não tinham ficado caracterizados como da direção.

Silvio: *Você é o único da lista que não aparece identificado pelo nome, mas pelo apelido.*

Zanconato: É, isso é muito marcante na minha vida. Quando mudei para Governador Valadares, com nove anos de idade, carioquinha, todo cheio de "doix, treix...", em conversa informal com os colegas de escola eu disse que não gostava de chuchu baboso, em vez de dizer que não gostava de quiabo baboso. E essa simples confusão gerou o apelido de Chuchu, que me acompanhou dos nove anos de idade até hoje. Não tem jeito, eu vou a Minas Gerais e todos os colegas me chamam de Chuchu. Na clandestinidade eu usava vários nomes de guerra e nenhum deles pegou, o nome era Chuchu. O Toledo disse na hora da confecção da lista: "Põe o Chuchu aí, tem que pôr o Chuchu. Mas não põe o nome dele, não, põe Chuchu mesmo. Todo mundo sabe quem é Chuchu."

SILVIO: *Você não está na foto dos 13 no Rio de Janeiro, demorou mais a sair.*

ZANCONATO: Não estamos na foto o Gregório Bezerra, porque estava preso em Recife, e eu, porque estava preso em Belo Horizonte. Os 13 da foto eram o pessoal que estava no Rio e o pessoal que estava em São Paulo. Reuniram todos lá, o avião foi a Recife, pegou o Gregório Bezerra, e depois seguiu por toda a costa, até Belém, e ficou me esperando. Pela informação que tenho, houve resistência do Exército, que controlava a prisão em Neves, em me liberar. Eles eram contrários à troca, à minha liberação, e o pessoal da Força Aérea teve que ir à prisão me pegar. Não houve nenhuma violência, mas tiveram que arrebentar a porta da cela para poder me pegar. Me levaram para o aeroporto da Pampulha, e eu fui no aviãozinho do ministro, um Gloster Meteor, um aviãozinho a jato muito confortável naquela época, até médico tinha dentro.

SILVIO: *E o que passava pela sua cabeça nesse vôo até Belém?*

ZANCONATO: O primeiro pensamento, quando vi os oficiais da Força Aérea em Neves, sem a presença dos oficiais do Exército para me tirar da cela, foi de temor. Nenhum deles tinha armamento pesado, os guardas sempre a distância, com seu armamento de praxe, metralhadoras, alguns de fuzil etc., mas os oficiais com seus revólveres no coldre, tudo normal, sem nenhuma demonstração de raiva, de violência. Observávamos muito esses detalhes, mas sempre passou pela cabeça que fossem me eliminar; era muito fácil criar um grande conflito eliminando um de nós.

Então me puseram no jipe, e no jipe já iam conversando: "Vamos para a Pampulha, o melhor caminho é por aqui mesmo." Bom, se vamos para a Pampulha, não vão me eliminar na Pampulha, pensei. Quando vi que passamos pela estrada e chegamos no aeroporto da Pampulha, relaxei. Bom, aqui não é! Quando vi que era um avião a jato, pensei: se é um avião a jato, ninguém vai me jogar. Todas essas coisas íamos eliminando. Quando chegamos a Belém, e o aviãozinho estacionou praticamente ao lado daquele monstro, aquele avião de transporte, o Hércules, eu concluí: o negócio parece que é sério mesmo, parece que vamos. E relaxei.

Quando entrei no avião, o primeiro que vi foi o Vladimir Palmeira, todos em fila, na lateral do avião, todos algemados nas mãos, nos pés e na cintura, sentados lá. E o Vladimir: "Ô, Chuchu, até que enfim!" Parece que eles estavam esperando por mim fazia um par de horas, lá na pista. Então relaxei mais e me deu de assobiar a "Internacional". Aí foi aquela coisa que alguns dizem, mas assobiei mesmo a "Internacional", para levantar mais a bola do pessoal.

Silvio: *Você já conhecia alguns deles?*

Zanconato: Vários: Vladimir, José Dirceu, Travassos principalmente. Os outros, não. E fomos fazer a primeira reunião quando chegamos ao México, porque a imprensa estava exigindo que soltássemos uma nota, uma informação. Imagina, éramos 15, ninguém conhecia ninguém, a primeira idéia de todo mundo é que alguém dali era do Exército, como faziam com as nossas celas – na prisão sempre tinha alguém estranho nas celas, era o ouvidor do Exército, da repressão. Foi uma reunião que durou quase quatro horas, para aprovar uma resolução dizendo que estávamos ali muito contentes e tal, graças aos companheiros revolucionários, uma notinha de quatro ou cinco linhas. Marcamos nossa posição. Já houve divergência, mas ninguém conhecia nada, eu não sabia se você era de tal ou qual organização, não sabíamos nada.

Silvio: *E como você foi acomodado no avião?*

Zanconato: O avião estava despojado de tudo. Numa das laterais, um banco comprido, com a metade dos companheiros sentada, num banco, no mesmo banco, algemados nas mãos, nos pés e na cintura. No meio, as poucas bagagens que existiam. Eu não tinha nada, minha bagagem era só a roupa do corpo, nunca tive visita. Os companheiros que estavam presos há mais tempo, Bezerra, tinham suas maletinhas, todas no meio. E os outros, algemados, sem nada. Quem tivesse alguma necessidade fisiológica tinha que ir com os guardas, levantar com metralhadoras, ir até o final, no banheiro. Para nós, os homens, era mais fácil, porque era tipo aquele banheirinho de bar, tinha aquele mictório de bar. A dama Maria Augusta passou suas dificuldades.

Foi uma viagem que durou milhões de horas, até chegar ao México. Saímos na noite de sábado para domingo. Domingo, 7 de setembro, às dez da manhã ainda estávamos em vôo. Por aí, nove, dez da manhã, foi a fala do ditador da época. Foi um momento de tensão, porque praticamente na frente de cada um de nós se postou um guarda com metralhadora, os tenentes nas extremidades, o comandante do vôo estava na porta que ligava a carlinga conosco. Parece que esperavam que se noticiasse que a troca não ia ser feita, alguma coisa assim, porque foi um ato de demonstração de força exagerado, estávamos algemados dentro de um avião a não sei quantos mil metros de altura. Foi um momento tenso, mas logo depois chegamos ao México.

SILVIO: *Como foi a chegada ao México?*

ZANCONATO: Houve aquela incrível decisão do comandante do vôo de entregar-nos ao representante da embaixada brasileira. O representante do governo mexicano praticamente invadiu o avião: "Mas que é isso? Vocês estão fazendo uma troca política, o que é que tem a embaixada brasileira a ver com isso?" Nós ouvíamos tudo, porque foi uma discussão em altas vozes. Então alguém, lá dentro do próprio avião, deu um cutucão no capitão e disse: "Deixa sair, esses caras estão criando problema para nós aqui." Foi quando começaram a tirar as algemas, e fomos descendo do avião, já cercado por toda a imprensa.

Quando a porta abriu, vimos toda aquela quantidade de gente. Para nós eram todos jornalistas. Não eram; tinha muitos militares ali. Não se pode esquecer que o México tinha acabado de passar por um grande conflito, aquele massacre grande de estudantes em Tlatelolco.* Então, a situação lá era tensa

---

* No final da tarde de 2 de outubro de 1968, tropas do Exército e da polícia cercaram a Plaza de las Tres Culturas, em Tlatelolco, Cidade do México, e abriram fogo contra

também. Tanto é que em nossos 20 e poucos dias no México, tudo foi com grande vigilância, ostensiva e encoberta, da segurança mexicana.

Teve a estréia de um filme americano. Nós pedimos para ir ao cinema. Como em toda estréia, havia uma fila que dobrava o quarteirão. Já começou por aí. Os cidadãos da *Governación* mexicana abriram a porta de par em par. Lembro que a senhora da entrada estendeu a mão, o cara deu um empurrão nela, entramos todos atrás. Um pouco constrangedor, ainda que tivéssemos sido aplaudidos quando fomos reconhecidos. Se tinha muita gente lá fora, dentro do cinema estava mais cheio ainda. Pois não houve problema, pegaram a melhor fila, da fileira do centro, estalaram o dedo para todo mundo levantar, levantaram-se todos os cidadãos que estavam sentados, e nos acomodaram ali. Nesse momento fomos reconhecidos pelas pessoas que estavam ali dentro, porque tínhamos saído muito na imprensa. Quando nos viram juntos, ah... Ficou todo mundo de pé no cinema a aplaudir. Foi muito emocionante, mas decidimos não ir mais a essas atividades, porque não queríamos criar mais esse constrangimento de o cara estar sentado no cinema e ter que levantar para sentarmos. Com os guardas ao lado. Não estavam uniformizados, mas evidentemente era gente da segurança mexicana.

Houve algumas manifestações na porta do hotel dos gusanos cubanos residentes no México que foram reprimidas seriamente. Desapareceram da porta do hotel, em cinco minutos as radiopatrulhas os levaram, debaixo de grande violência. Mas cada vez que saíamos, em grupos de cinco ou seis, éramos logo reconhecidos, era muito bonito. Fomos fazer oferenda de flores aos heróis mexicanos, aquela coisa de praxe, das delegações oficiais. Não sei por que nos identificaram com isso e nos levaram. Fomos fazer visita às ruínas lá nas pirâmides de Teotihuacán, muita gente nos reconheceu e vinha para tirar foto conosco e tal. Estávamos num hotel na avenida del Bosque, que vai dar em frente ao grande parque de Chapultepec, na Cidade do México, que é uma maravilha. Então, cada vez que íamos lá fazer caminhada, até jogar futebol – eu não agüentava muito, por causa da altitude da Cidade do México –, todo mundo ficava nos vendo correr atrás da bola, porque lá ninguém jogava futebol.

---

milhares de estudantes e trabalhadores que estavam concentrados para uma manifestação pacífica. A estimativa de mortos varia entre 200 e mil. O Massacre de Tlatelolco ocorreu na seqüência de uma série de greves e manifestações estudantis nas ruas da Cidade do México ao longo do ano de 1968. Dez dias depois começaram os Jogos Olímpicos no México.

Dois dias após a chegada ao México, parte do grupo de exilados brasileiros deposita uma coroa de flores no monumento aos heróis da Independência mexicana.

SILVIO: *E como as autoridades mexicanas lidaram com vocês?*

ZANCONATO: O único momento mais tenso foi quando, na noite de um domingo, foram ao hotel, muito ríspidos, porque descobriram que íamos para Cuba na manhã seguinte.* Eles não tinham sido comunicados oficialmente de que queríamos sair do México, porque tudo tinha sido feito através de contatos nossos com os companheiros que estavam no país, o padre Lage e outros brasileiros que foram à embaixada cubana e agenciaram a nossa ida.

Tanto é que tivemos dificuldade para tirar fotos. Era um domingo, tínhamos de tirar foto para a permissão de viagem. Ninguém tinha passaporte, ninguém tinha nada disso. E os americanos, naquela época, exigiam que todos fossem identificados, todos tinham que tirar foto para poder embarcar no avião, todos tinham que dar a impressão digital. Era uma exigência dos americanos para todo vôo que saía do México para Cuba, todos tinham que ser identificados. Então precisávamos da foto. Nessa hora tivemos que ir buscar um fotógrafo particular. O governo mexicano ficou

* O grupo de 13 brasileiros viajou para Havana no dia 30 de setembro de 1969.

sabendo e foi um momento tenso. Não ofereceram resistência, mas não ficaram contentes.

SILVIO: *Então as autoridades mexicanas não estavam querendo se ver livres de vocês?*

ZANCONATO: Pois é, deram a entender isso. Ao contrário; não estou querendo elogiar ninguém, não, mas buscavam contatos para trabalho. Porque disseram que o governo mexicano poderia nos manter num hotel, dar alimentação, roupa. Num belo dia, o oficial mexicano que comandava nos levou a um dos apartamentos do hotel – tinham evacuado todo um andar para nós – e nos mostrou uma cama cheia de mudas de roupas, sapatos e tal, para escolhermos. Porque fazia três, quatro dias que estava todo mundo com a mesma roupa, a que tínhamos na prisão. Ou seja, um mínimo de ajuda nos deram. Era obrigação deles? Não sei, talvez fosse, mas para nós era uma cortesia. O hotel era razoável, a alimentação muito boa, os passeios, as atividades que fizemos, tudo patrocinado por eles.

Só que num determinado momento, já fazia 15 ou 20 dias, eles nos disseram: "Olha, agora vocês vão ter que se virar, vão ter que buscar trabalho." E nos deram contatos. Eu mesmo fui procurado por um membro do sindicato dos trabalhadores lá da Cidade do México, para trabalhar como médico numa clínica deles. Eu nem médico era, não tinha me formado oficialmente, não tinha feito as provas finais do último ano, que eu vim a fazer depois que regressei ao Brasil. Então, o governo mexicano se portou razoavelmente bem conosco, não tenho nenhuma queixa.

SILVIO: *Pela surpresa das autoridades mexicanas, parece que a decisão de ir para Cuba foi súbita...*

ZANCONATO: Não, o contato com os cubanos é que foi problemático, pelo fato de que éramos "protegidos", vigiados o dia inteiro. Chegou a ponto, por exemplo, de um jornalista do *Correo della Sera* dormir num banco em frente ao meu quarto. Eu dormia no mesmo apartamento que o Travassos, no México. Era abrir a porta para tomar café-da-manhã, para ir visitar algum companheiro no outro apartamento, e ele saía com o microfone atrás de mim. Havia, então, a presença constante da imprensa ou de agentes do serviço de informação e contra-informação; era difícil qualquer contato. Os brasileiros e outros exilados políticos, argentinos, venezuelanos, colombianos, que estavam no México naquela época se sentiam coibidos até pelo fato de que os mexicanos não permitiam a entrada livre deles no hotel. Assim, quando conseguíamos algum contato, obviamente as gravações, as vigilâncias eram muito maiores.

Criamos o mecanismo de sair em dupla, conversando ao redor do hotel, para fazer caminhada. Caminhada, nada, eram os contatos que fazíamos. Sempre com algum sistema de proteção, caso houvesse vigilância a distância, das palavras, das expressões mais marcadas, a mão na frente da boca, para ouvir só a pessoa que estivesse ao lado. E através de terceiros é que conseguimos contatos com a embaixada cubana, para dizer que estávamos indo para Cuba. Naquela época, os vôos do México para Cuba não eram freqüentes. Não me lembro a freqüência, se era um ou dois por semana, mas eram poucos vôos. Eram vôos preparados previamente, a triagem para chegar até o avião era muito grande, imposta pelos americanos ao governo mexicano. Então, não era só chegar no avião: eu quero ir para Cuba. Tem antes que fazer contato com a embaixada. Tudo isso foram dias e dias, porque tivemos que usar terceiros para isso.

Silvio: *Nem todos foram para Cuba...*

Zanconato: É, houve o Ricardo Vilas Boas, que tinha o pai, que tinha um trabalho relacionado a organizações internacionais, que teve alguma facilidade para sair do México e ir para a Europa. E teve o Flávio Tavares, que tinha compromissos, por sua militância, com terceiros países, acho que regressou para a Argentina ou o Uruguai.

Silvio: *Como vocês foram recebidos em Havana?*

Zanconato: Outra surpresa. Na pista havia vários dirigentes da Revolução Cubana, comandante Juan Almeida, Jesus Montaner, que era o chefe da imprensa naquela época, vários outros dirigentes da Revolução, toda a imprensa cubana etc. Alguns jornalistas internacionais, as agências de notícias daquela época também estavam lá. Foi toda aquela recepção na escada do avião, e nos dirigiram ao salão de protocolo, dentro do aeroporto. E houve a outra grande surpresa: estava lá o Fidel Castro, esperando. Foi um momento de grande afetividade, ele fez toda uma palestra conosco e os cubanos.

É importante lembrar que isso foi em fins de 1969, os cubanos estavam no auge da grande safra açucareira de 1970. Eles tinham o objetivo de vencer todos os recordes da época, de fazer dez milhões de toneladas, que para eles tinha um significado importante. Por fim, não conseguiram chegar aos dez milhões, mas o país todo estava envolvido naquela coisa. Então Fidel nos explicou todo aquele momento em que estávamos chegando a Cuba, perguntou sobre nossa situação, conversamos muito, foi um bate-papo de quase uma hora no aeroporto José Martí. Nos convidou oficialmente a descansar uns dias e depois fazer um *percorrido* pela ilha para conhecer as principais obras da Revolução Cubana. E todos nós agradecemos muito. Alguns já pensavam em voltar para o Brasil no dia seguinte. Não era bem assim, tinha que reatar contatos, todas essas coisas.

Nesses dias que descansamos em Havana conhecemos a cidade, os outros dirigentes da Revolução. Todos nos visitaram, praticamente, ou fomos visitá-los, no palácio do governo; as várias entrevistas que demos, para a imprensa escrita, para a televisão cubana, todas foram realizadas nesses dias. E, ao cabo de uns cinco ou seis dias, fomos então fazer a viagem pelo interior da ilha; uma viagem de quase um mês, por todos os planos importantes, as principais centrais de açúcar, as principais empresas, os planos agrícolas, as principais cidades. Estivemos na linha de frente da base de Guantánamo, vimos os americanos provocando os cubanos, mandando banana nas trincheiras de lá, nas trincheiras de cá.

Silvio: *Você pensava em voltar imediatamente ao Brasil?*

Zanconato: Olha, estávamos, nessa época, nos conhecendo, os 15. Só em Cuba é que tivemos, com os cubanos como aglutinadores, o conhecimento de que Zarattini, Leonardo, Agonalto, Frati, todos éramos militantes da mesma organização. E que o José Travassos era o único repre-

Fidel Castro e outras autoridades cubanas recepcionam o grupo de 13 brasileiros em Havana. Sentados, a partir da esquerda: Vladimir, Zanconato, Zarattini, Marchetti, Agonalto, Frati e Travassos.

sentante da Ação Popular. Ele não entrou só pela AP, ele entrou como presidente da UNE preso, mas era representação da Ação Popular. José Dirceu e Vladimir, naquele momento, pertenciam às seções de massa da Dissidência de São Paulo e da Dissidência do Rio. Logo depois, José Dirceu se uniu à ALN.

Identificando as organizações, percebemos que o Onofre e o Ibrahin pertenciam à mesma agrupação política. Nada disso conhecíamos abertamente, pelo menos nem todos nós nos conhecíamos, fomos nos identificando. Então é que se pensou seriamente, os militantes organizados, em esperar as orientações que vinham do Brasil. A orientação que recebemos foi de não nos precipitarmos: o Toledo estava chegando a Cuba e ia trazer orientações concretas do que deveríamos fazer. Efetivamente isso aconteceu, pouco depois. E, lamentavelmente, estando o Toledo conosco em Cuba, recebemos a notícia da morte em emboscada do Marighella.

Silvio: *De que companheiros de viagem você tem lembranças mais vivas?*

Zanconato: Os momentos que passamos desde o México até a fase turística desse mês do *percorrido* em Cuba, nos aproximou muito. Todos conversávamos muito, discutíamos muito, tínhamos nossas aproximações, nossas divergências. O Onofre sempre muito crítico, sempre favorável à ação explosiva imediata. O Vladimir sempre mais contestador, sempre buscando mais embasamento teórico-político das coisas, questionando muito as ações que fazíamos. Ou seja, houve toda uma série de reconhecimentos mútuos, mas nada que nos afastasse. Acho que foi uma experiência muito importante para todos nós.

Logo depois, cada qual se casou com seu programa de vida e de trabalho, e as separações foram se sucedendo. Alguns companheiros foram para a Europa, outros regressavam ao Brasil diretamente, outros foram para terceiros países. Mas tivemos um longo período de convivência, vários de nós. O pessoal da ALN – vale dizer, Rolando Frati, Agonalto Pacheco, João Leonardo, Ricardo Zarattini – nos unimos ao pessoal da VPR, ao Onofre, ao Zé Ibrahin, nos unimos ao Ivens Marchetti, e passamos todos por uma preparação militar em Cuba – tanto para informação, contra-informação, comunicações, quanto, depois, para a prática de guerrilha rural, pois nenhum de nós, praticamente, tinha grandes experiências. Fizemos juntos sem nenhum tipo de problema. A convivência foi ótima, nos aproximou muito, apesar de alguns serem militantes de outras organizações.

Silvio: *Você fala de uma disposição de volta imediata, mas acabou ficando bastante tempo em Cuba, até alguns anos depois da anistia. Por quê?*

Zanconato: Houve todo um escalonamento do regresso. Já éramos então organizados. Surgiu a formação do Molipo, Movimento de Libertação Popular,* uma alternativa ao volume de quedas que a ALN estava tendo. As tentativas de regresso, os canais abertos para o regresso do Molipo não

* Após a morte de Joaquim Câmara Ferreira, em outubro de 1970, aprofundou-se o processo de luta interna na ALN. Em Cuba, cerca de 30 militantes formaram uma dissidência, chamada Molipo – Movimento de Libertação Popular.

foram totalmente exitosos, houve queda de muitos companheiros. Alguns, aliás, receberam a orientação ou tomaram a decisão de ficar no caminho. Alguns ficaram até na Europa, e os que estavam em Cuba ainda com vistas a sair, não saíram, ficaram em Cuba. Aguardaram caminhos novos para o regresso, esses caminhos foram se fechando e não houve a tentativa.

SILVIO: *Como foi a sua vida em Cuba?*

ZANCONATO: Passou-se o tempo, e não íamos viver de recordações, de lembranças, de expectativas. Nos integramos à vida cubana. O socialismo é um só, então vamos lutar pelo socialismo aqui em Cuba. Nos integramos, cada um de nós, na medida do possível, dentro de suas especialidades, suas aptidões. Fomos vários os que nos integramos, alguns como engenheiros, outros como médicos. No meu caso, me integrei à rede de saúde cubana. Obviamente passei por uma preparação como se fosse um aluno de último ano lá, durante um ano e pouco, e logo depois os cubanos me deram todas as credenciais para trabalhar como médico, sem problema. O trabalho como profissional em Cuba foi uma das experiências mais lindas que eu passei na minha vida. Não tinha tido essa experiência no Brasil, saí da faculdade antes de concluir, já no finalzinho, não cheguei a participar nem das festas, da formatura da minha turma, já estava meio clandestino naquela época, já estava em treinamento militar. E fui exercer a profissão.

SILVIO: *E qual a sua impressão do povo cubano?*

ZANCONATO: Ah, sem grandes diferenças, o cotidiano do cubano é o cotidiano do brasileiro. Há uma identificação muito grande na musicalidade, na alegria. A fraternidade do cidadão cubano é muito semelhante à nossa. Etnicamente, andar por uma cidade cubana é como se estivesse em Salvador, é a mesma composição étnica, a mesma coisa. O pessoal sentado na calçada, fazendo batuque na caixa de fósforos, a mesma coisa. A alegria facilita muito o contato humano com o cubano. E se, por outro lado, você encontra a identidade político-ideológica, aí então era quase o paraíso para nós.

Silvio: *Como era o seu contato com o Brasil, nesses longos anos em Cuba?*

Zanconato: Primeiro, éramos muitos exilados brasileiros em Cuba. Muitos entravam, saíam, vinham de outro país, vinham do Brasil, voltavam. E os contatos eram bastante freqüentes. Já depois que a luta armada cessou, que a ida e vinda de combatentes cessou, meados dos anos 70, aí era mais entre os que trabalhávamos em Cuba, entre os vários estrangeiros, não só brasileiros, vários estrangeiros trabalhavam ali. Eram dezenas, centenas: tupamaros, montoneros, argentinos, venezuelanos, centro-americanos em geral. Vivíamos durante muito tempo em hotéis. Depois nos deram apartamentos, a todos nós. Existiam comunidades inteiras de tupamaros no interior do país.

Silvio: *Nós acabamos não falando muito da experiência de seu interrogatório.*

Zanconato: Eu monto a história, obviamente, sob o meu ângulo. Talvez não seja exatamente igual ao que as Forças Armadas tinham, mas no primeiro momento eu fui simplesmente espancado. Ninguém me perguntou o elementar que um policial pergunta: seu nome, seu endereço, sua idade. Ninguém perguntou nada disso. Era tudo uma ação de punição, pelo ferimento do tenente que o Hélcio tinha propiciado ao conseguir escapar. Foram várias horas, de manhã cedinho. À noite fui levado para Neves, foi a primeira noite que passei lá.

Já no dia seguinte fomos levados para um quartel da PM, em Belo Horizonte, lá no Barro Preto. Aí nos juntaram, todos os que tinham sido presos, e foi quando eu tive o primeiro contato com o tenente Rubin, o tenente da contra-informação, da G2 da Polícia Militar, que foi o que me identificou junto com todos os militares que estavam lá. Nós estávamos sentados no teatro do quartel, cada um numa cadeira diferente. Então ele foi nos identificando um por um. Esse é o fulano, esse é o fulano, parece que ele tinha uma responsabilidade definida dentro da Polícia Militar. E me identificou com certa efusividade: "Esse é o Chuchu, esse é o Chuchu." Então apanhei mais ainda. Já não era a violência punitiva, como no princípio, mas a interrogativa. Começaram as torturas mesmo, choque elétrico, pau-de-arara, todas essas coisas que sofremos.

O objetivo fundamental deles era nosso relacionamento com outras organizações. Insistiram muito nos contatos com o pessoal em Minas, perguntaram muito do relacionamento com o Colina; por sorte o contato não era tão estreito, tão umbilical. E a persistência da negativa do nosso lado, de que tivéssemos qualquer tipo de contato para operações militares, parece que coincidia com as informações que eles tinham, e com a que era dada pelo pessoal do Colina que estava preso. Então logo pararam com esse tipo de questionamento. A mim, me perguntaram muito pouco sobre militantes, sobre endereços, sobre ações. Perguntaram mais sobre relacionamento, e quais os pontos... Uma coisa que no final virou importante, parece que auxiliava: nesse dia, quando terminamos os interrogatórios, passamos quase um dia inteiro nesse quartel e fomos para Neves, todo o grupo. Montaram uma verdadeira operação militar. Foi quando eu vi, no corredor que fizeram para sairmos, dois indivíduos do Bund alemão, o pessoal da contra-informação dos alemães.

Foi quando esse tenente Rubin me disse quem eles eram, como se fosse vantagem. Nós vivíamos falando que a CIA, a CIA, a CIA... "Que CIA, que nada, a CIA é uma porcaria, quem está nos ajudando mesmo aqui é o pessoal da Alemanha, o pessoal do Bund alemão." Foi quando ele, nas suas bravatas, disse, palavras dele: que a CIA era mais em São Paulo, através do ponto 4, que os alemães eram em Minas Gerais, através do Bund, que no Rio era o pessoal de Israel que ajudava, que os vários serviços de informação e contra-informação de diferentes países ajudavam em diferentes regiões. Até onde isso era verdade ou não, não sei. Só sei que conheci esses dois lá, que foram identificados como alemães. Um até me deu um chute na bunda, quando eu passei na frente dele, e os interrogatórios então mudaram de expressão.

A partir daí o fundamental passou a ser nossa estratégia, quais eram nossos objetivos, o que pretendíamos. Eles viram, pela soma de militâncias, pela divisão de militâncias, que se concentrava gente em determinadas regiões. E foi a primeira vez que começaram a identificar que a região de Montes Claros tinha alguma importância, a região de Governador Valadares. Não me deram a entender que descobriram nossas linhas estratégicas do São Francisco e da Rio–Bahia, mas que essas duas regiões eram importantes para nós, pelos militantes que tínhamos destinado para lá. Tivemos até o falecimento de um companheiro na região de Governador Valadares, no cerco de uma casa. Então tudo isso deu a eles a referência de que alguma importância essas regiões tinham. O grosso do interrogatório foi sobre isso: onde é que tínhamos coisas, onde é que não tínhamos, não sei o quê. Não era eu que montava nada disso, eram os próprios companheiros que estavam lá. Me senti muito à vontade de não falar nada. Não tinha nada o que falar.

Silvio: *Fazendo uma pesquisa na imprensa da época do seqüestro, encontrei uma matéria em um jornal carioca intitulada: "Chuchu marcado pra morrer." Afirmava que depois de preso você tinha denunciado centenas de companheiros. De onde surgiu isso?*

Zanconato: Essa divulgação foi decidida pelo capitão Portela, na minha frente. Eu estava dentro da sala de interrogatório quando decidiram fazer uma entrevista de imprensa, o pessoal do Exército, do IPM, coronel Camarão. E que seria muito crível identificar a queda coincidente de vários militantes da minha organização com a minha prisão. E seria uma forma muito fácil de buscar um culpado para tudo aquilo. Então a entrevista que eles deram foi essa. Eu não tive acesso aos detalhes, a essas coisas, mas participei, eu os vi conversando sobre isso.

Eu não tenho pretensão de entrar em polêmicas, mas tinha um jornalista que se identificou como da Rede Globo que chegou a ter uma polêmica comigo. Eu falei que o pessoal que estava preso era parte da juventude. Ele disse: "Que juventude, nem juventude, vocês são a escória do Brasil, a juventude do Brasil está trabalhando, está estudando..." O cara era jornalista da Rede Globo, pelo menos se identificou como tal naquela época. Era um pessoal da imprensa, foi uma coisa montada, acho que bem inteligente. Eu fiquei sabendo disso quando cheguei ao México. Padre Lage me conhecia, eu era de Minas. "Saiu aqui que você acabou com tudo." Eu falei: "É, tocou é de perder, né?"

Silvio: *E como foram os meses que você passou na prisão, depois da fase mais aguda de interrogatórios?*

Zanconato: Não, foi interrogatório durante todo o tempo, até o final. Porque desmembraram o grande inquérito da minha organização em vários inquéritos para cada operação militar. Lembro que eram oito inquéritos, um sobre a organização e sete sobre diferentes operações militares que fizemos. Então repeti, repeti, repeti. Todos entraram em Juiz de Fora, e o juiz de lá disse que não era válido, porque tínhamos incorrido em crime continuado. Não eram crimes individuais, era tudo um crime só. Tiveram que refazer tudo.

Mas foram cinco meses de interrogatório. O que variou do princípio até o fim foi a violência. A violência que sofremos foi mais no início, nos primeiros dois, três meses. No final já era mais um choque elétrico, um pescoção, uma coisa dessas, mas não tortura. O que já tinha se reunido em um inquérito era a mesma coisa dos outros. Nos meus interrogatórios se falava muito pouco de militância. Como eu fui identificado como o contato com o Marighella, como o chefe, era tudo sobre as estratégias, sobre os contatos com outras organizações.

SILVIO: *E mais tarde, em Cuba, como é que se decidiu sua volta ao Brasil?*

ZANCONATO: Já foi um pouco mais tardiamente, não voltei na primeira leva. Me senti em grande desconforto em Cuba, já na fase final, quando se falava das mudanças políticas no Brasil. Até em competições de esporte que nós fizemos lá se separava o pessoal por grupos, tendências políticas. Então, nos contatos que fizemos para preparar o regresso, a grande comunidade brasileira que estava em Cuba, já começaram as diferenças políticas, e aquilo me doeu muito. Eu pensei: "Não aprendemos nada com a repressão, com a prisão, com as mortes, com as tentativas que fizemos."

Uma das imagens mais marcantes que eu tenho é a de, estando na prisão, em um extremo de um salão grande, sendo torturado, chegarem por uma das entradas – a imagem não está tão clara – outros companheiros, em frangalhos, tendo sido espancados e torturados violentamente. Então, de repente, sai um dos oficiais que estavam torturando aquele grupo, na mesma sala, e vem para cima de mim, sem ter nada a ver com o meu interrogatório, mas parece que sabia quem eu era. Pegou minha cabeça pelas orelhas e me sacudia: "Ô, seu filho-da-puta, vocês acham que é assim que vocês vão conseguir ganhar da gente? Esses caras que nós pegamos aí são da Ala Vermelha do PCdoB. É a trigésima segunda organização que a gente desbarata. Vocês acham que assim tão divididos vocês vão conseguir vencer a gente?" Isso foi, talvez, dos cinco meses de prisão, a imagem que mais me impactou. O filho-da-mãe tinha razão.

Houve um determinado momento em que éramos 30 organizações e pequenos grupos tentando fazer a mesma coisa. Então, na época do regresso, começam as mesmas brigalhadas, as mesmas discussões. Me apagou muito. Por outro lado, me sentia tão bem em Cuba, trabalhávamos no melhor que eles tinham no sistema de saúde. Já tinha me casado lá, já tinha filhos. Então, não me entusiasmei muito em voltar, para entrar outra vez na brigalhada, nas coisas aqui do Brasil.

Mais tarde, em 93, no auge da situação do relacionamento internacional de Cuba com os países do ex-bloco socialista, grandes dificuldades de sobrevivência da economia cubana e tal, os cubanos discutiram abertamente conosco o que poderíamos fazer para ajudar no relacionamento comercial deles com o nosso país, pelos conhecimentos que tínhamos. Digo tínhamos porque não foi só comigo, brasileiro, mas com vários estrangeiros, principalmente latino-americanos, que viviam em Cuba. Discutiram a possibilidade de usarmos nosso relacionamento com pessoas aqui. Vários dos expoentes da política brasileira tinham sido também companheiros da luta, no movimento estudantil, no movimento sindical, até no movimento armado, e já despontavam como quadros políticos aqui no Brasil. Então, o que poderíamos fazer através deles para abrir algumas fronteiras para o relacionamento comercial com Cuba? Eu me ofereci. Não criaram nenhum tipo de obstáculo, então regressei com isso.

Silvio: *E hoje, qual a visão que você tem da luta armada no Brasil daquele período?*

Zanconato: Acho que foi uma decisão que nos foi imposta. Nenhum de nós era belicoso o suficiente para pensar que esse era um caminho divino. Fomos empurrados a isso por estreitamento da margem de militância, de sobrevivência política, de contestação, dentro da ditadura militar. Acho que os passos foram bem dados, mas os caminhos que seguimos, a forma que empregamos, deram muito substrato ao inimigo para nos reprimir e nos derrotar tão relativamente fácil como foi. Não fizemos a coisa bem feita.

SILVIO: *Quais foram os principais erros cometidos?*

ZANCONATO: A fragmentação é um deles, talvez o principal. A subestimação do poder de resistência das Forças Armadas. Se era certo que, no princípio, era muito fácil fazer qualquer tipo de operação militar, pela própria desunião entre eles, pela inexistência de um serviço de informação e contra-informação eficaz, rapidamente nos superaram nessa preparação. Se estruturaram e tiveram uma visão a longo prazo muito mais eficaz do que nós. Obviamente, contavam com os recursos do Estado. Tinham o poder na mão, tinham todo um relacionamento internacional que os favorecia, se prepararam bem, a ponto de serem instrutores depois no Uruguai, na Argentina e no Chile. Esses, para mim, foram os dois grandes erros. Do ponto de vista de objetivos políticos, objetivos político-militares, acho que toda a esquerda tinha pensamentos parecidos, coincidentes. Os meios, as formas foram algo diferente, e a fragmentação para mim foi um dos elementos principais. Não acho que estávamos errados na definição, mas erramos muito na prática pra levar aquilo a cabo.

SILVIO: *Como foi a sua vida política, desde que voltou ao Brasil?*

ZANCONATO: Em termos de militância, em termos de participação no movimento político organizado, não tenho. Não faço militância nenhuma. Mantenho os mesmos pontos de vista de compreensão, de análises, de opções que tive durante toda a minha vida. Também sofri decepções com o socialismo, com a prática do socialismo. Acho ainda que, como mensagem, como estrutura de poder, como objetivo a alcançar, é uma boa solução para a humanidade. Mas não posso deixar de reconhecer que as experiências práticas que temos tido com o socialismo não são as mais felizes. E isso, obviamente, dificulta muito elaborar qual é o socialismo bom, mas certamente é melhor como opção de vida do que a que vivemos na outra grande denominação, o capitalismo.

O grosso de minha vida hoje é o profissional: dedico-me quase na íntegra a ser médico. E me sinto muito bem com isso. Quando regressei e fui pressionado pelos companheiros em Minas, aqui mesmo em São Paulo, a me integrar à vida política, o campo que foi aberto para mim dentro do próprio PT, dentro dos grupos de esquerda, foi muito grande. Tenho a convicção de que fiz bem em não assumir compromissos, porque a minha maneira de ver a política não é a da prática política real no Brasil hoje – "a política é a arte do possível", para mim, é um absurdo. Eu acho que a política, para um indivíduo que se define como progressista, revolucionário, é a arte do impossível mesmo, é transformar o impossível em realidade, é se esforçar para poder chegar mais longe. Não é para administrar um par de meses no governo que vou me somar a quem quer que seja. Eu vou me unir a qualquer organização política que pensa de forma conflitante comigo? Não é por aí. Então, eu fiz muito bem em não me meter nesse tipo de militância, porque não é do meu caráter.

JOSÉ IBRAHIN

JOSÉ IBRAHIN é egresso do movimento operário que se desenvolveu, durante os anos 60, no politizado município paulista de Osasco. Atuante na comissão de fábrica da Cobrasma, em junho de 1967, aos 21 anos de idade, foi eleito presidente do Sindicato dos Metalúrgicos de Osasco e, no ano seguinte, liderou a segunda greve operária durante o regime militar. Foi preso em fevereiro de 1969. No exílio, viveu em Cuba, Chile, Panamá e Bélgica. Em Bruxelas, foi fundador e presidente durante cinco anos da Casa Latino-Americana, organismo apoiado pela ONU que recebia os exilados políticos da América Latina. Em 1979, integrou o núcleo de nove dirigentes sindicais que deu origem ao Partido dos Trabalhadores. Tornou-se membro da Executiva Nacional do partido e, em 1982, candidatou-se à Câmara dos Deputados. Quatro anos depois, trocou o PT pelo PDT. Participou da fundação de três centrais sindicais e atualmente é secretário-geral do Centro de Atendimento ao Trabalhador, entidade ligada à Diocese de São Paulo. Em 2006, candidatou-se a deputado federal pelo Partido Verde.

Entrevista em São João Novo, SP, 18 de setembro de 2005

SILVIO: *Você nasceu em Osasco?*

IBRAHIN: Nasci em Osasco. Como todo bom árabe, meu pai era mascate. Ele mascateava nessa região. Ele me trazia, pequenininho, me deixava no sítio de meu padrinho e ficava três, quatro dias rodando, mascateando em cima de lombo de burro. Fiz meus estudos em Osasco. Fiz Senai em Osasco também. Com 14 anos entrei na Cobrasma, também em Osasco. Então me candidatei na oposição do sindicato, em 1967. Eu já era presidente da comissão de fábrica da Cobrasma, que eu mesmo tinha fundado. A primeira comissão de fábrica que surgiu neste país, representação no local de trabalho, foi em Osasco, foi na Cobrasma, onde eu trabalhava. Eu era o presidente da comissão. O sindicato estava sob intervenção, em 1964, pela ditadura. E, quando teve a primeira eleição, já na época do [Jarbas] Passarinho como ministro do Trabalho, eu me candidatei pela oposição, como presidente da comissão de fábrica. E ganhei, virei presidente do sindicato.

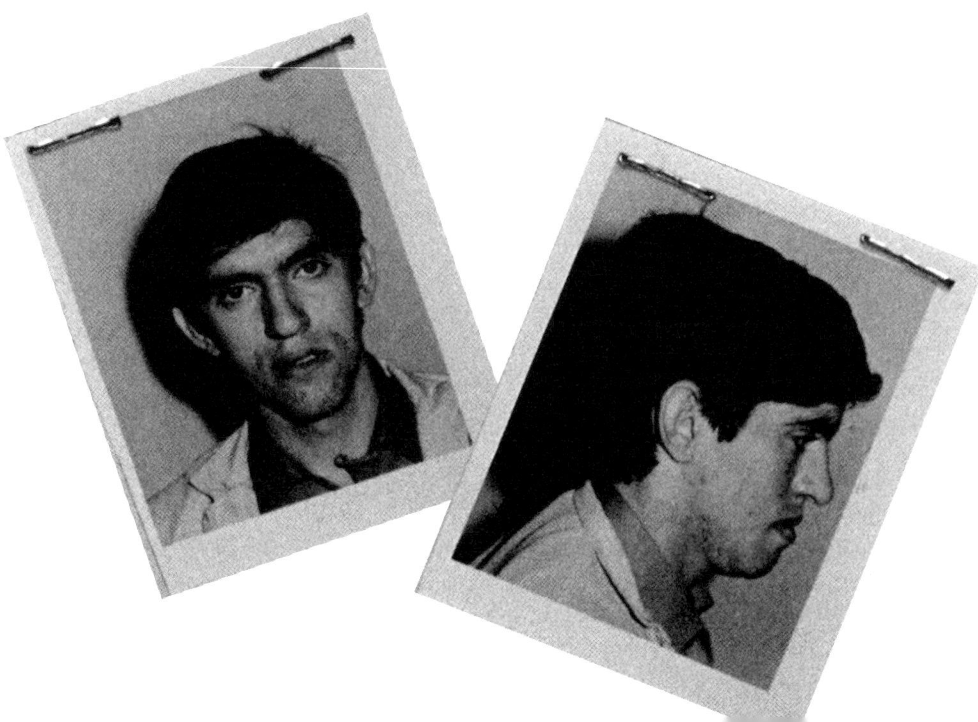

Silvio: *Antes disso, como foi a sua formação política?*

Ibrahin: Partidão. Fui da Juventude do Partido quando era secundarista. Eu trabalhava de dia e estudava à noite. Tomei contato com o partido, o PC, no ginásio, nessa época eu era bem criançola. Passei um pouco pela JOC, a Juventude Operária Católica, que era bem organizada em Osasco. Então fiquei navegando entre o Partidão e a JOC. Entre a cruz, a foice e o martelo, como dizia o pessoal.

Silvio: *Quando começou a trabalhar na fábrica, você era militante do PCB?*

Ibrahin: PCB.

Silvio: *E havia uma luta interna se desenvolvendo?*

Ibrahin: Claro, teve luta interna, que foi exatamente no momento da divergência sino-soviética.* O meu grupo era o que estava saindo do partido, rompendo com o partido. Isso bem antes de surgir a ALN, que surge depois, como outra dissidência. Essa foi uma primeira dissidência. Uma parte do pessoal foi para a IV Internacional. E a outra assumia aquele negócio do maoísmo, que era onde eu estava. Ficamos como grupo independente de esquerda em Osasco durante um bom tempo, mas já em contato com o pessoal da luta armada, que chamávamos de "grupo dos sargentos". Era o Onofre Pinto e o Roberto Gordo, esse pessoal, e tinha a célula em Quitaúna, que era o sargento Darcy, o Lamarca. Eu não fui para a ALN por acaso, por causa disso. Porque normalmente meu caminho seria a ALN.

---

* A divergência sino-soviética teve início na década de 1950, pouco depois da Revolução Chinesa, motivada por questões territoriais. O auge do conflito, em 1969, foi o enfrentamento armado entre os exércitos da União Soviética e da República Popular da China, disputando a posse de uma ilha localizada no rio Ussuri, fronteira natural entre os dois países. A divergência ganhou dimensão planetária, na medida em que China e URSS competiam permanentemente por influência política junto aos movimentos revolucionários de todo o mundo.

Silvio: *E como era a sua atuação no movimento estudantil depois do golpe?*

Ibrahin: Eu praticamente não tive atuação no movimento estudantil. A minha participação foi muito mais de ajudar a eleger a tal chapa para a União dos Estudantes, para a organização, mas eu nunca participei de chapa nenhuma. Meu negócio era a fábrica. Eu organizei a comissão de fábrica. Primeiro era uma comissão clandestina, depois fizemos uma paralisação dentro da fábrica, conseguimos legalizar a comissão. Isso foi em 1965, um ano depois do golpe. De 1965 a 1967, essa comissão estava legalizada, negociava com a empresa, com a direção. E eu era o presidente. Então, todo o meu trabalho, toda a minha vinculação, toda a minha energia política era em relação à fábrica.

Eu atuava no sindicato, não dava moleza para a pelegada que estava lá. Tinha assembléia, eu ia, usava a palavra, falava. E tinha imunidade, porque era o presidente da comissão. Eu era o cara que podia enfrentar o pessoal que estava no sindicato numa boa. Em vários congressos, por exemplo, não precisava nem eu me candidatar. O pessoal dizia: "Nós indicamos o Zé." Botava em assembléia, eu ganhava. Assim, fui assumindo uma liderança no sindicato, e já tinha liderança na fábrica, que era a maior fábrica, de vagão, de locomotiva – a Cobrasma tinha quase cinco mil operários. E minha profissão facilitava, porque eu era inspetor de qualidade. Botava minha capinha de controle de qualidade e rodava a fábrica toda.

Tive atuação no movimento secundarista, em Osasco, que era muito forte, altamente politizado, e tinha lá as lideranças. Por exemplo, o [José Campos] Barreto, o Zequinha, que morreu com o Lamarca, foi presidente da União dos Estudantes Secundaristas. Ele trabalhava na fábrica também, mas sua atuação era no movimento secundarista. Estudávamos no mesmo colégio, ele tinha atuação no movimento estudantil e eu dentro da fábrica. E ele era metalúrgico também, mas seu foco principal era o movimento secundarista. Não era o meu.

Silvio: *A comissão de fábrica era uma forma de organização nova, que surgia depois do golpe?*

Ibrahin: E começou lá em Osasco. Só tínhamos comissão de fábrica na Cobrasma, que era legalizada, reconhecida. Nas outras empresas, na Promovere, na Semafe, na Braseixo, tínhamos grupos de fábrica. Não eram reconhecidos, eram clandestinos, para o pessoal não ser mandado embora. Tomávamos muito cuidado com isso. Mas quando assumi a presidência do sindicato, coloquei como uma das principais reivindicações nossas, fora questões de salário e essas questões normais de reivindicação do movimento sindical, a organização no local de trabalho, as comissões de fábrica. E conseguimos legalizar várias comissões, em várias empresas.

SILVIO: *Você era presidente do sindicato quando aconteceu o 1º de Maio de 1968, na praça da Sé, em São Paulo. Você participou?*

IBRAHIN: Participei. Naquela época nós tínhamos o MIA, Movimento Intersindical Antiarrocho, fundado em Osasco. E participavam todos os grandes sindicatos, o Sindicato dos Metalúrgicos de São Paulo, na época do Joaquinzão presidente, os bancários, os telefônicos, vários sindicatos grandes participavam desse movimento, que era de combate ao arrocho, de mobilização de massa contra o arrocho salarial.

Teve um movimento anterior, que resultou no 1º de Maio. Nós organizamos várias manifestações: uma no ABC, outra em Guarulhos, outra em Campinas, a última seria em Osasco, contra o arrocho; vários sindicatos participavam desse movimento. E eu, que era da direção, tinha a posição mais radical: só a greve derruba o arrocho. Tudo bem, vamos mobilizar, mas nós temos que partir para um movimento grevista. E a tendência mais conservadora, que era representada pelo Joaquinzão, tinha a posição de que precisava mobilizar, ganhar apoio popular contra o arrocho, mas que a greve era proibida, colocava em risco os sindicatos. Eu dizia que para manter sindicato desse jeito é melhor não manter. Para que é que serve, se não for para mobilizar e radicalizar essa luta?

Então convocamos o 1º de Maio na praça da Sé e houve uma divergência grande entre nós, porque pela posição que o Joaquinzão representava era para convidar o ministro, o governador, as autoridades. Eu disse: "Não, vocês estão querendo fazer uma festa, quando esse 1º de Maio tem que ser de luta." Houve divergência. Chegamos no dia nessa posição. Eu contra o palanque, que foi armado. Então estava lá o Abreu Sodré, essa coisa toda. O que fizemos? Mobilizamos Osasco inteiro, muitos ônibus, fora o pessoal que foi de trem, levamos uma carrada de ônibus, tudo muito articulado para tomar o palanque e fazer o 1º de Maio como nós queríamos.

Eu era o terceiro orador inscrito. Quando me chamaram ao palanque, era um sinal. Eu não fui, não subi. O pessoal dizia que o palanque era da ditadura e que eu não participava de palanque da ditadura. Foi então que tomamos o palanque; montamos uma verdadeira tropa de choque, batemos na polícia. Tínhamos levado uns cartazes, com uns paus, e esses paus viraram porretes. Tomamos o palanque e fizemos o 1º de Maio nosso. O pessoal do palanque, o Sodré, todo mundo se escondeu dentro da igreja. Nós fizemos o 1º de Maio e depois saímos em passeata. Então eu falei.

E aquilo acendeu a temperatura dentro das fábricas, esquentou muito. Eu queria fazer a greve em novembro, que é o período de negociação salarial e, portanto, o melhor período para fazer a greve. Mas o pessoal das fábricas disse para o sindicato: "O pessoal está achando que nós estamos afrouxando. Por que esperar até novembro, se eles estão começando a mandar um monte de gente embora, estão perseguindo?" Não deu para segurar. A minha posição era de segurar até novembro, mas não consegui, por causa das comissões de fábrica. A maioria da minha diretoria era contra a greve. Não por ser contra, diziam assim: "Vamos esperar mais um pouco, e os outros sindicatos?"

Eu tive que convocar uma reunião das comissões de fábrica e dizer: "Vocês decidem, já que estão pressionando. Minha posição é: o que vocês decidirem, nós fazemos." E eles decidiram pela greve, greve com ocupação. Por que ocupação? Muita gente fala: "É porque vocês foram influenciados pelo maio francês."* Não, foi uma questão de lógica para nós. Íamos perder o sindicato, então tínhamos que estar organizados dentro das fábricas. Então é greve com ocupação. Nós vamos perder o sindicato. Tanto é que no primeiro dia as tropas cercaram o sindicato. E eu já estava cassado. Perdemos o sindicato, mas continuamos com organização dentro das fábricas. Eles tiveram que reprimir dentro das fábricas. A Cobrasma foi ocupada, as tropas invadiram logo de noite. Só na Cobrasma foram presas 600 pessoas.

Nós tínhamos decidido que uma parte das pessoas da direção do sindicato ficava no sindicato. Duas fábricas estavam em greve. Nós tiramos o

---

* Em 1968 houve manifestações estudantis em vários continentes, mas o epicentro dos protestos foi o Quartier Latin, em Paris, palco de violentos confrontos entre policiais e estudantes. Outros setores da sociedade aderiram ao protesto, deflagrando greves com ocupação de fábricas que chegaram a paralisar nove milhões de trabalhadores em toda a França. A crise ficou conhecida como "maio francês".

Greve de Osasco: a polícia invade a Cobrasma em 16 de julho de 1968 e prende os grevistas que haviam ocupado a fábrica.

pessoal das fábricas para vir ocupar o sindicato, para que, quando a polícia chegasse, encontrasse, primeiro, a diretoria, e o sindicato cheio. Eles tiveram que tirar um a um de dentro do sindicato. E decidiram que uma parte do pessoal ficava na clandestinidade, para dar continuidade ao movimento. E eu, como presidente do sindicato? Eu fico para ser preso ou vou para a clandestinidade? Todo mundo disse: "Não, você não pode ser preso, se tem uma pessoa que não pode ser presa é você."

Então nós armamos todo um esquema para eu ficar na clandestinidade. Como aconteceu. E continuei freqüentando Osasco, mesmo sendo procurado, duas ou três vezes eu fui para a porta da fábrica. Já estava no esquema da VPR, esquema armado de cobertura. Eu vinha, descia do carro, fazia um agito, caía fora. Dois, três carros de cobertura. Fiz isso algumas vezes, continuamos fazendo reuniões nos bairros, até que fui preso, por uma fatalidade. Meu esquema de segurança era bom, mas foi fatalidade. Tinha caído o pessoal pintando o caminhão, para tirar as armas do 4º R.I. Tanto é que o Lamarca teve que improvisar a saída dele, para poder retirar as armas do quartel.* E foi em função daquelas quedas que eu acabei sendo preso.

SILVIO: *Naquele momento, qual era a sua concepção de luta armada?*

IBRAHIN: Eu já tinha superado a idéia do foco, "Revolução na Revolução", do Régis Debray. Já tinha superado isso e pensei: foco, não, nem em Cuba foi foco. Porque era o grande exemplo: um grupo que vai para a montanha e vira um puta exército. Em Cuba, não, eu conheço muito bem a história da Revolução Cubana, não foi isso. Isso foi um aspecto, mas tinha mobilização de massa, tinha movimento estudantil, essa coisa toda. Fidel, mesmo, vinha do movimento estudantil. Então, na época, na minha cabeça, era o seguinte: uma combinação entre ações armadas, com grupos de vanguarda, e ações de massa. Eu pensava nessas duas coisas. Não tinha a idéia que era, por exemplo, do Marighella, da guerrilha rural. Ele dizia assim: "Tem que ter a guerrilha rural, tem que ter a guerrilha urbana, tem que ter as massas organizadas e mobilizadas." E eu me atribuía o papel, como liderança de massa que era, o meu papel nesse processo revolucionário é isso aqui.

Tanto é que, como eu tinha um contingente grande de pessoas, mais de 200 quadros operários que se formaram na luta em Osasco, eu resistia muito quando o pessoal nos pedia para roubar carro, roubar placa de carro, fazer esquema de banco, essas coisas assim. Porque dentro do comando da VPR eu era do Comando Urbano, que era o movimento estudantil, o movimento operário, nós tínhamos a gráfica, e mais agitação e propaganda. Isso era o meu comando. O Onofre comandava o setor militar, outro comandava o negócio rural. E o pessoal, vira e mexe, precisava de gente para fazer esse

* O projeto da VPR era retirar todo o arsenal do 4º Regimento de Infantaria de Quintaúna, perto de Osasco. A descoberta acidental, em Itapecerica da Serra, de um caminhão sendo pintado com os símbolos do Exército, levou à prisão de quatro militantes e forçou uma antecipação reduzida da ação. No dia 24 de janeiro de 1969, Carlos Lamarca, juntamente com outros três militares da VPR, desertaram do quartel levando, em uma Kombi, 63 fuzis FAL, metralhadoras, revólveres e munição.

trabalho de logística das ações armadas. Eu resistia muito, porque queria que o pessoal continuasse nas ações de massa e não fosse puxado para os grupos de ação armada, grupos de fogo, como chamávamos.

SILVIO: *Então você não chegou a participar de nenhuma ação armada?*

IBRAHIN: Não. Eu ia ter uma participação na ação do 4º R.I. Ia aparecer nessa ação para ligar a saída do Lamarca com o movimento operário. Mas era uma coisa de estratégia. E o pessoal dizia assim: "Mas se você tiver essa participação, se aparecer você e o Lamarca nesse tipo de ação, você tem que ir para o exterior." Não, aí, não. Não me entra na cabeça esse negócio de ir para o exterior. Eu vou continuar. Eu quero aparecer, ligar meu nome com a luta armada, com essa ação revolucionária que ia ser de grande envergadura, mas eu fico. O que tem que fazer é melhorar meu esquema de segurança, para os caras não me pegarem. Mas infelizmente a ação não foi feita como se tinha planejado. Caiu o caminhão, o Lamarca teve que pegar uma caminhonete, encher de armas e sair. Não foi possível executar como tinha sido planejada inicialmente.

SILVIO: *E como seria a ação originalmente planejada?*

IBRAHIN: Sairia o caminhão, cheio de armas. O palácio do governo, no Morumbi, ia ser bombardeado com morteiros. Haveria dois ou três seqüestros. No fundo era isso: bombardear o palácio. Estava tudo esquematizado, de onde iam sair os morteiros. Iam ser seqüestrados três personagens, um deles o próprio governador; haveria outros dois roubos de armas em quartéis menores, tipo Barro Branco; o QG do II Exército seria bombardeado também, ali no Ibirapuera. Ia ser uma coisa assim. Parecia um tremendo exército. E eram 20, 30 pessoas.

SILVIO: *E você era do comando da VPR que planejou essa ação?*

IBRAHIN: É, eu era do comando. E, na verdade, é bom que se diga, porque isso faz parte da história, eu era contra a ação. Teve uma divergência interna grande. Eu dizia assim: "Essa ação tem que ser em função de um processo muito mais avançado. Nós estamos no começo. E não temos condições de agüentar o repuxo que vem depois. Nós vamos fazer um estardalhaço e os caras vão vir com tudo depois. Vamos dar uma arma na mão da milicada e eles vão estraçalhar tudo que é resistência que existe neste país." Tanto a nossa como a resistência democrática burguesa, como nós chamávamos na época, que era o antigo MDB. "Eles vão acabar com tudo, nós vamos dar essa motivação para eles e não temos força para depois continuar. Fazemos essa ação, e depois?" Então eu era contra a ação, era contra o momento de fazê-la. A ação em si era bonita, entendeu? Uma tremenda coisa. E nós tínhamos capacidade para fazer. Só que, e depois? Então, eu fui contra, e tinha muita gente contra. O grupo de Osasco todinho era contra. Nós fizemos várias reuniões para discutir isso. Mas eu fui posição vencida.

SILVIO: *Durante o período da ocupação do sindicato, antes de se ligar à VPR, você tinha outras opções políticas?*

IBRAHIN: Tinha. Eu tive uma conversa longa com o Marighella, em São Paulo. Eu tinha muito contato com a AP, tinha contato direto com a Quarta Posadista.* Estive várias vezes, aqui em São Paulo, com a filha do Posadas, uma argentina. Mas a minha fixação era o grupo de Osasco. Então, eu marchava naquele grupo, que optou pela luta armada. Mas sempre tive várias opções. Até o Partidão, não é? O Partidão, depois, quando eu estava na presidência do sindicato, me considerava um aliado. E tinha um cara que me dava assistência, um comissário político indicado pelo Comitê Estadual do Partido, que vira e mexe sentava comigo para fazer uma discussão política. Ele dizia que era destacado para ser meu assistente. E, lógico, brigávamos pra caramba.

---

* O trotskismo foi inicialmente representado no Brasil pelo Partido Socialista Revolucionário, que se dissolveu em 1952, sendo no ano seguinte substituído pelo POR(T) – Partido Operário Revolucionário (trotskista). Na Conferência Extraordinária de fevereiro de 1962, que deu origem ao PCdoB, surgiu outra organização trotskista, alinhada ao argentino Homero Romulo Cristalli Frasnelli, mais conhecido pelo codinome J. Posadas.

Silvio: *Você acha que a greve de Osasco foi vitoriosa?*

Ibrahin: Eu acho que ela foi vitoriosa do ponto de vista político e moral. Nós conseguimos quebrar esse tabu da ditadura, que proibia greve. E foi uma greve radical, com ocupação de fábricas, coisa que pela primeira vez no país aconteceu. E baseado nas organizações do local de trabalho. Ela foi vitoriosa inclusive do ponto de vista das reivindicações. Foi sufocada, foi reprimida, mas, assim mesmo, depois da ocupação, depois que os caras ocuparam o sindicato e desocuparam a Cobrasma, outras fábricas continuaram paralisando, porque nós tínhamos feito uma escala. Não vamos paralisar tudo no mesmo dia, para não assustar os caboclos. Vamos devagar. Tinha uma seqüência de paralisações. Essa seqüência foi cumprida, quer dizer, a greve de Osasco durou seis, sete dias, e mesmo as fábricas sendo ocupadas militarmente, essa coisa toda continuou, sindicato fechado, continuou.

E eles foram obrigados a continuar negociando conosco. Tanto é que eles colocaram dom Agnelo Rossi, que na época era o cardeal de São Paulo, como mediador, e o pessoal dizia que não tinha negociação sem eu estar presente. E eu dizia: "Bom, eu não posso aparecer, porque os caras me prendem." Então ficou um impasse. Eles colocaram dom Agnelo. E nós conseguimos aumento salarial de 18%, na época. Conseguimos que eles parassem com as dispensas, readmitissem as pessoas. Só não readmitiram os diretores do sindicato. Mas eu fui o único mandado embora sem direitos. Porque a Cobrasma dizia: "É questão de honra para nós, não pagamos a indenização do Zé Ibrahin." Mas todos os outros meus diretores receberam indenização, não foram mandados embora sem direitos. A Lei 4.330 dizia que quem fez greve está fora, perde todos os direitos. No entanto, eles pagaram os direitos de todo mundo.

E foi dado um prazo para reabrir o sindicato. Eles nomearam uma intervenção, mas os interventores foram negociados. Foi gente nossa, e não as pessoas marcadas, quem assumiu o sindicato, no período da transição da intervenção, foi gente de confiança nossa. Senão não entrava no sindicato. Então, nesse sentido, eu acho que a greve foi vitoriosa, até do ponto de vista reivindicativo. Mas a grande vitória mesmo foi moral e política, porque foi a primeira grande mobilização operária contra a ditadura militar. Nós provamos que o movimento operário não estava morto, estava na resistência. E, na minha opinião, se não houvesse Osasco em 1968, não haveria o ABC dez anos depois.

SILVIO: *Como assim?*

IBRAHIN: Osasco ficou muito marcado. Houve várias e várias redadas da repressão em Osasco, mesmo quando eu estava no exílio, porque ficou um foco. Então, vira e mexe, eles descobriam algumas coisas de resistência, algumas redes se formando. Eu acho que o ABC ficou meio de lado, esquecido. E teve o desenvolvimento da indústria automobilística. Há que ressaltar, aliás, que muita gente que saiu de Osasco, que não pôde mais ficar ali, não tinha para onde ir, a não ser para o ABC paulista, porque era metalúrgico. Lá é que estava se desenvolvendo a indústria automobilística. E era gente altamente qualificada. Eu me formei no Senai quando tinha 14 anos. O Senai de Osasco sempre foi top de linha, em termos de tecnologia, porque o foco da indústria estava ali. Depois começou a se deslocar para o ABC. Então, muita gente, inclusive em Betim, de Minas, porque teve a greve de Contagem...

SILVIO: *Antes de Osasco.*

IBRAHIN: Antes de Osasco. Foi uma greve diferente, mas foi anterior à de Osasco. Eu mesmo estive lá, para aprender um pouco com os caras. Quando eu era presidente do sindicato fui lá pra Betim, fui lá pra Contagem, passei uns tempos com o pessoal que tinha feito a greve. E eu dizia para eles: "Olha, a nossa vai ser melhor, porque nós estamos mais organizados que vocês. Aqui na Belgo-Mineira foi um estouro, lá vão ser várias fábricas." E eles brincavam comigo – lá a direção era da AP –, dizendo: "Bom, quero ver, você, moleque do jeito que é, você vai fazer essa greve?" Eu digo: "Vocês vão ver só. Não sou eu. É claro que eu sou moleque, mas tem outra molecada boa por lá."

SILVIO: *E no desfecho da greve de Osasco, como foi a transição na sua vida para a clandestinidade?*

IBRAHIN: Psicologicamente, eu já estava preparado. Eu sabia que num determinado momento isso aconteceria. E foi o momento da greve. Tanto é que, de manhãzinha, um dos meus irmãos, o Luizinho, antes que todo mundo levantasse, ele ia à padaria trazer pão quentinho para todo mundo fazer um lanche e ir trabalhar. Nós somos 11 irmãos, eu sou o mais novo. E então, quando ele levantou, eu também levantei: "Vou com você à padaria, vou tomar um café." E falei para ele: "Olha, hoje vai acontecer isso, isso e isso. Eu queria que depois você conversasse com o papai e com a mamãe, para dizer que eu não volto mais, daqui eu vou para o mundo."

Então, eu sabia. Já tínhamos um esquema de aparelhos. Ficaríamos eu e o Zequinha [José Campos Barreto]. E isso nós não pudemos acionar, porque o Zequinha foi preso dentro da Cobrasma. Ele descumpriu uma ordem. Primeiro, não era para ele ir armado, e ele foi. Segundo, não era para ele aparecer como apareceu. Ele fez o discurso para os soldados, antes de os soldados invadirem ele subiu em cima de um vagão e fez um discurso para eles. Então, chamou muita atenção e foi preso com um revólver. Ele ia ficar junto comigo num dos aparelhos. Como ele foi preso, pensei: não, eu não vou para o aparelho. Sei lá. O mínimo de norma de segurança é isso: o cara caiu, você abandona o local que o cara sabe. Por mais que eu achasse que o Barreto não ia falar, eu também não podia bobear.

Então, eu tive que sair de Osasco na noite da desocupação das fábricas e ocupação do sindicato pelas tropas. Saí no carro de um jornalista, porque nas principais vias de acesso e saída já tinha polícia. Eu saí num carro da imprensa para São Paulo. E fiquei na clandestinidade, em casa de pessoas da rede da organização, simpatizantes da VPR. Depois montei um aparelho no Caxingui, aqui na periferia, onde fui preso. Mas, de julho de 1968, que foi a greve, até fevereiro de 1969, eu fiquei na clandestinidade, atuando dentro do esquema da VPR.

SILVIO: *Como se deu a sua prisão?*

IBRAHIN: Estava havendo bastante queda na VPR, a partir do fio da meada que foi a queda do caminhão sendo pintado para a ação do Lamarca. Em função daquilo, muita gente foi presa. E eu sabia que estava correndo um risco muito grande, porque quem tinha uma rede urbana, uma rede de simpatizantes, era eu. Então, por exemplo, tive que levar gente para a casa da Lélia Abramo, para casa de parente da Ruth Escobar. O pessoal falava assim: "Esse cara aqui está sem lugar para ficar, ele não pode ficar em qualquer lugar, você tem que arrumar um lugar." Em várias situações, quando eu saía a polícia já estava em cima. Fui num outro lugar, nego falou: "Olha, some daqui, porque a polícia está interrogando fulano lá dentro da casa dele." Já estava assim, a situação. E o próprio pessoal, numa casa em que eu me hospedava de vez em quando, dizia: "Olha, Zé, do jeito que você está falando, você vai cair já, já." Eu falei: "O que é que eu posso fazer? Eu tenho que cumprir essa tarefa."

Mas a minha prisão em si foi uma bobeira. O cara que morava no meu aparelho, o Roque Aparecido, era meu companheiro de Osasco. Ele foi num ponto, o ponto tinha caído, e ele foi preso. E eu ia me encontrar com ele. Isso foi de manhã. Nosso encontro era na hora do almoço, e ele não apareceu. Então, eu já estava achando que o Roque tinha sido preso. Eu tinha um sinal na casa onde morava: se a luz de cima estivesse acesa, era para não entrar – um sinalzinho que tínhamos combinado. Mas a Aninha, mulher do Roque, duas vezes confundiu os sinais. Ela era meio confusinha, mesmo. E aquele dia era um sábado, eu estava tão cansado, tão estressado, tinha feito três, quatro correrias com pessoas, eu estava doido para dormir.

Parei no boteco da esquina, como sempre fazia, que dava para enxergar bem a casa. Conversei sobre o jogo do Corinthians, tomei uma cachacinha, vi que estava tudo normal, mas a luz estava acesa, que era para eu não entrar. E pensei: essa menina confundiu de novo. E entrei. Na hora que pus a chave, blau! Os caras estavam, era um sobradinho, eles já escancararam lá de cima, três, quatro negos, aí começou. Comecei a ser torturado ali dentro de casa mesmo. Eles estavam com a maquininha de choque, tudo ali. E o Roque todo quebrado. Ele estava dentro da casa, os caras trouxeram ele. E depois me levaram para a Operação Bandeirantes, na rua Tutóia. Foi pauleira direto, quebraram braço, quebraram costela, eu fui o primeiro cara da direção da VPR a ser preso. Depois prenderam o Diógenes [José de Carvalho de Oliveira], lá do Rio Grande do Sul. Depois o Onofre, a Dulce Maia. Mas eu fui o primeiro. Para segurar o rojão. E, modéstia à parte, depois que eu caí, não caiu mais ninguém, eu segurei. Neguinho vem falar: "Pura ideologia?" Eu digo: "Não, não foi ideologia não, foi educação mesmo, porque eu tive." E não traí. Então, eu digo sempre isso. Eu tenho orgulho disso, que por minha causa não caiu ninguém.

Eu tentei me matar duas vezes, nesse período. Pô, esses caras não vão parar. Eu sou o cara mais importante que eles prenderam até agora e eles querem os outros. Então, enquanto eu não der os outros, eles não vão parar. E não vão me matar, também, porque eles têm que me manter vivo. Então, que fim vai ter isso? A não ser que eu dê o fim, porque falar eu não vou. Então pensei em me matar. E escolhi o viaduto Major Quedino, porque eu gostava de passar por aquele lugar, é alto. E inventei um ponto.

Falei: "Olha, tem um ponto com fulano, sicrano e tal." Fazia uns três ou quatro dias que eu estava preso. Então falei que era no viaduto, que eu ia estar com um jornal na mão. Os caras montaram uma parafernália, carrinho de pipoca, nego varrendo rua, outro entregando não sei o quê; montaram uma parafernália lá e me botaram ali, bonitinho. E eu pensando: me jogo, não jogo, me jogo, não jogo. E pensava: eu sou novo, que tristeza, não é? Quantas namoradas ainda não quero ter na vida? Não vou agora, tanta coisa boa ainda por fazer. Mas, ao mesmo tempo, dizendo: eu vim aqui para isso, voltar para lá é que eu não volto, porque aí vai ser pior.

Nisso, passa um cara que era amigo meu de infância, do meu bairro, me cutuca assim: "E aí, Zé, o que você está fazendo aí?" Os caras, blau, tudo em cima dele. Olha, foi um acaso. O Alcir, o filho do tintureiro perto da minha casa, fazia anos que eu não o via. Ele passou, me cutucou, e os caras pegaram ele. Até eu explicar que foi um acaso, ele apanhou pra cacete. E eu dizia: "Mas vocês estragaram tudo. Quem ia chegar, não chegou, porque vocês fizeram aquele escândalo todo por causa do cara. Eu não falei que quem vinha era o Onofre, o Luís, o fulano? Esse cara não tem nada a ver." Por incrível que pareça, isso foi a minha salvação. Eles continuaram torturando, mas já não era com aquela sanha.

SILVIO: *Nesses sete meses de prisão houve outro momento especialmente delicado?*

IBRAHIN: Não, não. Eu até brincava com a questão de estar preso. Essa cadeia é uma mãe. Isso aqui, nós vamos todos ficar gordinhos, todos coradinhos aqui. E quando chegavam os presos novos, tinha nego que chegava dizendo que ia sair no dia seguinte. "Não, o delegado falou que amanhã eu estou saindo." Eu avisava: "Ih, rapaz, tira o sapato, relaxa, que não é assim, não." Mas a gente se adapta. Eu plantei um abacateiro e dizia: "Nós ainda vamos comer abacate aqui."

SILVIO: *No presídio Tiradentes?*

IBRAHIN: Não, no Dops. Depois levei meu abacateiro para o Tiradentes. Meu pessoal mandou abacate, porque eu gosto muito. Eu peguei a semente, botei num copo, com uns palitinhos assim, e brotou. Já estava grande o abacateiro. Para você ter uma idéia, minha irmã mais nova mandava laranja e mexerica para mim, e injetava cachaça, com agulha de injeção, cachaça na fruta! Eu sabia qual era a laranja preparada. Vinha muita laranja, mas uma ali tinha cachaça, entendeu? E aprendi a cozinhar na cadeia, com o velho Frati, que era o meu companheiro; tinha as duplas, eu fazia dupla com o velho Frati, um senhor cozinheiro; ele era italiano.

Nós fazíamos ginástica na cadeia, tínhamos horário de ginástica, de leitura, de conversa, de música. Então, falávamos: "Isso aqui nós temos que tirar de letra, porque o que eles querem é que o nosso moral caia, que fique todo mundo fraquejado. Que nada, nós vamos sair daqui, vamos dar mais trabalho para eles ainda." Quando houve o seqüestro eu já estava no Tiradentes. E na cela dos terroristas. Tinha cela dos estudantes, pessoal da leve e pessoal da pesada. Ficávamos numa ala, e tinha uns, presos por causa do movimento estudantil, que circulavam de cela em cela. Os carcereiros davam até umas atividades para eles fazerem, ajudavam a levar café, boião e tal.

Quando houve o seqüestro, nós soubemos rapidinho, porque tínhamos um radinho de pilha; tínhamos subornado um cara para trazer esse radinho, que ficava escondido. Duas pessoas escutavam as notícias, anotavam o que era importante e depois passavam para todo mundo. O radinho não podia ficar exposto, e essas duas pessoas se encarregavam dele. A notícia do seqüestro rapidinho circulou pelas celas. Todo mundo falava: "Se prepara, porque você está." E eu, já pensou o nervosismo? Eu dizia assim: "Bom, e se esse troço não der certo? Vai todo mundo para o saco." Então, quando os caras falavam "se prepara", eu estava me preparando até para essa questão. Se pegar, os caras vão matar o embaixador e quem está na lista também. Vão ficar elas por elas. Tudo bem, é para se preparar, vamos nos preparar, eu estou aí! E havia quem falasse assim: "E se os caras falarem que é para você dizer que não sai, que não quer sair?" Eu dizia: "Rapaz, eu vou fazer isso? Vou perder essa chance? De jeito nenhum! Eu vou é sair, entendeu. Vou sair e agradecer a meus companheiros que fizeram a ação. Não tem essa de não sair." E tem nego até que chegou para mim e disse: "Daqui a pouco você vai ser julgado por greve, ação armada você nunca fez, você era da VPR, pega uns aninhos de cana, por que sair?" Eu argumentava: "Eu vou sair, mas eu volto. Eu saio e volto, não tem essa, não."

Silvio: *Como você foi tratado entre a divulgação da lista e o embarque no avião?*

Ibrahin: Me separaram numa cela. Então trouxeram o Dirceu, o Vladimir e o Travassos. Quando saímos do Tiradentes, eu e o velho Frati, o Jota [João Leonardo da Silva Rocha] já estava no Dops. Enquanto estávamos no pátio, todo mundo nos jogou flores, cantando a "Internacional". Fomos tirados dali, nos levaram para o Dops. E quando eu estava fazendo o *check-in*, na portaria da carceragem, chegaram com a Maria Augusta. Ela achou que eu estava muito pálido e me ofereceu: "Quer uma barra de chocolate?" Eu nem conhecia a Augusta, mas aceitei: "Ah! eu quero, estou com fome." Foi esse o primeiro contato meu com a Maria Augusta, ela me dando a barra de chocolate.

E ali passamos aquela noite. O Dirceu eu já conhecia do movimento estudantil de São Paulo. O Vladimir eu conhecia só de nome, tinha a maior admiração por ele, o líder da Passeata dos Cem Mil. Eu conheci o Vladimir ali. Então fomos levados num camburão para o aeroporto de Cumbica, de Guarulhos; depois para o Rio de Janeiro, para o Galeão. Ali é que foi reunindo todo mundo, menos o Chuchu e o Gregório Bezerra, que se juntaram depois, no Recife.

Silvio: *E o embarque?*

Ibrahin: O embarque no Rio de Janeiro foi uma questão muito tensa. Ficamos muito tempo amarrados, no sol, não só com algemas, mas com cordas. As pessoas que tinham necessidade de ir ao banheiro tiveram muita dificuldade. Que eu me lembre, só a Maria Augusta conseguiu, os outros, não. E... Pelotão de fuzilamento. Quer dizer, eles estavam naquela de vai ou não vai. Uma ala do Exército achava que tinha que ir, outra achava que não, que não podiam aceitar as exigências dos seqüestradores. E nós ficamos ali horas e horas. Tipo pelotão de fuzilamento: todo mundo assim, e os caras lá. E não sabíamos o que ia acontecer. Não tínhamos informação. Sabíamos que alguma confusão estava tendo. Por que não embarcávamos? O avião estava lá, nós também. Lógico que estava acontecendo alguma coisa. E comentávamos entre nós: "Só falta isso, estamos na boca de sair e os caras ainda estão botando uma rajada em cima, estamos indefesos, todos amarrados, não podemos fazer nada, na mão do inimigo."

SILVIO: *E como foi a entrada no avião?*

IBRAHIN: Bom, aquele Hércules era de carga, aqueles bancos desajeitados. Para cada um de nós tinha pelo menos uns dois milicos de arma na mão. Não podíamos conversar, não podíamos falar. O Chuchu, quando entrou, fez a provocação de assobiar a "Internacional". Os caras ficaram nervosos. E a entrada do Gregório Bezerra foi uma maravilha, porque o velho entrou com a cabeça erguida, cumprimentando todo mundo. Se dirigiu particularmente à Maria Augusta, como companheira, respeitosamente, fez todo um gesto para ela. Nós nervosos, todo mundo amedrontado, esse cara entra com essa bravura, com essa firmeza. Pô, que negócio é esse? Estamos indo embora.

SILVIO: *E as algemas, na foto, que alguns mostram e outros escondem? Você lembra disso?*

IBRAHIN: Lembro. Alguém, eu não sei quem, disse: "Vamos mostrar as algemas." Então, por exemplo, o Dirceu captou rápido e ergueu. Eu, não. Mas era para mostrar, mesmo, que estávamos presos. Não sei se foi o Zarattini ou o Ivens Marchetti que falou de mostrar as algemas, não esconder. Alguns conseguiram reagir rápido, outros não. Vladimir, por exemplo, com aquela molengosa dele, até que mostrasse as algemas, já tinham passado dez fotos. Mas era o jeitão dele.

SILVIO: *E o vôo foi bem longo, não é?*

IBRAHIN: Muito longo. Eu não sabia que o México era tão longe. Mas os caras ficaram voando, eles não fizeram um vôo direto. Eles ficaram voando, recebendo notícia, entendeu? Se nos levavam ao destino ou não. Eu perdi as horas. Só sei que o México não é tão longe assim, para demorar tanto.

E quando chegamos ao México, eles tinham armado um esquema com a embaixada. Iam nos meter no ônibus da embaixada e nos levar para lá. Essa era a história que os milicos nos contavam. Tanto é que, quando o avião aterrissou, a polícia federal mexicana teve que invadir o avião. O Echeverría, que depois virou presidente do México, mas nessa época era ministro do Interior, entrou e falou: "*Saquen las esposas.*" E o João Leonardo: "Não deixaram trazer as esposas, não." Ele estava mandando tirarem as algemas. Nós gozávamos o João Leonardo pra caramba por conta desse seu primeiro contato com a língua espanhola.

SILVIO: *Então esse desembarque demorou um pouco?*

IBRAHIN: Demorou, demorou. E quando saímos, tinha aquela multidão, a esquerda mexicana se mobilizou para nos receber, os sindicatos, o aeroporto lotado, faixas, uma festa. Ali nós respiramos.

SILVIO: *Em que momento você se sentiu realmente livre?*

IBRAHIN: Foi quando eu e o João Leonardo derrubamos uma garrafa de tequila. No dia em que botamos o pé no hotel. Ele falava assim: "Ibra..." –

José Ibrahin caminha na pista do aeroporto da Cidade do México, ao lado de Luís Travassos (à esq.) e Flávio Tavares, cercados por jornalistas.

que era como ele me chamava –, "está amarrado aquele negócio nosso, né?" Eu respondia: "Claro que está, Jota." Só eu e ele sabíamos que íamos botar o pé no hotel, pedir uma garrafa de tequila e derrubar. Pô, estávamos a seco há meses. Na cadeia, só de vez em quando vinha uma laranjinha. Então derrubamos essa garrafa de tequila, os dois, e fomos dormir. Tínhamos passado a noite sem dormir, horas e horas no avião, ninguém conseguia dormir. Todo mundo estava muito cansado. Então tomamos a garrafa de tequila e já viu, né? Fui acordar no dia seguinte.

SILVIO: *E o que significou para você a ida para Cuba?*

IBRAHIN: Nós conversamos muito sobre o assunto, mas na minha cabeça era o seguinte: não tinha outra opção. Nós não podíamos ficar no México. O governo mexicano já tinha avisado que estávamos ali por uma questão de solidariedade; foi um ato humanitário do governo mexicano nos receber, até porque estava em jogo a vida do embaixador. Ou íamos para o México ou para a Argélia, era a outra opção. O governo mexicano aceitou nos receber, mas deixou claro que era de passagem, que ninguém ficaria lá. Nós tínhamos que ver qual seria o nosso destino, cabia a nós resolver. O Gregório, por exemplo, dizia: "Eu vou pra União Soviética." O Ricardo Vilas Boas queria Paris. O pessoal da ALN já tinha destino, ia para Cuba mesmo, fazer treinamento.

No meu caso, eu me enturmei de ir para Cuba porque não via outra opção. Eu não tinha referência nenhuma sobre a Europa, era peão de Osasco, nem pensava em Paris e Roma. Nenhuma referência; para mim isso não existia. Cuba, sim, existia, era o farol da América Latina. Logicamente eu tinha o maior tesão de conhecer Cuba. E essa era a minha oportunidade. Mas eu também não tinha outra opção. Imagine, um jovem como eu, nessa época eu tinha 22, 23 anos, saindo de Osasco, estava no exterior, não tinha ninguém, a não ser meus companheiros. Onde a turma for, eu vou. E para mim foi uma experiência maravilhosa, esses quase três anos que vivi em Cuba. Foi ótimo.

SILVIO: *Como foi a experiência?*

IBRAHIN: Passado o deslumbre inicial, da Revolução Cubana, de ter sido recebido por Fidel, aquela conversa que tivemos no aeroporto com Fidel, em

José Ibrahin ao lado de Maria Augusta e João Leonardo, na recepção em Havana.

seguida eu caí na real. Pensei: bom, eu não vou fazer como os meninos estão querendo fazer, que era estudar. O Vladimir, o Dirceu, o Travassos: "Vamos estudar, continuar estudando." Eu, não, aqui vou trabalhar, é o que eu sei fazer. Então trabalhei. Olha, trabalhei em empresa metalúrgica, os cubanos não queriam: "Por que você vai encher o nosso saco, cara, fica aí bonitinho, na beira da praia, você tem tudo." Eu tinha a minha cesta básica, toda semana me levavam, não precisava ter dinheiro em Cuba, nunca tive dinheiro no bolso. Tinha tudo. "Você é hóspede do governo, você não tem que trabalhar." Mas eu dizia: "Não, mas eu quero, como é que eu vou conhecer essa revolução de vocês se eu não estiver circulando? Pensa que é só fazer treinamento? Treinamento eu já fiz, agora quero trabalhar." Fui no corte de cana, trabalhei numa empresa metalúrgica, trabalhei numa fábrica que fazia manutenção para os armamentos do Exército cubano. Eu descobria as coisas e falava: "Eu quero ver isso." Circulei a ilha o tempo todo, conheço a ilha de cabo a rabo. As coisas importantes que estavam acontecendo em matéria de produção, em matéria de inovação tecnológica, essas coisas todas, eu caí em cima.

SILVIO: *Com quem você mais conviveu, no grupo de brasileiros?*

IBRAHIN: No período cubano foi com o João Leonardo e o Onofre. Eu e o João ficamos muito amigos, bastante amigos mesmo. Mesmo quando estávamos morando em casas separadas, por sermos de organizações diferentes – ele era da ALN, eu era da VPR. Depois, eles montaram um Grupo Primavera, o antigo Molipo, mas sempre nos encontrávamos. Rompíamos um pouco o esquema de segurança – porque em Cuba mantínhamos um esquema de segurança, tudo apartado. Mas nós rompíamos, e os cubanos faziam vista grossa, por causa da amizade.

SILVIO: *E o Onofre?*

IBRAHIN: Onofre, não. Sempre vivemos no mesmo aparelho. Porque tinha o aparelho da VPR. Então eu e ele sempre ficamos juntos, vivemos juntos. Eu gostava muito do Onofre, sei que ele gostava muito de mim também. E tínhamos até uma boa base de amizade. Mas não era como com o João Leonardo. Com o Onofre era uma coisa mais impessoal, porque ele não tinha muita política na cabeça, o negócio dele era pão, pão, queijo, queijo. O Jota, não, o Jota era até meio poeta, era literário, escrevia e lia muito. Então, conversávamos sobre os livros que estávamos lendo. O João tinha muita teoria na cabeça, lia muito.

SILVIO: *E do Ivens Marchetti, você tem uma lembrança bem definida?*

IBRAHIN: Ah, tenho! Ele cantava muito, sambas antigos. Ele era bom de música. O Ivens não tinha nada de arquiteto, não. Era um cara que tinha lido muito também, a formação dele foi Partidão também, então ele tinha uma bagagem teórica muito boa. Nem parecia que era um cara da luta armada, porque era bem politizado. Mas o que eu me lembro dele mesmo era a música, ele gostava muito de cantar, conhecia todas as letras dos sambas antigos. Às vezes ele tirava assim do bolso do colete. Pô, mas de quem é isso? "Isso aí é do Cartola, de tal época." Isso era o Ivens. Conhecia a história da música brasileira como ninguém.

Ivens Marchetti, Agonalto Pacheco (semi-oculto), Rolando Frati, João Leonardo e Onofre Pinto, na recepção em Havana.

SILVIO: *E como foi sua partida para o Chile?*

IBRAHIN: Eu cheguei para os cubanos e coloquei o seguinte: o que eu tinha que fazer em Cuba eu já tinha feito, tinha rodado tudo. A experiência tinha sido muito boa para mim, mas eu não tinha mais o que fazer lá. Cheguei a falar para o Olaf [Daniel Herrera]: "Se eu continuar aqui, vou me casar e ter filhos, coisa que eu não quero. Nem casar, nem ter filho em Cuba. O Allende ganhou a eleição no Chile, é uma boa oportunidade para eu conhecer outra realidade. Quero ir para o Chile." E eles ainda me cozinharam seis meses, entre a vitória do Allende e eu ir. Não queriam. No fim, de tanto eu insistir, acabaram concordando, me deram uma maquiadinha, mudaram um pouquinho a feição, muito pouco, não foi nenhuma plástica. E me deram um passaporte falso e um contato no Chile, para ser um primeiro apoio, depois eu me virei.

Eu tinha um ponto aqui no Brasil, para entrar no esquema da VPR. Então, a minha estada no Chile seria curta. Só que rompi uma das normas de segurança que os cubanos tinham colocado para mim: que eu não entrasse em contato com ninguém e ficasse só no esquema que eles armaram. Mas eu não resisti. Eu precisava falar com o Diógenes, sabia que ele estava no Chile, precisava falar com o Dija. Então, tomei a iniciativa de me encontrar com ele. E disse a ele: "Olha, eu estou num esquema que, daqui a alguns meses, eu entro no Brasil." Ele falou: "Eu vou te falar uma coisa, nem sei que esquema é esse, mas se for assim, assim, assim, é furado. Já, já vai acontecer uma desgraça." Era a história do cabo Anselmo. "Mas os cubanos sabem disso?", questionei. Ele respondeu: "Eu não sei, só sei que recebi esse comunicado. Fulana de tal, uma paraguaia, mandou esse recado pra mim, e ela sabe das coisas." E não deu outra. Foi uma carnificina, uma matança com o pessoal do Nordeste, o pessoal de Pernambuco. E eu ia entrar nesse esquema, era uma questão de meses.*

Silvio: *E o golpe?*

Ibrahin: Eu cheguei ao Chile no começo de 1972 e fiquei até o golpe. Estava entrosado com o Partido Socialista Chileno, o pessoal dos cordões industriais. Eu morava no cordão de Cuiamaquena, no Paradeiro 15, era onde eu tinha meu aparelho. E tinha contato com aquele povo todo. Eu, um companheiro argentino e um outro amigo brasileiro, que eu conheci no Chile, montamos uma oficina mecânica. Tinha lá um torno, uma fresa, máquina de solda e tal. O Allende tinha botado várias empresas, na área social, tipo encampada, então pegávamos serviço dessas empresas e fazíamos na nossa oficina. Algumas operações, usinagem, fazíamos e ganhávamos um troquinho com isso. E então eu tinha essa atividade profissional, um trabalho. E militava no Partido Socialista. Tanto é que com o golpe eu ainda fiquei 21 dias no Chile; não fui para a embaixada direto, porque eu es-

---

* Líder do motim de 600 marinheiros ocorrido uma semana antes do golpe de 1964, José Anselmo dos Santos, conhecido como cabo Anselmo, integrou o MNR, fez treinamento militar em Cuba e voltou ao Brasil, no começo de 1971, como militante da VPR. Preso, passou a colaborar ativamente com a repressão, acarretando inúmeras prisões e mortes.

tava na rede do Partido Socialista. Falava-se em resistência, então eu estava na rede de resistência, esperando uma orientação. A única orientação que me veio foi a seguinte: todo estrangeiro tem que ir embora. Não dá para segurar aqui, não. Já bastamos nós.

Foi com 21 dias que eu entrei na embaixada do Panamá. E tanto é que eu fui para lá porque não tinha opção. As embaixadas grandes já estavam todas cercadas. Então os caras do partido fizeram um levantamento e me disseram: "A única que tem, que dá para entrar, é a do Panamá, você demorou muito; e, assim mesmo, a do Panamá está vigiada, vamos ter que armar um esquema para você entrar." O esquema foi simples: de ônibus, desci, já tinha uns caras, só para ter certeza de que eu entrei. A Tereza quis ir comigo, barriguda, esperando o Carlos Eduardo. Ela barriguda, mas quis ir. Falei: "Bom, eu desço um ponto antes e vocês descem um ponto depois." Foi ela e um cara do Partido. Então desci, fui caminhando, caminhando, quando cheguei quase em frente ao portão da embaixada, *chuip*! Os caras me agarraram, já dentro do jardim. O pessoal que estava dentro quebrou janela, fez o maior escândalo para os caras me largarem. Eu saí na porrada com eles, rasgaram camisa, o caramba.

Fiquei quase um mês dentro daquela embaixada. Foi juntando gente, até que nos dessem o salvo-conduto. Nos revezávamos para dormir, e a preferência era para mulheres, crianças e os mais velhos. Os mais jovens quase não dormiam. Tínhamos hora para sentar nas cadeiras, fazíamos revezamento até para isso. Imagine comida, essas coisas... Era a maior dificuldade. Depois fomos transferidos para a casa do Theotonio dos Santos. Ele tinha um casão e conseguiu convencer o embaixador a mudar a embaixada para lá. Aí nós ficamos mais folgados. Até que recebemos o salvo-conduto, e nos embarcaram no avião do governo panamenho.

Chegando ao Panamá foi uma festa, fomos recebidos pelo velho Omar Torrijos,* chapelão-panamá, dois revólveres na cinta. E, no fim, tirou um maço de notas e deu cem dólares para cada um: "Isso é para vocês começarem aqui." Mas o período no Panamá foi curto. Praticamente só esperei a Tereza dar à luz; nasceu o Carlos Eduardo, quando ele tinha 40 dias, fui

---

* Omar Efraín Torrijos Herrera era considerado Líder Máximo da Revolução Panamenha, sem nunca ter sido eleito presidente da República.

para a Bélgica. Também por acaso, porque foi a única embaixada que deu visto. Encontrei o Marco Moro, que era da ALN e meu compadre numa época, e ele falou: "Zé, os caras estão dizendo que o cônsul da Bélgica cobra cem dólares para botar um carimbo." "Mas eu não quero ir para a Bélgica", reagi. "Não, Zé, eu também não, é uma merda de país, mas valoriza o passaporte." Ah, bom, então vale a pena gastar cem dólares. Porque valoriza, você chegar lá e falar: já tenho esse, quero ir para a Itália, quero ir para Paris. Já valoriza essa porcaria de passaporte de refugiado que nós temos. Então combinei, eu e ele demos cenzinho para o cônsul carimbar o passaporte. Foi o único que nós conseguimos. Eu e o Marco fomos para a Bélgica; não conseguimos visto de entrada em nenhum outro país.

SILVIO: *Como foram os dez anos passados na Europa?*

IBRAHIN: Com um mês de Europa, eu ainda não sabia falar francês. Comecei a trabalhar numa fábrica. Como sempre, os socialistas me perseguem. Quando cheguei na Bélgica com minha família, a Tereza e o menino de 40 dias, fiquei hospedado com um casal belga. Eles tinham uma recepção lá, de solidariedade ao pessoal que vinha do Chile. E esse pessoal fazia parte da rede socialista, do Partido Socialista. Foi a primeira hospedagem nossa na Bélgica. Eles eram metalúrgicos, na região industrial de Nivers, uma cidadezinha perto de Bruxelas. Sabiam que eu também era metalúrgico, então me arrumaram emprego na fábrica.

Comecei a trabalhar, mas fiquei pouco tempo, fiquei um ano trabalhando ali, querendo ir para Bruxelas porque o movimento estava lá, a maioria dos exilados estava lá. Então pedi as contas na fábrica e fui morar em Bruxelas, sem emprego. Chegando lá, fiquei vizinho do Vladimir e comecei a articular com a colônia a seguinte questão: as pessoas chegavam sem orientação nenhuma. Estava indo muita gente, do Chile, da Argentina, de El Salvador, da Nicarágua. Também, na época, havia a questão da Nicarágua. Voltava e ficava ao léu. E nós ficávamos sabendo que tal família estava passando a maior necessidade, um falava para o outro; íamos ver, e confirmávamos. E precisávamos ter uma organização nossa para acolher esse pessoal. Nego ia prestar depoimento na polícia belga, para ter refúgio, e falava bobagem, falava que participou de assalto, que participou de grupo armado. E eles: "Não, você é terrorista, você tem crime de sangue, você não tem direito ao refúgio" – essas besteiras assim. Então, tinha que orientar os caras, como se faz o depoimento, qual é o procedimento da polícia belga.

Enfim, para resumir, esse tipo de coisa foi iniciativa minha. O que existe até hoje em Bruxelas, que é a Casa Latino-Americana, eu fui fundador e o primeiro presidente. E fiquei presidente até o dia de vir embora. Tínhamos a rede para buscar emprego para as pessoas. Quem quisesse estudar, tínhamos como encaminhar para as diversas universidades, os esquemas de conseguir as bolsas, conhecíamos tudo. Éramos apoiados pelo governo belga, pela Igreja, pela ONU, todos esses apoios.

Fora isso, eu participava da articulação de comitês de anistia na Europa toda, como um dos organizadores. Fiz muitas conferências em vários países, promovidas pelos comitês de anistia, muitas vezes para público local mesmo. Os da Alemanha, de Colônia, por exemplo, eram todos alemães, faziam parte do Comitê de Anistia, de apoio à anistia no Brasil. E, fora isso, tínhamos um grupo que chamávamos de Oposição Sindical no Exílio, que era eu, Ferreirinha, que faleceu agora há pouco tempo, o Frati, o Deleres, do Comando Geral dos Trabalhadores, que foi presidente do Sindicato dos Metalúrgicos de São Paulo até o golpe, o Manoel da Conceição, o Zé Barbosa, que estava na Suíça. Então, montamos esse comitê de oposição sindical no exterior, para apoiar a luta sindical aqui no Brasil e até levantar fundos. Juntamos bastante dinheiro para mandar para cá, no período.

Silvio: *E a pena do banimento?*

Ibrahin: Eles desencavaram essa figura, que era da época do Império. A República baniu a família real, e em 1969 a ditadura pega essa figura jurídica criada no Império e reinventa o banimento. É uma pena pesada, porque você se considera um morto civil, é a pior coisa. Passei por vários países, não tinha como me identificar, não tinha documento. Só na Bélgica fui ter um passaporte de refugiado das Nações Unidas. Mas, por exemplo, quando nasceu meu filho, eu fiz uma consulta. Eu não podia registrar meu filho na embaixada. A mãe dele era refugiada política, o pai também, mas ele nasceu dessa união e não podia... Você não existe juridicamente no Brasil, você é considerado um morto civil. Tolhe muito. E logicamente não podíamos utilizar o serviço diplomático do Brasil, pois éramos banidos. Tanto é que, quando caiu o banimento, não pensei duas vezes: eu volto, já não sou mais banido, eu volto. Por isso topei logo de cara voltar, mesmo correndo risco.

SILVIO: *E como foi seu contato com o Brasil no exílio?*

IBRAHIN: Eu sempre tive alguma correspondência com minha mãe. Ela mandava as cartas para a Suíça. Tinha uns simpatizantes da VPR em Berna, então esse pessoal recebia as cartas de minha mãe e mandava para mim em Cuba. Porque daqui para Cuba não tinha jeito, o Brasil não tinha relações com Cuba, não tinha como você botar no correio uma carta para lá. Então tinha que fazer o tripé, você mandava para a Suíça, e da Suíça eles mandavam para Havana. Tem até uma passagem engraçada, porque o Olaf, que era meu comissário político do Partido Comunista Cubano, da G2, da inteligência, ele é quem me entregava as cartas. Ele me entregou uma carta e eu falei: "Mas isso não é uma xerox?" "Não, leia." Minha mãe dizia nessa carta que rezava toda noite por Fidel Castro, esse homem bom que cuidava bem de mim, não sei o quê. Ele falou assim: "Eu mostrei para o Comandante, ele quis ficar com a carta, mandou dar uma cópia para você; ele ficou lendo a carta, gostou muito."

Então, eu tinha pouco contato quando estava em Cuba. Depois, no Chile, aí sim, vinha até gente de Osasco visitar. Veio gente da militância clandestina, era fácil pegar o ônibus, atravessar a cordilheira e chegar a Santiago. Tive muito contato. E depois, na Europa, com mais facilidade ainda, eu tinha uma relação direta aqui com as coisas que estavam acontecendo. Tanto é que voltei antes da anistia. Eu não esperei a anistia. Quando caiu o banimento, nada me impedia de voltar, para ser preso, para responder pelos processos. Não tinha anistia ainda. Mas eu voltei como "boi de piranha". Por quê? Porque eu tinha contato aqui com o movimento de anistia, e meu advogado – o Edival Piveta, grande advogado de presos políticos, um homem de muita coragem – me aconselhou: "Olha, velho, eu, se fosse você, voltava; você vai ser preso, mas o movimento te garante." Tanto é que cheguei e fui preso. Fiquei o dia todo no interrogatório, no próprio aeroporto, mas preso; só me liberaram à noite. Aquele povo todo lá fora esperando, eu cheguei seis e pouco da manhã e só fui sair, sei lá, oito e meia, nove horas da noite.

Silvio: *O que eles perguntaram?*

Ibrahin: Principalmente quais eram meus planos. Eles tinham muita curiosidade de saber: o que esse cara veio fazer? Saiu daqui jovenzinho, dez anos fora, o que ele pensa? Então botaram gente muito especialista para conversar comigo. Perguntas inteligentes. Porque na verdade eu saquei logo o lance deles: eles queriam saber o que eu tinha na cabeça. Tenho até um relatório que eles fizeram desse interrogatório. Eles botaram um cara que devia ser, sei lá, psicólogo, uma coisa assim, do Exército, que me incomodava. Porque o cara não me perguntava nada, só ficava com a caneta na mão, entendeu? Eu pensava: mas o que esse cara está fazendo se ele não é o interrogador? Me incomodava a presença dele. Eles queriam saber qual era a minha proposta. Eu falei de central sindical: "Esse país é atrasado, não tem central sindical, nós ficamos com essa CLT aqui, sindicalismo corporativista, nós precisamos ter central sindical. Eu venho com uma proposta de construir um partido dos trabalhadores" – eu usei a palavra partido dos trabalhadores, Partido dos Trabalhadores Socialistas – "eu me proponho, vou entrar nessa empreitada e fazer o partido."

Me perguntaram muito se eu conhecia o Lula. O Lula nesse momento estava surgindo, estava se firmando como liderança no movimento sindical. Eu disse: "Conheço só de nome, só pelas revistas, pelos jornais." Perguntaram: "Você vai se juntar a ele?" Respondi: "Não, ele é outra safra, eu vou me juntar à safra antiga, essa safra aí eu vou ver primeiro qual é a deles." Então, eles queriam saber muito que bagagem eu estava trazendo. E falei: "Gostei muito de conhecer a socialdemocracia européia e acho que tem algumas coisas que podemos aproveitar aqui." E foi assim o dia todo, só pergunta inteligente, para saber o que eu tinha aprendido e com que cabeça estava voltando.

Silvio: *Qual era seu projeto político naquele momento?*

Ibrahin: Primeiro foi o discurso que fiz em cima de uma caminhonete, ao sair do aeroporto. Falei que não tinha voltado para criar galinha no fundo do quintal, que eu ia voltar à atividade sindical, à atividade de massa, de organizar o povo para construir aquele que era o nosso sonho: a construção do socialismo. E, de fato, eu voltei para a minha cidade, voltei para Osasco, aluguei uma casa, não parei um minuto, retomando meus contatos. E acho que, depois de uns dois meses, surgiu uma oportunidade de conhecer o Lula. Primeiro fui a São Bernardo, depois ele veio a Osasco. Nós fizemos um ato pela anistia. Eu voltei em maio, a anistia, se não me engano, foi em agosto. Então nós fizemos um ato pela anistia em São Bernardo e outro em Osasco, no dia seguinte. Num sábado foi em São Bernardo, no domingo em Osasco. Foram os dois momentos iniciais em que eu me encontrei com o Lula. E depois ele me convidou para a empreitada do PT.

Achei que podia ser, dentro dessa idéia de renovação do movimento sindical, construir central sindical, que é uma coisa que já há séculos existia na Europa e no Brasil nunca teve, era proibido. Só confederação, federação, essas coisas assim. Um esquema verticalista. Então eu estou na origem da organização da CUT e de um partido. Sempre briguei dentro do PT para defender o caráter socialista, programático do PT, coisa que para o Lula era inglês, era grego, ele não sabia nada disso. Eu era quem defendia essa questão lá no partido. Ele era o presidente, e eu, o secretário-geral, no núcleo fundador do PT. E até eu sair, em 1985, eu era membro da Executiva Nacional.

SILVIO: *Por que razão você saiu do PT?*

IBRAHIN: Eu divergia fundamentalmente do grupo que chamávamos de Grupo de São Bernardo, depois virou Articulação, hoje é o Campo Majoritário. Eu divergia do partido institucional, partido que, pouco a pouco, na minha opinião, foi-se desviando dos rumos. Era um partido, na origem, baseado nos núcleos, organizações locais. Fazíamos plenária dos núcleos, coisa viva, militância. Então o partido entrou numa de institucional. Quer dizer, quem mandava era o diretório, umas convenções, seguindo as regras da legislação partidária. E os núcleos foram sendo desativados. E onde o PT era vivo, que modéstia à parte era onde eu comandava, eles começaram a fazer intervenção. Já estava o espírito stalinista tomando conta. Até que teve uma convenção em Osasco, no final de 84. E o pessoal da Articulação jogou muito peso em cima do Silvinho [Silvio Pereira], do João Paulo [Cunha], do [Rogério] Buratti, para concorrer, para disputar com a minha chapa. E, logicamente, ganhamos de lavada. Então eles decretaram intervenção no diretório de Osasco, dissolveram o diretório, não reconheceram.

Para mim aquilo foi a gota-d'água. Então saí. Já tinha muita divergência política com a Articulação dos 113.* Eu me articulava com a DS, com um pessoal que tinha uma formação mais de esquerda. Disputei a Direção Nacional com chapa própria duas vezes. Nas duas, perdemos, mas tivemos lá 30, 35% da convenção. Eu encabecei duas vezes chapa contra o Lula, Zé Dirceu, esse grupo. Então vem aquele negócio, as queimações, isolamento. Até se evitava fazer certas reuniões da direção, porque eram obrigados a me convidar. Faziam a coisa paralela, manobra de cúpula. E eu acabei saindo. Demorou até, viu, eu devia ter saído antes.

SILVIO: *Como você encara hoje a experiência da luta armada no Brasil dos anos 60?*

IBRAHIN: Olha, é fácil falar hoje, mas eu acho que foi um grande equívoco. Foi uma experiência, mas uma experiência que custou muito caro. Muita gente foi para o sacrifício, principalmente os jovens. Mas eu acho que foi uma coisa da época mesmo. Nós tínhamos a Revolução Cubana, tivemos a radicalização de massa na Europa, teve o congresso da Olas,** tinha a figura heróica e mágica do Che, que nos inspirava muito. Então, foi uma coisa de época, um monte de gente, um contingente enorme de quadros abraçou essa idéia. Agora, era um equívoco, não tinha como essa história vingar no Brasil, num país como o Brasil. Não vou dizer na América Latina, são experiências variadas, mas no nosso caso foi realmente um sonho. E a realidade mostrou que esse sonho não tinha viabilidade. Portanto, eu digo que foi uma experiência que nós vivemos, que a esquerda brasileira viveu, que marca essa esquerda. Agora, foi um sacrifício em vão. Logicamente você pode avaliar que isso aí jogou um papel importante na luta contra a ditadura. Tudo isso eu entendo, eu sei, é válido. Agora, foi um tremendo sacrifício.

---

* Tendência majoritária dentro do PT, a Articulação, também conhecida como Campo Majoritário, surgiu em 1983, com o lançamento do Manifesto dos 113.

** A Organização Latino-Americana de Solidariedade (Olas) foi criada em Cuba como instrumento de articulação continental dos grupos revolucionários atuantes nos diversos países da região. A I Conferência da Olas reuniu-se em Havana, em agosto de 1967.

Eu sou um sobrevivente, mas poderia ter ficado no meio do caminho também, como tantos ficaram. Por uma série de razões, estou aqui. Mas meu empenho, a forma como entrei nisso aí, era para eu ter morrido, como muita gente. E, todo mundo sabia, nós estávamos entregando a vida para essa causa. Podíamos morrer, como podíamos não morrer; ser preso ou não ser preso. No caso, eu fui preso e não morri. Tem muita gente que nem foi presa, mas morreu em tiroteio. Outros foram presos e mortos na tortura. Era isso. Agora, todos estávamos dispostos a isso, por isso é que eu digo que foi um sacrifício.

SILVIO: *E como você avalia hoje o seqüestro do embaixador americano?*

IBRAHIN: Sem dúvida, no mundo inteiro, foi a ação revolucionária mais empolgante, porque foi de grande envergadura e de sucesso, coisa que o movimento político até então não tinha tido. Com todos os erros, até de logística, várias coisas que mostravam o tipo de experiência de guerrilha urbana que se tinha, muito furo. Aquilo podia ter caído facilmente. Mas a ação em si, como ação revolucionária, foi um espetáculo. E foi um golpe muito forte em cima da ditadura, balançou. Não é que fosse cair, a ação não foi para derrubar a ditadura, foi para libertar, fazer uma ação política espetacular que teve repercussão no mundo inteiro. E a troca dos presos políticos – aliás, se eles pedissem 50, saíam 50. Pediram 15, saíram 15. Mas podiam pedir 50. Eles não imaginavam que o compromisso dos milicos com os americanos era tão forte assim, que, se pedissem para esvaziar duas, três cadeias, dois, três presídios Tiradentes, esvaziavam. Era muito importante eles preservarem a vida do embaixador. Então eu acho que, como ação, aquela foi única. Houve vários seqüestros depois, mas não como esse; esse foi de peso.

SILVIO: *Qual foi a sua atividade política nos últimos 20 anos?*

IBRAHIN: Eu me dediquei esse tempo todo à questão do movimento sindical. Ajudei a construir a CUT. Quando comecei a fazer as críticas de que o PT aparelhava a CUT, de que a CUT estava virando o braço sindical do PT, eu discordava do nome CUT – Central Única. Pode ser Central Unitária, esse U pode ser "unitária", mas não "única", porque o movimento operário e sindical tem outras correntes. E então comecei a discutir com os outros setores sindicais, fora da CUT, que era necessário construir outra central, que veio a ser a Força Sindical. O [Luiz Antônio de] Medeiros encampou a idéia, ele era presidente do Sindicato dos Metalúrgicos, o maior do país. Mas eu dizia: cabe outra organização. O movimento sindical não tem um pensamento único. Aliás, é necessário outra, para democratizar esse troço. Então eu me dediquei à atuação sindical. E à atuação política partidária, durante um bom tempo, no PT.

Quando saí do PT, em 85, uma pessoa falou com o Brizola: "Olha, o Ibrahin está rompendo com o PT." E o Brizola: "Ah, por onde anda esse menino?" O Brizola, governador na época, mandou me chamar. E eu tinha uma história antiga com ele, porque quando ele saía do Uruguai e ia para a Europa, quando passava pela Bélgica, se hospedava na minha casa; nós tínhamos uma amizade pessoal. Eu tinha ido visitá-lo em Portugal, quando ele estava em Lisboa. Ele mandou me chamar, fui jantar na casa dele. "Olha, nós vamos entrar nessa empreitada da eleição presidencial de 89" – estou falando já final de 85 e começo de 86 – "e eu queria convidar você para participar dessa empreitada junto conosco." Topei, trabalhei com o Brizola até a eleição de 89, do Collor. Fiquei mais um tempinho no PDT e depois saí. Foi meu último partido. Quando as coisas aqui em São Paulo não estavam indo bem, veio o Chico Rossi para assumir o partido, e eu fui contra. Então saí do PDT. E continuei no movimento sindical.

Silvio: *Como você avalia o Brasil dos últimos dez anos?*

Ibrahin: Acho que estamos vivendo um período de consolidação da democracia no país. Os últimos dez anos têm sido de uma riqueza enorme. As instituições vão-se aprimorando neste país, até o povo; eu acho que o povo está aprendendo. Acho que, por exemplo, a mídia no Brasil tem jogado um papel enorme no sentido de massificar a informação. Estamos avançando. É triste esse quadro agora, principalmente porque a vitória do PT nas eleições trazia muita esperança de mudanças. Eu sempre digo: não votei em Lula nessas eleições, mas desde o começo torci muito para dar certo, porque eu achava que íamos passar por uma experiência importante de governo no nível nacional. Então, é muito triste tudo isso que está acontecendo.

Mas, de qualquer forma, acho que é um tremendo aprendizado também. Acho que o Brasil não vai ser a mesma coisa, o PT não vai ser a mesma coisa. Essa história de que o PT acabou, isso é bobagem. Quem fala isso talvez queira que o PT acabe, mas isso não é querer, entendeu? Eu acho que o PT vai se revigorar. Na minha opinião vai demorar, vai ser também um processo doloroso, essa experiência amarga que o PT está atravessando. Agora, o PT é um partido que tem muito vigor, tem base de massa. E por mais emputecida que esteja a militância, esse negócio passa, vai dar a volta por cima e vai viver um outro momento. Isso leva tempo, não é de uma hora para outra que essa digestão acontece, vai ser um troço difícil de digerir, mas vai ser digerido, na minha opinião. Acho que o PT é um partido que nasceu, cresceu e veio para ficar. Está levando porrada agora, merecidamente na minha opinião, mas vai aprender. É assim que a gente aprende, é apanhando, não é isso? E o PT precisava dessa surra, para largar um pouco aquela pose das vestais – todo mundo é ruim, só nós é que somos os bons. A realidade está mostrando que não é bem assim.

RICARDO ZARATTINI

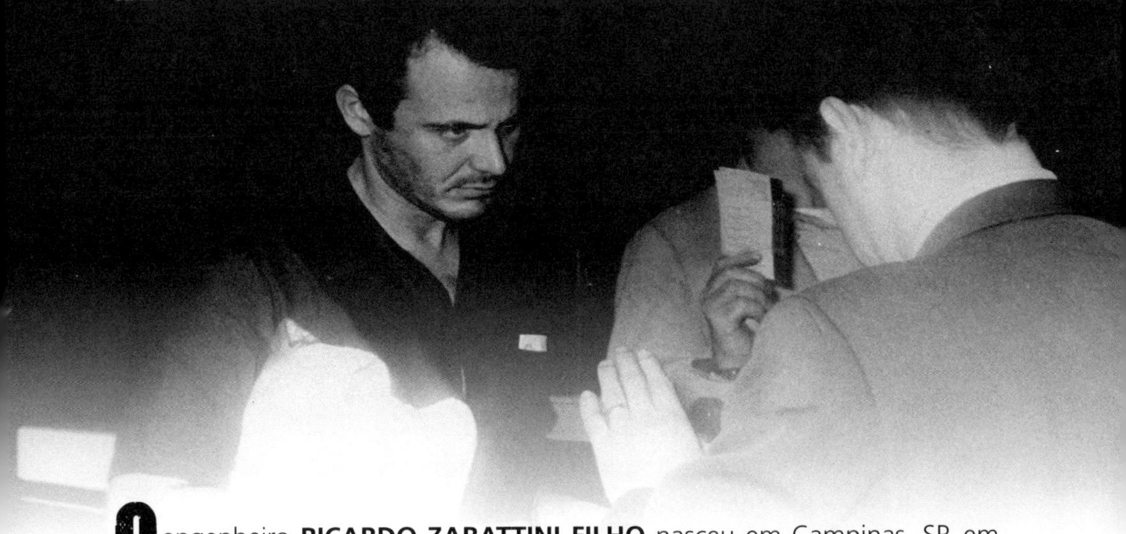

O engenheiro **RICARDO ZARATTINI FILHO** nasceu em Campinas, SP, em 1935. Foi presidente da União Estadual dos Estudantes de São Paulo. Em 1962, trabalhando como engenheiro na Cosipa, filiou-se ao Sindicato dos Metalúrgicos da Baixada Santista e atuou nas lutas e greves dos trabalhadores pela conquista do 13º salário. Após o golpe militar, atuou na reorganização do movimento canavieiro no Nordeste e foi preso três dias antes da decretação do AI-5, em dezembro de 1968. Cinco meses depois, conseguiu fugir e foi preso novamente em São Paulo pela Operação Bandeirantes. Libertado em troca do embaixador Elbrick, seguiu para o México e daí para Cuba, onde viveu quase dois anos. Depois de viajar pela Coréia do Norte, China, URSS, Itália e França, fixou-se no Chile em 1971. Com a queda do governo Allende, voltou ao Brasil clandestinamente em 1974. Foi preso mais uma vez em 31 de maio de 1978 e libertado pela anistia, em 1979, sendo o primeiro brasileiro a ter o banimento revogado. No início dos anos 1980, Zarattini participou da Conferência Nacional das Classes Trabalhadoras e das greves do ABC paulista. Trabalhou como assessor na Assembléia Nacional Constituinte e foi candidato à Câmara dos Deputados em 2002, ficando na suplência. Trabalhou na Casa Civil durante 13 meses. No início de 2004, passou a exercer o mandato de deputado federal e continua a ser militante do PT.

Entrevista em São Paulo, 19 de setembro de 2005

SILVIO: *Sua vida política começou no movimento estudantil?*

ZARATTINI: Sim, no movimento estudantil secundarista, quando eu estudava no Colégio Estadual Culto à Ciência, em Campinas, no interior do estado de São Paulo. E a formação política mais importante foi a que adquiri durante a campanha "O Petróleo é Nosso". Esse foi, vamos dizer, meu início, sob forte influência de um professor de inglês que, em vez de dar aulas de inglês, dava aulas de nacionalismo e era particularmente muito interessado naquela campanha, que resultou na criação da Petrobras. E também sob a influência de um sindicalista, presidente do Sindicato dos Enfermeiros de Campinas e, por coincidência, vizinho meu de bairro. E então tive meu batismo de fogo, quando fizemos um grande ato, no Teatro Municipal, em defesa do monopólio estatal do petróleo. Nessa ocasião fomos todos presos, as principais lideranças: o professor, outras pessoas e eu. Todos presos; foi meu batismo, minha primeira prisão.

SILVIO: *Uma prisão política, na adolescência?*

ZARATTINI: Mais ou menos, eu tinha 15 para 16 anos de idade. Foi um choque para meus pais, porque eu não chegava em casa, até que meu pai me localizou, já tarde da madrugada, cinco horas da manhã.

SILVIO: *E depois, na universidade?*

ZARATTINI: Depois, na universidade, tive uma militância muito ativa. Vim para São Paulo, estudar na Escola Politécnica. Fui diretor do centro acadêmico, chamado Grêmio Politécnico, e participei ativamente da União Estadual dos Estudantes, dos vários congressos da União Nacional dos Estudantes. Não existia eleição direta, eram dois delegados por grêmio. Eu praticamente fui a todos os congressos da UNE. Nunca me candidatei; só exerci a presidência da UEE, aqui em São Paulo, mas não a UNE, nacional, porque me casei muito prematuramente, com 23 anos de idade, quando ainda estudava na Escola Politécnica, antes de me formar.

SILVIO: *E quando começou sua militância partidária?*

ZARATTINI: Começou por influência do Vitório Chinaglia, membro da direção do antigo Partidão, do PCB. Naquela época havia um partido único, coisa meio difícil de o pessoal entender hoje em dia. Praticamente havia só a intelectualidade, algumas facções trotskistas. Evidentemente, o partido naquela época era ilegal, clandestino. Tinha uma repressão muito grande, depois da cassação de seu registro em 1947. E eu, a bem da verdade, sabia o que era o partido, mas não participava das reuniões do Comitê Municipal, clandestino. No movimento universitário daquela época tinha o chamado "grupão", que unia o pessoal do PCB, da JUC – a JUC foi a predecessora da Ação Popular. Então, a gente trabalhava muito com esse "grupão". A militância foi muito intensa; eu participei de muitas atividades, não só dentro do grêmio da Poli e da UEE, mas também no nível nacional, na UNE. Foi no nosso tempo a reconquista da UNE dos chamados ministerialistas. A UNE praticamente estava nas mãos do pessoal que era mais ligado ao Ministério da Educação. E nós vencemos uma eleição, eu me lembro bem – foi, aliás, a primeira de que eu participei, na gestão do João Batista, que hoje é um grande advogado no Rio de Janeiro. Ele conseguiu trazer a UNE para a esquerda, e até hoje ela está na mão da esquerda.

Silvio: *Qual foi o significado do golpe de 64?*

Zarattini: O golpe de 64 foi uma coisa muito cruel. Ele resultou dessa coisa histórica que existe no Brasil, uma luta de classes muito acirrada. O pessoal divulga aqui no Brasil a tese do Sérgio Buarque de Hollanda, do "homem cordial". Não tem nada de cordial. É de uma violência brutal a luta de classes no país. E em 1964 havia uma mobilização dos trabalhadores, da opinião pública progressista. Nós tínhamos desenvolvido uma intensa luta por um projeto nacional, que vinha pouco a pouco ficando mais nítida. Então, cada vez mais havia, eu não diria uma hegemonia dos trabalhadores nesse processo, dos assalariados, dos camponeses, mas uma presença muito forte. E no Brasil, sempre que vão tendo uma presença maior os trabalhadores, os assalariados, os setores progressistas, os setores que defendem o projeto de uma nação independente, as forças mais reacionárias promovem uma tentativa de impedir isso. E naquele momento eles conseguiram, graças a um cenário internacional diferente do de hoje – um mundo bipolarizado, em que a Guerra Fria era uma presença –, com base no anticomunismo e em uma série de outros fatos, eles conseguiram dar o golpe de 64.

No golpe de 64, mais de 400 sindicatos sofreram intervenção. Uma intervenção brutal, não só nas áreas urbanas, mas também nas áreas rurais. Em Pernambuco, eu presenciei, havia 27 sindicatos rurais que sofreram intervenção. E um desses sindicalistas, um camponês que nem era do Partido Comunista, nem mesmo tinha influência de esquerda, mas era um camponês que fazia as lutas pela diária, pelos direitos mais elementares dos assalariados da zona canavieira, foi destituído e acusado de comunista. Você sabe que a religiosidade do povo brasileiro é muito grande, muito avessa à idéia de ser ateu. E os militares passaram a interrogá-lo: "Comunista safado, ateu!" Ele se suicidou pela vergonha de ter sido chamado de comunista. São fatos que demonstram o quanto foi brutal o golpe de 64.

Silvio: *E na sua vida pessoal, qual foi o impacto do golpe?*

Zarattini: Foi muito grande. Eu já havia me formado, estava trabalhando como engenheiro e tinha minha atividade política. Já tinha dois filhos menores. E tive que me separar deles e da minha primeira mulher, porque a partir de 1966 fui para a clandestinidade.

Silvio: *Como se desenvolveu sua vida, a partir de 66, como militante profissional?*

Zarattini: Achávamos que deveríamos desenvolver a guerrilha rural no país, uma tese que posteriormente nós vimos que era bastante equivocada. Houve várias tentativas de estabelecimento de focos guerrilheiros, mas achávamos que deveríamos, no Brasil, também promover o cerco da cidade pelo campo, através da luta guerrilheira. E que o melhor local para iniciar essa luta guerrilheira era exatamente onde as massas camponesas tinham desenvolvido um trabalho muito importante, no Nordeste. Ali havia um sindicalismo rural que na época do Miguel Arraes teve um verdadeiro *boom*. Eu participei disso, porque fui trabalhar no Nordeste como engenheiro, antes do golpe de 64, instalar silos. Eu trabalhava para uma empresa aqui de São Paulo, e me envolvi desde aquela época com isso, porque tinha muitos contatos lá, oriundos do movimento estudantil, de contatos partidários.

Tínhamos a idéia de que poderíamos fazer uma guerra popular, o cerco da cidade pelo campo, que o Nordeste era o campo e o Sul a cidade – um equívoco. Mas conseguimos reanimar, reativar, porque achávamos que precisávamos ter uma base popular para essa luta armada. E conseguimos reativar o movimento canavieiro. Nós eclodimos lá as primeiras greves desde 64. Na historiografia da revolução brasileira, geralmente são colocadas mais as greves de Contagem e Osasco, mas ali nós tivemos várias greves, em vários engenhos. E isso os reacionários, os senhores de engenho e os usineiros: "De onde vem isso, se nós exterminamos, se nós temos intervenção em todos os sindicatos rurais, de trabalhadores rurais, de onde nascem?" Eles procuraram, fizeram investigações, prenderam vários camponeses. Ao fim lograram nos prender, em 68. A minha prisão se deu três dias antes do AI-5, em 10 de dezembro de 1968 – minha e de mais 14 camponeses que foram presos ali, no meu processo. E fiquei preso em Recife até 9 de abril de 1969.

Silvio: *Você também acompanhava uma luta interna que se desenvolvia nas esquerdas aqui no Centro-Sul?*

Zarattini: Tínhamos muito contato aqui, vínhamos para cá, discutíamos muito, e também ia muita gente para lá. Por exemplo: o

Arantes,* que foi um presidente da UNE clandestina, foi várias vezes se encontrar conosco. Como tínhamos contato muito grande com o grupo dos sargentos, com o Onofre Pinto, um companheiro que antes de ser preso viu todo esse trabalho que nós fizemos no Nordeste. E vínhamos aqui a São Paulo para reuniões, contatos e tal. Não era bem uma luta interna, era uma luta já de resistência à ditadura. Tivemos um encontro com o Câmara Ferreira e o Lamarca. E o Lamarca estava inteiramente decidido a deixar o Exército, apesar de haver uma opinião quase unânime ali, principalmente minha e do Toledo – o Câmara Ferreira – de que não, ao contrário, ele deveria permanecer dentro das Forças Armadas, prosseguir o trabalho e ampliar seu nível de relacionamento.

Silvio: *Como foi seu contato com Carlos Marighella?*

Zarattini: Aqui em São Paulo eu não tinha contato direto com ele; meus contatos sempre eram com o Toledo. Antes disso eu tive contato com o Marighella, porque fui preso em 10 de dezembro de 1968 e em 9 de abril de 1969 fugi do quartel em Recife – hoje eu posso dizer isso: quem me abrigou depois da fuga foi dom Hélder, por intermédio das Irmãs Dorotéia. Fiquei num convento com as irmãs durante quase um mês. E então, através dos contatos que tínhamos, o Toledo me retirou de Recife, eu vim aqui para São Paulo e tive uma reunião com o Marighella. Ele insistiu muito para que eu saísse do país: "Você aqui dentro vai ser preso de novo, isso é mais ou menos inevitável." Mas eu insisti muito que deveria ficar, e fiquei.

O Marighella tinha o projeto de estabelecer uma guerrilha no Bico do Papagaio, norte de Goiás. Ele tinha muitas restrições ao foco guerrilheiro, era mais favorável à guerra de movimento, tinha uma visão muito distinta da cubana. Eu soube depois que era bastante correta a visão do Marighella sobre as conseqüências do seqüestro do embaixador americano – um aumento muito grande da repressão. Eu acho que o erro de Marighella foi não ter aplicado essas regras a ele: a maior liderança que nós tivemos na

---

* O líder estudantil José Roberto Arantes foi vice-presidente da UNE. Participou de treinamento militar em Cuba. Voltou ao Brasil como membro do Molipo e foi morto pela repressão em São Paulo, no dia 5 de novembro de 1971.

luta de resistência à ditadura tinha que ser muito mais preservada. Hoje eu tenho essa visão, naquela época, não, cometi erros piores. Não estou, em absoluto, fazendo uma crítica pessoal a ele, mas ele não podia ter pontos diretos com militantes de base, rompendo toda uma cadeia que deve separar direção e base de uma organização política. E aquele encontro com os padres realmente levou à perda do Marighella.

SILVIO: *Na época, qual era a sua compreensão sobre a luta armada no Brasil?*

ZARATTINI: Minha compreensão, naquele momento, já era a de que deveríamos fazer essa guerra popular. A idéia não era um foco guerrilheiro. Mas, na prática, o trabalho de massas ainda estava muito tênue, muito devagar, não existia. A partir das primeiras greves no país é que houve uma retomada do movimento de massas.

Existe uma polêmica na interpretação da guerrilha do Araguaia, que foi a única que realmente chegou às vias de fato, de fazer uma resistência armada à ditadura: se ela estava isolada ou não do movimento de massa. Hoje tem uma historiografia oficial do PCdoB que diz que não. Mas existe, mesmo dentro do PCdoB, quem conteste essa visão e ache que, relativamente, os companheiros na resistência do Araguaia estavam isolados do movimento de massa, o que permitiu que um Curió* da vida, um torturador, conseguisse promover o cerco e aniquilamento da guerrilha.

SILVIO: *Como você soube do seqüestro do embaixador americano?*

ZARATTINI: Eu fui preso em São Paulo, fui para a Oban. Foi uma prisão terrível. Para ter idéia, nesses 17 dias eu emagreci de 12 a 15 quilos, porque

---

* Sebastião Rodrigues de Moura, mais conhecido como major Curió, foi um oficial do Exército que trabalhou no Serviço Nacional de Informações, sendo enviado à região do Araguaia com o codinome de Marco Antonio Luchini. Sua missão era fazer a coordenação local do setor de inteligência no combate à guerrilha que o PCdoB desenvolvia no leste do Pará. Em três campanhas, iniciadas em abril de 1972, dez mil soldados do Exército lutaram contra 63 combatentes, terminando por aniquilar a guerrilha em janeiro de 1975.

a Oban funcionava em três equipes, e, de oito em oito horas, interrogavam direto. Primeiro foi toda uma tortura muito dura para saber como eu fugi, quem me deu guarida. Eu não podia de forma nenhuma entregar dom Hélder, inventei uma história e tinha que repeti-la várias vezes. É muito difícil manter a mesma história. E tinha outro problema: no interregno entre a minha fuga e a nova prisão, a VPR tinha assaltado o cofre do Adhemar* e eles queriam porque queriam saber onde estavam aqueles recursos. Além disso, o Lamarca tinha fugido com as armas de Quintaúna. Depois de me torturarem muito aqui em São Paulo, resolveram me mandar para o Rio, para a PE da Tijuca.

O seqüestro me encontrou exatamente na PE da Tijuca, sob interrogatório muito intenso, para dizer onde é que estavam as armas do Lamarca e os dois milhões de dólares. Mas eles tinham especial interesse nos documentos do Costa e Silva que estavam no cofre do Adhemar, vários cheques. Ele era muito viciado em jogo, mulheres, o pessoal abonava os cheques e eles estavam muito interessados nisso também. E eu realmente não sabia onde estava isso. Foram difíceis aqueles dias na PE da Tijuca, mormente porque eles assassinaram um marinheiro que era meu vizinho de cela, um marinheiro do Movimento Armado Revolucionário – MAR.**

A última coisa que me fizeram, que eu achei estranhíssima, foi um interrogatório em que vieram três coronéis. Um deles me disse que não teria problema, que, se eu informasse isso a eles, colocariam fora do país eu e minha família. Porque quando fui preso aqui na Oban, em 26 de julho de 1969, eles me torturaram muito, disseram que iam torturar meus filhos. Foi um dos momentos mais difíceis para mim. Então, eles disse-

---

* Em junho de 1969, a VAR-Palmares fez sua mais rentável expropriação. Um simpatizante informou à organização a existência, na casa de sua família, no bairro de Santa Teresa, no Rio de Janeiro, de um cofre contendo grande quantidade de dólares que o ex-governador de São Paulo Adhemar de Barros havia deixado sob a guarda de uma amante. Simulando uma operação anticorrupção da Polícia Federal, um comando da VAR levou o cofre, que continha cerca de 2,5 milhões de dólares.

** Roberto Cietto era um preso comum que em maio de 1969 havia acompanhado oito ex-marinheiros e fuzileiros do MAR na fuga do presídio Lemos Brito, no Rio de Janeiro. Ao recuperar a liberdade, Cietto resolveu seguir com os militantes do MAR para um sítio em Angra dos Reis e incorporar-se à luta armada contra o regime. Voltou ao Rio para tratar uma úlcera. Preso no dia 4 de setembro, morreu na tortura.

ram: "Colocamos você no exterior, com sua família, damos passaporte." Achei aquilo estranhíssimo. Naquele momento eles me levaram para fora da sala de tortura, e pensei: tem alguma coisa errada. Porque foi um tratamento inteiramente fora da regra. Eles disseram: "Agora você vai comer um almoço aí, que nós queremos ver." Mas eu estava algemado, com as mãos para trás.

Veio esse bendito almoço, que era muito diferente do comum, me lembro até hoje, um peixe com molho de camarão. Mas eu estava algemado. Saiu todo mundo da sala, o almoço ali na minha frente, e eu algemado sem poder comer. Fiquei mais ou menos duas horas nisso, a comida esfriou e tal. Então eles entraram na sala, inopinadamente, me pegaram, me levaram, me botaram num camburão que nos levou ao Galeão. Foi o inusitado que aconteceu naquela manhã. O avião saiu à tarde, o Hércules. Quando me levaram para lá, no mesmo camburão estava o Flávio Tavares. Eu falei: "Flávio, o que é isso? Vão nos assassinar? Levaram uma refeição que eu não comi..." Eu estava já com a idéia daquela coisa do condenado à morte que come a última refeição. E ele falou: "Não, acho que tem coisa aí..." Ele ia me explicar, um cara interrompeu, tinha um guarda ali, não podíamos conversar, aquelas coisas. Então comecei a entender, lá no Galeão, o que tinha acontecido.

SILVIO: *Você já conhecia o Flávio?*

ZARATTINI: Flávio Tavares eu não conhecia, conheci no camburão indo para lá. Conhecia de nome, porque ele foi um jornalista muito conhecido, que atuava no Congresso.

SILVIO: *E como foram esses momentos que antecederam o embarque no avião?*

ZARATTINI: Olha, eu não sei, porque nesse momento eu não conversei com ninguém; só vi as pessoas ali e tal. E teve o momento da fotografia. Nós fomos algemados até o México. A viagem durou um tempo muito grande. Naquela fotografia só tem os 13, porque pegamos o Chuchu em Belém, eu acho. E o Gregório, não sei onde pegamos... em Recife, não é? A viagem demorou muitíssimo. E chegamos à Cidade do México, mas também não conversamos durante a viagem, só fui realmente conversar com o pessoal no México.

SILVIO: *Em que condições vocês foram embarcados?*

ZARATTINI: Eu fiquei algemado o tempo todo. E não tive permissão de urinar, só fui urinar na Cidade do México. Os policiais mexicanos entraram no avião e exigiram que, para a gente desembarcar, tirassem as algemas. Eu até me lembro bem do termo espanhol, que eu não conhecia, para algemas, que é *esposas*: "Tirem as *esposas*." Porque é proibido no México usar algemas, eu também não sabia disso. Eu sei que desembarcamos em condições muito repressivas. Acho que eles tinham a idéia de que podiam ainda localizar o embaixador e retornar com a gente, dentro de um plano de eliminação física de todos nós – houve, me parece, uma denúncia.

SILVIO: *Então você só soube do seqüestro quando já estava sendo transportado...*

ZARATTINI: Eu acho que eu soube mesmo no Galeão, porque no camburão o Flávio Tavares não pôde me falar. E nem aqueles oficiais que me ofereceram o almoço não comido. Não me falaram nada de seqüestro.

SILVIO: *E vocês também não podiam se comunicar...*

ZARATTINI: Não, não podíamos nos comunicar de forma nenhuma.

SILVIO: *E como você se sentiu durante esse longo vôo?*

ZARATTINI: Apesar de todas as dificuldades eu me sentia bem, porque ficávamos um ao lado do outro. Alguma coisa cochichamos: "Estamos indo para fora." Apreensivos, porque o vôo não terminava nunca. Mas ao

Zarattini, à frente de Agonalto, pisa em liberdade o solo mexicano. Na pista, Onofre Pinto e Rolando Frati, os primeiros a desembarcar do Hércules 56.

mesmo tempo, reconheço isso, eu estava com esperança de retornar à liberdade. Para mim há dois grandes bens na vida: a própria vida e a liberdade. Aliás, são as duas únicas coisas que realmente tenho, que acho que são fundamentais. Perder a liberdade é uma coisa péssima, mas não é o fim do mundo, o pior é perder a vida mesmo, aí você não faz mais nada.

SILVIO: *Como você se recorda daquele 7 de setembro de 1969, seu primeiro dia em liberdade no México?*

ZARATTINI: Tinha entrevista dia e noite, noite e dia. Sempre fui muito avesso a essas coisas. Havia uma série de repórteres, mas eu achava que muitos daqueles entrevistadores nossos não eram sequer jornalistas, se apresentavam como tal, mas eram pessoas interessadas em colher infor-

Zarattini, com Frati e Onofre, na pista do aeroporto da Cidade do México.

mações. Havia uma série de perguntas capciosas. Era uma coisa incessante ali, nos primeiros dias.

A polícia mexicana era muito brutal, responsável por vários tipos de repressão lá no México, como aquela ao movimento estudantil de Tlatelolco. Então eu sempre procurava me esquivar dessa coisa de entrevista, mas não conseguia. Geralmente havia um pessoal linha de frente, que dava mais entrevista, que era o pessoal estudantil, principalmente o Vladimir, o José Dirceu e tal. Pela própria movimentação estudantil, eles eram mais conhecidos por aqueles entrevistadores.

Silvio: *De quem você se aproximou mais no grupo de brasileiros?*

Zarattini: Bom, ali eu me aproximei de vários companheiros. Evidentemente, o Frati, já tínhamos um conhecimento aqui da área sindical. Eu tinha muito boa relação com o Frati e com o Agonalto. Tive também um bom relacionamento com o João Leonardo, que era de um GTA – Grupo Tático Armado – da ALN aqui de São Paulo. Eu não o conhecia antes, mas nós conversávamos muito. E também conversei com o Ibrahin.

Dos três companheiros estudantes, meu diálogo maior era com o Travassos. Nós fomos levados a uma praia lá em Miramar, e o Travassos era com quem eu conversava mais, por horas e horas. Não me lembro de ter papos mais prolongados, assim como eu tinha com o Travassos, nem com o Vladimir, nem com o José Dirceu. Também tinha papos com o João Leonardo, com o Frati, com o Onofre, que eu tinha conhecimento também, e com o Ivens. O Ivens era arquiteto, dávamos muitas risadas a propósito da guerrilha fracassada lá no Paraná.*

E conversava muito com o Gregório, porque nós tínhamos relação no movimento em Recife. Tanto é que ele, em seu livro de memórias, retrata essas conversas. O Gregório era radical, ele sempre se identificava com o radicalismo que existe no trabalhador rural brasileiro. Você hoje tem o MST, o MST tem uma visão radical, por quê? Porque procura solucionar a coisa com premência. Ele tinha isso. Em várias ocasiões, já no governo Arraes, quando ele era o principal dirigente do movimento sindical na área de Palmares, ele tinha uma atuação destoante da conciliação que o PCB sempre procurou fazer dentro do governo João Goulart e do governo Arraes, ele sempre era um pouco além. Por outro lado, Gregório sempre foi uma pessoa disciplinada em relação ao Partido, isso era uma coisa admirável. Quando chegamos a Cuba, ele falou: "Quero ir à União Soviética." E ele era ligado a essa realidade de forma umbilical. Não seria jamais um dissidente.

---

* Ivens Marchetti era militante da Dissidência Universitária do Rio de Janeiro, que tentou sem sucesso implantar um foco guerrilheiro no oeste do Paraná. Uma sucessão de prisões aniquilou a organização em julho de 1969.

SILVIO: *Como se deu a decisão de ir para Cuba?*

ZARATTINI: Ah! Isso foi uma polêmica muito grande, porque o Flávio Tavares não queria ir, como de fato não foi. Havia várias interrogações, se seria melhor irmos para Cuba ou para a Europa. Tínhamos aquela idéia da resistência armada. Havia a curiosidade evidente de conhecer a Revolução Cubana. Eu nunca tinha estado em Cuba antes, acho que ninguém ali tinha. Mas havia a idéia: lá nós vamos ter treinamento, vamos ter apoio... Então, isso forçava muito o encaminhamento para que fôssemos para Cuba. E a opinião contrária era pela Europa.

Me parece que havia também da parte de Vladimir certa resistência de ir a Cuba. E hoje eu acho que ir para a Europa teria sido mais correto, porque daria uma repercussão muito maior ao seqüestro. Mas uma maioria esmagadora resolveu ir para Cuba. Acho que só não foram para Cuba o Ricardinho e o Flávio. O Ricardinho, eu não me lembro dos motivos que o levaram. Parece que o argumento maior do Flávio é de que nós teríamos maior audiência junto à opinião pública mundial se tivéssemos ido para a Europa. E hoje acho que o Flávio tinha uma boa dose de razão.

SILVIO: *Isso hoje, mas na época...*

ZARATTINI: Na época, ao contrário. Na época eu queria ir para Cuba – vamos para lá, vamos treinar, de lá nós teremos maiores contatos com as nossas organizações. Porque a nossa idéia era chegar em Cuba, bater e voltar. Chegar lá, fazer o treinamento e voltar o mais rápido possível.

SILVIO: *Em Cuba havia certa convergência de propósitos políticos no grupo dos 13 brasileiros?*

ZARATTINI: Na minha opinião, ao contrário: em cada cabeça uma sentença. Ali cada um tinha uma idéia. Como até hoje, se você reunir nessa sala os remanescentes, só é um número menor de divergências porque já morreram seis. Então, é por causa disso, porque você vai ter as mesmas divergências: Zé Dirceu vê de uma forma, eu vejo de outra, o Vladimir vê de outra. Havia, claro, a coisa que nos unificava, de resistência à ditadura, de querer voltar. Isso nos unificava, mas cada um tinha uma opinião. O Gregório mesmo divergiu nesse ponto de vista de ir a Cuba. Ele falou: "Posso ir a Cuba, mas de lá eu vou para a União Soviética." Ele em nenhum momento foi favorável à tese "vamos para Cuba". Quem defendia mais essa tese era o pessoal comprometido com as organizações, com a luta, mais efetivo. João Leonardo defendia muito isso, eu defendia muito isso, havia vários que defendiam. Travassos também queria ir, era essa a idéia que se tinha.

SILVIO: *Que avaliações da luta armada no Brasil se faziam em Cuba?*

ZARATTINI: Fidel nos recebeu no aeroporto. Nos recebeu ele, nos recebeu o comandante Piñeiro, que era o chefe do Ministério do Interior, que tinha o relacionamento com todos os movimentos guerrilheiros. E naquela *charla* inicial, pelo que me recordo, o Fidel fez umas perguntas que eu falei: "Meu Deus do céu!" "Vocês não têm muitas matas no Brasil, muitas montanhas?" Era uma idéia exatamente de acordo com a cartilha do Régis Debray, do livro *Revolução na revolução*, do foco. A sociedade brasileira era muito mais complexa do que Cuba. Se você pudesse seccionar o Brasil, você diria que Cuba é o estado de Pernambuco, onde há uma área canavieira.

Zarattini e Onofre Pinto na série de visitas que o grupo de revolucionários brasileiros fez em Cuba, em outubro de 1969.

Silvio: *Em Cuba você teve condições de desenvolver uma reflexão...*

Zarattini: Lá eu estudei muito, estudei *O capital*, estudei várias obras, fizemos reflexão, fizemos um famoso documento: "Uma autocrítica necessária". Nós tínhamos muitas discussões, principalmente eu, Frati e Agonalto, discutimos noite e dia, dia e noite. Cheguei a imprimir um documento sobre a questão da resistência armada, uma reflexão que fiz lá. Consegui mimeografar esse documento, os cubanos ficaram malucos: "Isso é uma coisa clandestina, não podia ter feito..." Foi interessante esse período, de muita discussão. Enfim, fiquei em Cuba de outubro de 69 até junho de 71. Até eu sair de lá, noite e dia, só tinha uma coisa na cabeça: retornar imediatamente. E o primeiro problema era sair de Cuba. Nos esforçamos muito para poder sair. E saímos.

Silvio: *E como os cubanos encaravam essa reflexão autocrítica sobre a luta armada no Brasil?*

Zarattini: Inteiramente contrários. Houve lá o treinamento. E o defeito do treinamento é que ele coloca muito na cabeça da pessoa que ela tem uma força muito grande. É uma idéia de que tecnicamente você está bem treinado, então vá! E não é isso, às vezes você pode não ter o treinamento adequado, mas ter apoio social...

Os cubanos incentivaram muito a criação do Molipo, a dissidência que se fez na ALN. Nós tínhamos feito o treinamento no terceiro exército da ALN.* E no terceiro exército eu e Frati fizemos todo um trabalho para ver se o grupo não voltava ao Brasil, porque tínhamos notícias de que a situação estava bastante difícil e queríamos retardar essa volta. O Câmara Ferreira mandou uma carta colocando que eu é que deveria organizar o retorno do terceiro exército. Os cubanos simplesmente desconheceram essa orientação e passaram, depois de muito tempo, quando estávamos no Chile, a incentivar o Molipo.

---

* Os grupos de militantes da ALN que saíram do Brasil sucessivamente em 1967, 1968 e 1969 para realizar treinamento militar em Cuba ficaram conhecidos como primeiro, segundo e terceiro exércitos.

Da parte do Molipo houve divergências com a ALN, porque a ALN tinha uma visão de não ter trabalho de massa. Mas os cubanos não levaram em conta a orientação dessa carta do Toledo. Eu nunca cheguei a ver essa carta. Soube por intermédio de companheiros muito leais, que falaram: "Olha, nós sabemos que existiu essa orientação da parte do Toledo, do Câmara Ferreira, mas não estamos de acordo com ela." Os próprios companheiros disseram: "Nós queremos voltar imediatamente ao país." E a elaboração que eu e o Frati fazíamos é de que deveríamos retardar essa volta. Tanto é que havíamos conseguido, com as embaixadas de Guiné, Coréia e Vietnã, que esses vários companheiros do terceiro exército – que depois virou o Molipo – fossem visitar esses países antes de voltar ao Brasil. Infelizmente, não conseguimos. O Agonalto participou disso, em parte, e também sabe bem dessas histórias. Mas quem fez as negociações, principalmente com a embaixada do Vietnã, fui eu. Com a embaixada da Coréia fui eu e o Frati. E a da Guiné Bissau foi quase só o Frati.

SILVIO: *Então esses dois anos em Cuba não foram muito tranqüilos.*

ZARATTINI: Foi uma luta de concepções em torno do que fazer para a revolução brasileira, muito difícil. Como de resto, também no Chile, havia várias concepções: um querendo fazer isso, outro achando que não devia ser feito mais nada. E sempre foi uma efervescência de discussões, pelo menos no meu ponto de vista. Mas eu sempre entendi que isso era uma coisa normal, dada a complexidade do Brasil.

SILVIO: *Essas posições geraram a formação da Tendência Leninista da ALN?*

ZARATTINI: Depois que saímos de Cuba, fomos à Coréia, passamos na China e na Europa. Foi na Europa que fizemos esse documento da Tendência Leninista da ALN,* junto com o [José Luiz] Del Roio, com outros com-

* A Tendência Leninista foi um chamado à discussão interna na ALN, centrado na crítica ao militarismo e nas propostas de construção de um partido revolucionário e de retomada da luta de massa no Brasil. A primeira formalização dessa posição corresponde ao

panheiros, Frati... Depois fomos para o Chile, onde ficamos trabalhando dentro dessa visão, contatando companheiros aqui. Há vários documentos, informes do Ciex, o Centro de Informações do Exército, que fazem referência a todo esse trabalho nosso no Chile.

SILVIO: *Em resumo, que posição vocês defendiam?*

ZARATTINI: Achávamos que ainda deveria continuar a luta armada, mas que nós tínhamos que fazer a resistência armada, um trabalho de massas muito mais aprofundado. Aliás, o Molipo, por outra visão, também achava isso. Mas o Molipo, o Frati, eu e Del Roio praticamente nos separamos. Porque depois que os "molipos" resolveram voltar imediatamente, nós não tivemos mais contato com ninguém, não tivemos nenhuma relação, nada. E achávamos que deveríamos dar um tempo, porque a situação era de refluxo e não de avanço da luta armada, da resistência armada. Então essa foi a separação, a diáspora que houve entre nós. Mas eles tinham essa idéia também, de que deveria ser feito um trabalho de massa para suporte da luta armada. E nós achávamos que isso era inteiramente indispensável: é o que está no documento da Tendência Leninista.

SILVIO: *Como se dá a sua decisão de voltar ao Brasil em 74, ainda banido?*

ZARATTINI: Bom, a decisão de voltar ao Brasil tinha se dado desde o primeiro momento em que botamos os pés no México. Foi praticamente o único pensamento que tivemos durante toda a estada no México, em Cuba e na viagem à Europa. Depois da Europa viemos para o Chile, e foi onde nos preparamos mais para voltar ao Brasil, porque realmente era a coisa que nos aproximava, aqui, do país. Tanto é que depois do golpe no Chile nós estávamos preparados para voltar ao Brasil.

A maioria dos nossos companheiros, depois do golpe no Chile, voltou ou foi para a Europa, outros voltaram mesmo a Cuba, ou foram a vários

---

documento "Uma autocrítica necessária", escrito em Roma por Zarattini e distribuído a partir de agosto de 1971. A TL não pretendia criar uma dissidência, mas propunha um congresso da ALN para revisão do programa e da prática política da organização.

países. Mas nós, dia e noite, só pensávamos em voltar ao país. Tanto é que publicamos no Chile seis números de uma revista, *Unidade e luta*, editada em português, e participamos ativamente também de outra revista em português publicada em Paris, *O debate*, feita pelo João Quartim de Moraes e outros companheiros. Então, procuramos e mantivemos vários contatos no país, companheiros que tinham melhores condições viajavam ao Brasil e voltavam, companheiros daqui também iam para o Chile, e tínhamos um trabalho que garantia que nós seríamos suportados.

Tínhamos uma análise da situação nacional distinta da de outros grupamentos, de outros partidos. Nós víamos que a ditadura estava em descenso desde o final do governo Médici, e que haveria uma nova situação. Os companheiros nossos não tinham essa visão, achavam que a ditadura se prolongaria. Nossa decisão partiu de uma análise inteiramente política, de que deveríamos voltar ao país, como de fato fizemos. Em 73 entramos na embaixada da Argentina, nos exilamos. Fomos para a Argentina e entramos aqui no Brasil, se não me engano, em 5 de maio de 1974.

SILVIO: *E como foram esses anos aqui no Brasil?*

ZARATTINI: Foram difíceis, porque tivemos que encontrar os recursos para nossa manutenção aqui mesmo. E você sabe que a dificuldade maior, quando se vive na clandestinidade, é a ligação com o pessoal que está na superfície, porque o principal método da repressão destruir nossos grupos, nossos partidos, é com infiltração no pessoal nosso que está na superfície, nos sindicatos.

Mas à medida que se desenvolvia o trabalho, os contatos aumentaram, percebemos que na sociedade avançava muito o sentimento antiditatorial. Aliás, acertamos em cheio logo no primeiro ano, no início do governo Geisel, quando a oposição legal, o MDB, teve uma vitória surpreendente, ao eleger 16 senadores dos 22 que foram eleitos, inclusive nos principais estados. Tanto é que o próprio Geisel elaborou, junto com o Golbery, a teoria da "distensão lenta, gradual e segura". O MDB teve uma importância muito grande. Geralmente o nosso pessoal da luta armada não reconhece muito isso, mas o MDB teve uma importância grande, tanto é que no final a hegemonia da luta antiditatorial ficou exatamente com o MDB, com o Ulysses Guimarães, e não conosco, com o pessoal mais ligado à esquerda.

Então tivemos essa entrada aqui no Brasil e atuamos principalmente na organização do movimento de massa. Não havia o mínimo de condições de se pensar em ações armadas naquela altura dos acontecimentos. Mesmo ali por volta de 74, a ALN e os grupos de resistência armada remanescentes já estavam em dificuldade muito grande. Houve a repressão iniciada em 74 contra o Partidão aqui em São Paulo, e também a chacina na Lapa,* que foi o último capítulo da repressão ao Araguaia. Mas, desde a hora em que colocamos o pé aqui, conseguimos fazer várias coisas, reativamos vários tipos de oposição sindical, entre os metalúrgicos, os gráficos. Tivemos contatos no movimento estudantil e principalmente no movimento de anistia. E, além do MDB, a Igreja também foi muito importante nessa época; dom Paulo Evaristo Arns foi uma figura central de oposição à ditadura. Acho que essa resistência foi uma experiência muito rica também.

Ficamos clandestinos até 31 de maio de 1978, quando fomos novamente presos pela ditadura, só que essa última prisão não teve, como na anterior, o choque elétrico, o pau-de-arara. Teve choque elétrico, mas não na intensidade que teve na de 69, naqueles 17 dias antes de ser transferido para o Rio de Janeiro. Tivemos aqui um tratamento em que houve tortura, muita pancadaria, choque elétrico, mas não teve pau-de-arara, não teve afogamento, como nas vezes anteriores.

Fui preso no dia 31 de maio de 1978, exatamente no auge do início do grande movimento do ABC, de São Bernardo. A greve do ABC nasceu praticamente nas fábricas, havia uma comissão de empresa, nós tínhamos contato com um elemento deles, que era o Baiano, na Volkswagen. A primeira greve foi na Scania, e surgiu como movimento quase espontâneo das massas. Aliás, em 78, 79, pipocaram os maiores movimentos grevistas em nosso país. Mas a maioria dos companheiros, incluídos os que foram libertados no seqüestro do embaixador, não viveram isso, só retornaram depois da anistia. Eu tive a oportunidade de conversar com vários que vieram aqui para lutar clandestinamente. Alguns foram mortos, como o João Leonardo. Onofre tentou retornar, e as notícias que temos mostram que o Onofre foi preso logo depois de entrar no Brasil, dedurado. Ele tinha liga-

* Em dezembro de 1976, o Comitê Central do PCdoB se reunia em uma casa na rua Pio XI, no bairro da Lapa, em São Paulo. Soldados do Exército invadiram o aparelho, prenderam vários militantes e mataram Ângelo Arroyo, Pedro Pomar e João Batista Franco Drummond.

ções com o cabo Anselmo.* E, dos 15, quem veio para cá nessa clandestinidade foi o Zé Dirceu, mas ele ficou lá no Paraná durante um tempo. Não tenho notícias de Zé Dirceu envolvido na luta política, na luta de massas antiditatorial aqui. Nós publicávamos um jornal mimeografado chamado *O companheiro*, fizemos um trabalho muito grande. Essa é uma coisa que eu faço questão de observar. Foram poucos os que retornaram: o João Leonardo, o Dirceu... Eu acho que retornei antes até do que o João Leonardo, que entrou no Brasil... Quando ele entrou?

SILVIO: *Por volta de 72. Ele estava atuando em Pernambuco e foi assassinado na Bahia.*

ZARATTINI: Você acha que ele voltou em 72?

SILVIO: *Eu acredito que sim. Faz sentido, pela volta do Molipo.*

ZARATTINI: Ah, é, o Molipo. É provável. É provável, não: é certo que ele veio em 72.

SILVIO: *Sua volta foi um ato de muita coragem, porque os banidos que voltaram estavam sendo assassinados. E, nessa sua última prisão, como se deu a questão do banimento?*

ZARATTINI: Fui preso em 31 de maio, e a ditadura levou nove dias para decidir o que fazer comigo – isso eu soube posteriormente –, se me mandava de volta para o exterior, reexpulsava. Porque foi preso comigo um companheiro excelente, que já tinha sido expulso do Brasil, Dario Canale, figura combatente, internacionalista. Então, todo esse trabalho nós fizemos

* A prisão e o assassinato de Onofre Pinto, em julho de 1974, estão relacionados à ação de outro traidor, Alberi Vieira dos Santos, ex-sargento da Brigada Militar do Rio Grande do Sul.

juntos aqui no Brasil, porque quando passei na Europa voltando da Coréia, da China, encontrei com ele na Itália e viemos juntos para o Chile. Trabalhamos juntos no Chile; até no período antes de entrarmos definitivamente no Brasil, após o golpe no Chile, ele fez duas viagens aqui, no Brasil, para fazer contatos, amarrar coisas. Ele era italiano, mas tinha uma tipologia mais brasileira que eu, tez morena, baixinho, somente de vez em quando tinha um sotaque; a mãe dele era brasileira, então ele vencia essa barreira do sotaque de língua italiana – a nacionalidade do Dario era italiana.

Voltamos em 74 e só fomos presos de novo em 78. O Dario Canale atuava aqui na ALN, com o Câmara Ferreira e o Del Roio. Ele tinha sido preso e expulso do Brasil antes do seqüestro do embaixador americano. Então voltou clandestinamente e foi novamente preso, comigo. Foi reexpulso, por meio de outro decreto. E a mim, eles estavam estudando se iam reexpulsar. Teve gente que advogou que matasse logo, porque eu estava com outro nome, acabou, era outra pessoa. Mas era uma minoria, dentro da ditadura, que tinha essa idéia em relação a qualquer banido que voltasse. Não era só em relação a mim. Essa idéia foi vencida, e em lugar de me expulsarem eles reabriram todos os processos que eu tinha, fizeram um processo novo da minha prisão e me mandaram para o presídio do Barro Branco. E eu fiquei lá até a anistia, em 79, em 28 de agosto de 79.

Silvio: *Você foi o primeiro brasileiro a ter o banimento revogado?*

Zarattini: Depois da minha prisão, em 31 de maio de 78, para que eu fosse de novo processado o Geisel teve que revogar meu banimento por um ato complementar. Foi o primeiro banimento a ser revogado. Só no final do ano é que houve a revogação do AI-5 e de todos os banimentos no país. O banimento era por tempo indeterminado, uma coisa muito cruel, que faz sempre relembrar aquele pessoal lá do Tiradentes, degredados, banidos do país, degredo perpétuo.

Silvio: *Então, o movimento da anistia crescendo, e você preso.*

Zarattini: Nos primeiros meses de prisão, eu falava: nós vamos sair daqui, porque tem um movimento crescente. Mas o pessoal nem me dava bola. Quando a coisa começou a crescer, o pessoal participou ativamente, várias greves de fome foram feitas, eu participei mesmo de uma, não participei de outras, mas foram movimentos muito fortes naquela época. O senador Teotônio Vilela nos visitou, dom Paulo Evaristo nos visitou. Ao invés de a ditadura estar endurecendo, estava cada vez mais perdendo força pelo movimento da opinião pública que existia pela anistia, e isso nos favoreceu muito.

SILVIO: *E, afinal, você foi libertado?*

ZARATTINI: Eu fui libertado no dia 29 ou 30 de agosto de 1979, e a anistia foi em 28 de agosto de 79.

SILVIO: *Quais foram os seus passos, ao sair da prisão?*

ZARATTINI: Retornamos à atividade legal. Dentro da prisão, pelo fato das greves terem tido um desenvolvimento muito grande, já se falava que estava em gestação o Partido dos Trabalhadores, o PT. Mas, você sabe, até hoje ainda há várias correntes dentro do PT que têm dificuldade com a política de aliança. Por quê? Porque o PT veio de uma intelectualidade, da Igreja e de um movimento sindical. Cada um desses dá um ingrediente para o PT. Os intelectuais em geral, por influência mais de visão antialiancista, por influência do trotskismo, basicamente, rejeitam a política da aliança. E minha visão do marxismo sempre foi muito mais ampla que isso. Nós resolvemos, após a anistia, ficar mesmo dentro do PMDB – era o antigo MDB –, porque eram os que mais conformavam e davam curso a uma política de alianças. Mesmo porque a ditadura não tinha terminado, e achávamos que devíamos compor ainda uma frente única para levar ao fim a ditadura, que só foi alcançada mesmo com a eleição indireta no Parlamento. E promovemos toda uma luta dentro do PMDB.

Eu só fui entrar no PT quando o partido, depois de longos anos, resolveu levar à frente uma política de alianças. Apesar de eu ter apoiado desde a primeira campanha do Lula; sempre fiz a campanha do Lula. Depois desse PMDB, é claro, nos integramos; ainda não havia a legalidade do PCB, mas nós trabalhamos com ele e só o deixamos quando verificamos que o PCB já queria transformar-se no que é hoje o PPS, uma força auxiliar dos setores até conservadores na sociedade. E o PT felizmente evoluiu e aceitou finalmente a política de alianças. Que se deu sucessivamente em várias campanhas do Lula, isso foi progressivamente assimilado. Na primeira campanha, de 89, foi muito difícil isso ser colocado. E a primeira aliança se deu quando Brizola foi vice do Lula.

Nesse meio tempo tínhamos uma atividade política muito intensa, participamos da Assembléia Constituinte, daqueles debates todos na qualidade de assessor, de consultor e de representante do meu sindicato, o Sindicato dos Metalúrgicos de Santos. Acho que foi um momento importante, porque compreendemos que a questão nacional não estava resolvida, que o PMDB não havia logrado isso.

SILVIO: *Como você encara a experiência da luta armada no Brasil nos anos 60?*

ZARATTINI: O que passou para a história não foram os torturadores, quem passou para a história fomos nós. Muitos intelectuais, como Ferreira Gullar, chegaram a colocar absurdos, que nós fomos os responsáveis pela ditadura. Pelo amor de Deus! A ditadura foi quem nos atacou, desde o início. Nós começamos a reação armada, a resistência armada à ditadura, basicamente em 68. Até lá, a ditadura havia cometido vários crimes. Ela também procurava nos reprimir e ganhar forças e apoio na sociedade. E nós é que não soubemos fazer isso. Mas a nossa luta era justa e, de certa forma, foi um dos componentes que ajudaram a redemocratização do Brasil. Ela não foi única e exclusiva, houve também a participação da Igreja, a participação do MDB, mas nós tivemos um papel muito importante nessa luta. Mesmo porque a Igreja, qual seria o seu discurso? O MDB, qual seria o seu discurso? Não seria nada. E quando do seqüestro, o Marighella falava: "Vocês fizeram o seqüestro, isso vai ter uma reação..." É claro que ia ter uma reação, nós podíamos não avaliar o quanto de reação repressiva teria, mas as ações desse tipo eram muito justas.

SILVIO: *Hoje, qual a sua avaliação do seqüestro do embaixador americano?*

ZARATTINI: Contrariamente a várias pessoas que acham que isso é que deu força à ditadura, eu acho que aquela ação foi positiva, no sentido de que realmente foi uma luta não só pela liberdade, mas colocou o problema principal do país: a dependência. O último político que falava disso foi o Brizola, ele falava das "perdas internacionais". Ele tinha uma idéia meio difusa sobre isso. Mas foi no momento do seqüestro que esse antiamericanismo difuso na sociedade brasileira veio à tona, e houve uma quase unanimidade nacional de apoio a essa ação. Eu não vivi porque estava preso, mas houve. É claro que essa simpatia não foi catalisada para uma organização e para ter maior força de combate à ditadura. Foi o contrário que aconteceu, a ditadura aproveitou e utilizou o corporativismo militar para que a repressão se fizesse mais intensa do que já vinha sendo, porque a repressão já vinha sendo intensa desde o AI-5, até antes.

SILVIO: *Qual foi o seu papel no governo Lula, no Executivo?*

ZARATTINI: Participei intensamente das quatro campanhas, particularmente da última, quando fui candidato. E logrei obter 55 mil votos, ficando na terceira suplência da bancada de São Paulo, na coligação PT-PCdoB. E como já tinha tido uma experiência muito grande no Congresso Nacional, desde a Constituinte, no governo Lula eu procurei o ministro José Dirceu e me ofereci para trabalhar na coordenadoria parlamentar dele. Tive uma experiência de 13 meses, fiquei adstrito a trabalhar numa coisa só, que era a aprovação, na Câmara e no Senado, das medidas provisórias propostas pelo governo. Foi um trabalho bem interessante, mas eu não tinha nenhuma relação direta com o ministro Zé Dirceu, tanto é que eu só conheci seu gabinete depois que me tornei deputado, quando Aldo Rebelo assumiu o ministério. Depois de ter saído o Zé Dirceu para ministro, o Berzoini para deputado federal e também para ministro, e o Aldo Rebelo, aí é que eu fui assumir, porque o Meneghelli, que era outro suplente, não quis assumir. Então eu assumi e fiquei como deputado 16 meses. E só fui conhecer o gabinete do Zé Dirceu depois de ser deputado. Nos 13 meses em que trabalhei na Casa Civil, eu nunca entrei no gabinete do Zé Dirceu. Meu contato direto de trabalho diuturno era com Luiz Alberto dos Santos, que é um excelente companheiro, que dava formato definitivo às medidas provisórias submetidas ao Congresso, que sofriam emendas. E o meu trabalho era discutir com todos aqueles partidos, não só da base como da oposição, as modificações a cada medida provisória.

Silvio: *Como você vê o Brasil nestes últimos dez anos?*

Zarattini: Bom, na situação internacional criada após a queda do Muro de Berlim, nós temos uma situação bem interessante, em que não só aumentou muito a força do império dos EUA, mas também vem aumentando progressivamente sua debilidade. Enfim, isso que o pessoal fala – o neoliberalismo teve um auge e agora começa sua decadência – é uma verdade, as oposições aos EUA crescem no mundo inteiro. O governo Fernando Henrique Cardoso fez uma política inteiramente de submissão a esses interesses. Por quê? Porque a nossa dependência é crucial, nós estávamos e estamos ainda numa fase de tentar nos libertar dela. Essa coisa não é muito entendida no PT de hoje e até mesmo no próprio governo Lula. Hoje o pessoal, inclusive da esquerda, coloca como se toda a política econômica do governo Lula fosse errada, e não é bem assim. Por exemplo, foi no governo Lula que a Petrobras começou a fazer uma série de investimentos, principalmente na exploração, que nos levaram à auto-suficiência em petróleo. Isso é um feito extraordinário. Nós tínhamos o BNDES inteiramente destinado a financiar as empresas estrangeiras, e isso não prosseguiu no governo Lula.

Silvio: *O que o senhor faria diferente?*

Zarattini: Não faria absolutamente nada de diferente, tendo em vista que só fomos aprendendo durante o tempo. Aliás, estou aprendendo até hoje. Então, com a chance de aprendizado que temos hoje no Brasil, eu não faria nada diferente. Faria os mesmos erros e os poucos acertos também. Mas é como eu digo: eles só se mantêm aí pelo que erramos. Tudo o que estamos sofrendo foi porque erramos na política. Mas o nosso objetivo está certo, nós vamos alcançá-lo, porque aprendemos muito. O próprio PT hoje é diferente, faz políticas de aliança, fez até política de aliança errada com o Roberto Jefferson, com esse pessoal todo aí. Mas é uma visão diferente, é uma experiência que vamos ganhando, e eu realmente acho que vamos sair dessa e vamos conseguir libertar o Brasil. Vamos fazer um grande trabalho ainda.

Flávio Tavares

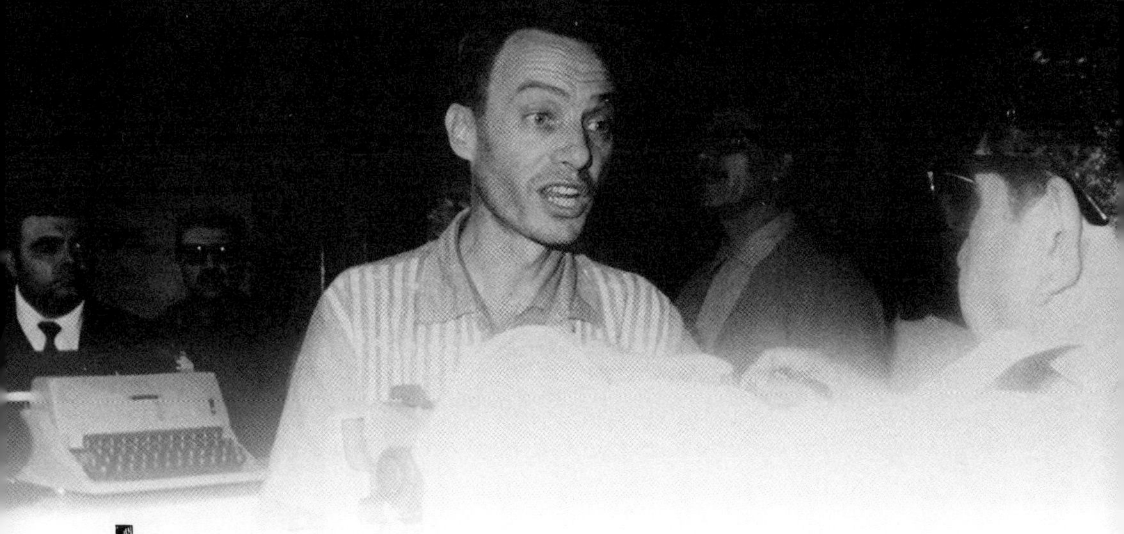

Jornalista, advogado e professor universitário, **FLÁVIO FREITAS HAILLIOT TAVARES** nasceu em 1934, em Lajeado, RS. Em 1954, foi eleito presidente da União Estadual de Estudantes. De 1960 a 1968, foi comentarista político do jornal *Última Hora*. Integrou o grupo fundador da Universidade de Brasília, da qual é professor aposentado. Pouco depois do golpe de 1964, foi preso pela primeira vez, em Brasília. Entre 1965 e 1967, manteve contatos freqüentes, no Uruguai, com o exilado Leonel Brizola, assumindo a coordenação operacional do Movimento Nacionalista Revolucionário (MNR) no Planalto Central e no norte do Brasil. Sua segunda prisão se deu em agosto de 1967 e durou quase cinco meses. Dois anos depois voltou a ser preso e intensamente torturado, após ter participado de uma operação que libertou nove presos políticos do presídio Lemos Brito, no Rio de Janeiro. Durante o exílio no México, foi redator do jornal *Excelsior* e, a partir de 1974, seu correspondente em Buenos Aires. Na Argentina, também foi correspondente internacional de *O Estado de S. Paulo* e *Folha de S. Paulo*. Em julho de 1977, Flávio Tavares foi seqüestrado em Montevidéu pelo exército uruguaio – um braço da Operação Condor –, permanecendo 195 dias em cárcere privado. Uma campanha internacional resultou em sua libertação e embarque para Lisboa, onde viveu dois anos, antes de voltar ao Brasil, com a anistia, no final de 1979. Em 1999, publicou *Memórias do esquecimento*, que lhe valeu, em 2000, o Prêmio Jabuti na Bienal Internacional do Livro de São Paulo. Em 2004, publicou *O dia em que Getúlio matou Allende*. Flávio vive em Búzios, RJ.

Entrevista em Búzios, 28 de setembro de 2005

SILVIO: *Flávio, sua vida política começa com o movimento estudantil?*

FLÁVIO: A vida política começa com o movimento estudantil, em Porto Alegre, em 1952, no Colégio Júlio de Castilhos. E depois, já no primeiro ano de vida universitária, passei a ser dirigente da União Estadual dos Estudantes do Rio Grande do Sul, dos estudantes universitários. Em seguida fui presidente, a esquerda venceu comigo, destituímos a direita, que tinha ficado no poder durante vários anos. Foi meu grande aprendizado de política e de vida, como líder estudantil. Tínhamos livre acesso aos gabinetes presidenciais e governamentais; conheci Getúlio Vargas como líder estudantil. E tínhamos aquela impetuosidade que, eu acho, a juventude hoje perdeu. Nós entrávamos em gabinete de ministros, batíamos na porta, falávamos e, quando não nos recebiam, ficávamos brabos. Acabávamos sendo recebidos.

A vida estudantil me abriu o mundo, me tirou aquela visão do deslumbramento com o poder. A partir de então, o poder nunca mais me

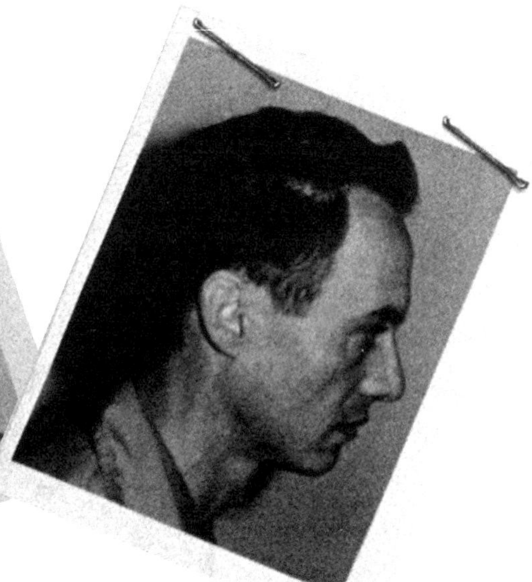

deslumbrou. Aos 20 anos eu tinha conhecido Getúlio Vargas, que era um mito, não era só o presidente da República, era um mito. E, naquele pedantismo juvenil, eu achei que o Getúlio tinha obrigação de me receber. Não tinha obrigação coisa nenhuma. Eu tinha, de idade, mais ou menos o que ele tinha de presidência. Eu não tinha nada a dizer a ele. Ele, no entanto, me recebeu com certo respeito, presidente da União Estadual dos Estudantes do Rio Grande do Sul, que dizia a ele que tinha um projeto de reforma universitária. E que não era projeto nem era reforma coisa nenhuma, eram idéias soltas sobre o ensino.

SILVIO: *Como você conheceu Leonel Brizola?*

FLÁVIO: Conheci o Leonel Brizola meio brigando com ele, quando o Brizola era deputado estadual e eu presidente do grêmio estudantil do Colégio Júlio de Castilhos, em Porto Alegre. Brigando, não, pedindo coisas a ele. Brizola já era muito influente. E depois, mais adiante, briguei muito com Brizola, porque eu era do Partido Socialista no Rio Grande do Sul, e ele, do Partido Trabalhista. O Partido Socialista era um clube, não tinha vida partidária maior. Brigamos muito com o PTB, a quem chamávamos de demagogos. Cheguei a fazer um programa de rádio, em nome da Federação dos Estudantes da Universidade, contra o Brizola, quando ele era prefeito de Porto Alegre.

Depois, quando era governador, no dia em que encampou, ou seja, nacionalizou a Companhia de Eletricidade, que era dos americanos, nós, um grupo do Partido Socialista, fomos ao Palácio do Governo prestar solidariedade. Ele agradeceu e subiu para seu gabinete, não nos deu muita importância. Só passo a ser, digamos, íntimo num aspecto, ainda que distante em outro momento, quando o Brizola era governador do Rio Grande do Sul e eu repórter político, depois editor político do *Última Hora* em Porto Alegre.

Vem depois o movimento da legalidade, ou seja, o movimento pela posse de João Goulart como presidente da República. Isso nos aproximou de uma forma absoluta, ainda que eu nunca tenha perdido a visão crítica do Brizola. Acho que o Brizola nunca traiu suas posições, nunca traiu suas posturas. Foi aí a minha relação com ele, que se aprofundou na preparação da luta armada, da resistência à ditadura. O Brizola no exílio e eu em Brasília, no chamado Movimento Nacionalista Revolucionário, que começa em 1965 e se estende até 1967, quando fui preso em Brasília. Isso, digamos, foi o amálgama maior, aquela união da clandestinidade, do sigilo e fundamentalmente dos grandes segredos, alguns dos quais ainda estão enterrados até hoje.

SILVIO: *Na sua vida pessoal, qual foi o significado do golpe de 1964?*

FLÁVIO: Bom, o golpe nos destroçou, nos destroçou. Porque a minha geração, a geração pós-Segunda Guerra Mundial, tinha sido preparada para o exercício da liberdade, da democracia, da organização popular, da reforma social pela mobilização. Nós não sabíamos direito o que era mobilização, mas aquilo estava em nosso inconsciente coletivo. E o golpe quebrou tudo isso. O golpe foi aquele obstáculo, aquela parede na nossa frente. Nós vínhamos daquela campanha das reformas, eu era colunista político do *Última Hora*, que era o jornal que apoiava a campanha das reformas. Mais do que apoiar o governo João Goulart, o *Última Hora* apoiava a campanha das reformas.

Então o golpe foi uma bofetada, cortava o nosso mundo, enegrecia o nosso mundo, era a sombra naquele mundo da mobilização popular. Eu me lembro de que no dia seguinte, no dia 1º para 2 de abril, eu não dormi. Fui deitar às cinco da manhã e me levantei às nove, praticamente não dormi, eu estava aterrado. E a repressão não se sentiu em Brasília, a repressão foi branda no início. Mas foram terríveis os dias seguintes, pela deterioração moral dos políticos. Na Câmara dos Deputados, quando começaram as cassações, as pessoas começavam a mudar de posições. Deputados que esperavam a cassação, deputados suplentes que tinham ficado em Brasília, que esperavam a cassação de seus colegas, na porta do plenário da Câmara dos Deputados, até que chamassem: "Convocamos os suplentes fulano e fulano." E eles entravam, sorridentes, eram abraçados e se abraçavam aos que haviam cassado os seus companheiros.

Então, a minha reação de participação na luta armada não foi uma reação política, doutrinária, nem programática, foi uma reação moral, porque nós tínhamos sido quebrados eticamente. A minha reação foi muito mais a do cristão do que a do socialista. Foi mais uma reação contra aquele estado de coisas que o golpe tinha nos impingido, nos colocado goela abaixo, aquele aceitar tudo, não dizer nada, não ter voz ativa, baixar a cabeça. E isso porque eu já tinha tentado resistir, tanto quanto se podia. Eu e a minha geração, na imprensa, porque a imprensa, no início, acomodou-se, mas não foi censurada. Fez a autocensura, o que talvez seja pior.

SILVIO: *Como é que você, em Brasília, trava os primeiros contatos com o Brizola no exílio no Uruguai?*

FLÁVIO: Bom, eu recebi duas pessoas, dois enviados do Brizola, em Brasília, em 1964. Queriam sondar. Depois disso, no dia 1º de janeiro de 1965, eu fui de Brasília a Porto Alegre, tomei um avião em Porto Alegre e fui legalmente ao Uruguai, visitar o Jango e o Brizola. Eu queria sondar o Jango. E o Brizola, eu já queria meio que me oferecer para ele: "Olha, Brizola, eu acho que temos que fazer alguma coisa." E o Brizola já estava, nesse momento, em plena ebulição da resistência, só que ele queria ainda pensar numa resistência pelos quartéis, uma espécie de contragolpe, aproveitando o que havia ficado de militares nacionalistas e de esquerda, principalmente no Exército. Só no Exército, na Marinha não havia ficado mais ninguém, na Aeronáutica também, talvez um ou outro. E nessa época o Brizola já tinha feito contato com Cuba, já tinha recebido até algum aporte financeiro dos cubanos, uma ajuda financeira do Fidel Castro.

E eu volto para Brasília já com certas missões do Brizola, mas ainda tudo muito difuso. E depois, pouco a pouco, em 1965, o Brizola é ganho em Montevidéu para a visão da guerrilha, do foco, que era a visão dominante na época. Hoje pareceria um absurdo, mas era a visão dominante naquela época do Vietnã em chamas, ainda com a Revolução Cubana bem próxima, vitoriosa e bem próxima – estou falando de 1965, a Revolução Cubana é de 59 –, ainda exitosa, a Revolução Cubana ainda guevarista, não sovietizada, não burocratizada. E quando eu vejo que o Brizola opta pela guerrilha, ele estava optando pelo que nós já tínhamos optado. Nós, que eu digo, é toda a nova esquerda brasileira, menos o Partido Comunista, até a Ação Popular, que eram os católicos, onde estavam figuras como o [José] Serra e vários outros, que depois foram para o PSDB. Mas a guerrilha era aquela espécie de caminho natural, de leito natural do rio. Ficamos naquela história: a fome com a vontade de comer. Aí o Brizola nos envia instrutores militares, que tinham tido curso de guerrilha em Cuba, e nós tentamos fazer um foco de guerrilha no Planalto Central, no Maranhão, que é hoje Tocantins, norte de Goiás, até o sul do Pará.

Silvio: *Os quadros eram majoritariamente militares nacionalistas?*

Flávio: Os quadros eram majoritariamente o pessoal da Marinha, marinheiros e ex-fuzileiros navais que tinham sido expulsos da Marinha. Majoritariamente, mas não os únicos. Digamos, 70% eram quadros que vinham da Marinha, no nosso caso. Outros setores do MNR tinham gente do Exército e até da Aeronáutica, mas nós, não. Nós só tivemos, nos quadros de combatentes, ex-militares da Marinha, ex-marinheiros e ex-fuzileiros navais.

Silvio: *Como se deu a formação do MNR?*

Flávio: O MNR é, doutrinariamente, a esquerda nacionalista não-comunista. A esquerda nacionalista que vinha do Partido Trabalhista e do Partido Socialista. E com uma colaboração muito grande, no início, da AP, a Ação Popular, do Betinho, do Aldo Arantes, que eram os dirigentes da Ação Popular, os católicos de esquerda. E que depois saem do regaço do Brizola e tomam caminho à parte com outro tipo de organização, a Ação Popular, que era muito forte na época. E o MNR depois se transforma num organismo quase que só meramente combatente. Eu acho que aí foi o erro do MNR, porque os quadros do PTB, do Partido Trabalhista, não participaram, no fundo, do MNR. Os quadros políticos do PTB refluíram e foram também para debaixo da cama, não acompanharam o Brizola, que ficou quase sozinho.

O MNR se baseou muito no antigo movimento dos sargentos, principalmente em São Paulo, com o ex-sargento Onofre Pinto, que foi uma grande figura, um dos homens mais injustiçados da resistência armada. Os ex-sargentos cassados e até os que continuavam no Exército, do chamado Movimento dos Sargentos, foram um dos fundamentos do MNR. E o sargento Onofre Pinto foi uma figura grandiosa na organização da luta armada em São Paulo, apesar dos erros que todos cometeram, ele também. Mas ele foi muito injustiçado, o Onofre aparece aí como delator. Uma mentira. O Onofre foi uma figura fantástica, foi morto ao voltar para o Brasil, em mil novecentos e setenta e poucos; foi morto, caiu num ardil, numa armadilha terrível. Então a injustiça maior é isso, porque o Onofre, que foi um dos que saíram conosco, do grupo dos 15 trocados pelo embaixador americano, morreu na tortura, no Paraná, onde ele foi preso ao entrar no Brasil.* E é apontado nessa coisa sorrateira, pequena, como delator. Delator de si mesmo? Ele foi morto! Bom, o Onofre era o grande esteio, em São Paulo, do MNR, que depois desaparece, forma uma outra organização em São Paulo.

Onofre Pinto, durante entrevista na sede do jornal cubano *Granma*. Ao fundo, José Ibrahin.

Mas então, fundamentalmente, o MNR combatente foi isso. E, no Rio, eu é que era o enlace, a ligação, ainda que eu morasse em Brasília e não no Rio. Tínhamos um grupo heterogêneo de intelectuais colaborando conosco, em que entravam o Antonio Callado, o Otto Maria Carpeaux, que era até um conservador, um conservador lúcido, e o poeta Thiago de Mello, que era o grande articulador do organismo intelectual e artístico. Mas o MNR ficou muito fechado em si mesmo, até porque nós não tínhamos nenhuma experiência de luta clandestina, de como nos vincular clandestinamente, na luta armada, a algo, digamos, público, que é a organização social. Então ficamos desvinculados disso, como depois o erro se repetiu no resto das organizações armadas, nos anos seguintes.

SILVIO: *O MNR chegou a fazer algumas ações armadas?*

FLÁVIO: Sim, houve três tentativas de focos de guerrilha. Uma no Mato Grosso, que prosperou num determinado momento e depois veio abaixo.

---

* A emboscada em que foram assassinados Onofre Pinto, os irmãos Daniel e Joel Carvalho, José Lavéchia, Victor Ramos e o argentino Enrique Ruggia é documentada por Aluízio Palmar em seu livro *Onde foi que vocês enterraram nossos mortos?*.

A nossa, no Planalto Central, que se deslocou muitas vezes, mas não passaram de tentativas de localização de terreno. E a chamada guerrilha de Caparaó, em que foi todo mundo preso, foi um fiasco; era um grupo mais bem preparado, praticamente só ex-militares – havia um que não era ex-militar, que era civil. Eles estavam psicologicamente desfeitos, quebrados, dizimados quando foram presos. E tiveram uma organização militar superior a todos os demais. Chegaram a ter metralhadoras ponto 30, que servem como metralhadoras antiaéreas, devem estar enterradas lá até hoje. Mas eles tinham todos uma formação militar tão rígida que não tiveram nenhuma preocupação, como nós tivemos, no Planalto Central, de vinculação com a população da terra. Eles ficaram totalmente alheios, como se tivessem descido de pára-quedas, como o desembarque do *Granma*,* como Fidel Castro fez em Cuba.

Foi a mentalidade "militarista", como nós dizíamos na época. Isso, sob alguns aspectos, impregnou toda a esquerda armada durante muito tempo. Nos desvincularam, como eu disse. E era uma dificuldade muito grande, porque havia também um halo de romantismo, falso romantismo, atrás disso, até de infantilismo. Mas explicável para a época, porque é fácil hoje fazer a crítica daquilo que não deu certo, porque já sabemos que não deu certo. Agora, naquele momento quando estávamos experimentando tudo, era muito difícil ter a visão lúcida do que seria e do que não seria correto.

E, ademais, já havia o seguinte: a ditadura já estava sendo implantada mesmo, já havia a imprensa amordaçada, não censurada, mas amordaçada. E em seguida houve o Ato Institucional n.2, que é de outubro de 65. Então, a situação já estava mesmo definida em termos de um regime forte, já não era 64, quando não se sabia bem a que eles vinham. E na ditadura temos que nos comportar de uma forma diferente. Então é muito fácil fazermos hoje a crítica de nossos erros de ontem.

---

* Pouco depois de sair da prisão, em maio de 1955, Fidel Castro partiu para o México com o firme propósito de reunir exilados cubanos dispostos a voltar a Cuba para combater a ditadura de Fulgêncio Batista. No dia 2 de dezembro de 1956, um grupo de 81 revolucionários desembarcou do barco *Granma* no litoral da província de Oriente. O grupo foi ferozmente perseguido e quase dizimado, mas 11 sobreviventes conseguiram embrenhar-se em Sierra Maestra e sustentaram uma luta guerrilheira que acabou resultando na tomada do poder, no dia 1º de janeiro de 1959.

SILVIO: *O Brizola era um inspirador ou tinha uma relação mais orgânica, de comando do MNR?*

FLÁVIO: Ele era mais um inspirador. Ainda que tenha sido sempre um detalhista. Os códigos de escrita, que eu sei manejar até hoje, quem me ensinou foi o Brizola. E ele se metia em tudo, tudo ele tinha que saber, era até meio chato. Mas, digamos, na parte orgânica, militar, ele não se meteu, porque aí ele tinha respeito pelo pessoal que vinha de Cuba. Eu acho até que ele deveria ter se metido mais. Mas era difícil, porque ele estava em Montevidéu, e nós a cinco mil quilômetros de distância, no norte do Planalto Central.

Mas ele tinha, já nessa época, uma disputa muito grande, em termos de formação, com o pessoal de Cuba, porque os cubanos foram muito difíceis nessa época, muito difíceis. Mandavam-se as pessoas para Cuba, isso era caro. Caro em todos os sentidos, tinha que ter passaporte com outro nome, passaporte de terceiras pessoas, conseguir passaporte era muito difícil, então era uma dificuldade operacional muito grande, era um custo de tempo e até de dinheiro. E os cubanos eram duros na formação. A formação cubana era meramente militar e impregnava o pessoal que vinha de lá com uma visão caolha da realidade. À realidade que os rodeava, eles não davam importância.

SILVIO: *Em que momento o Brizola decidiu retirar o apoio ao movimento armado?*

FLÁVIO: Bom, isso eu só fui ficar sabendo aos poucos, porque já antes da queda de Caparaó, que foi em março de 67, nós não recebíamos mais apoio financeiro de Cuba, de Montevidéu. Tínhamos que resolver nossos problemas com a nossa metodologia; conseguíamos dinheiro aqui. Mas eu não desconfiava de que o Brizola já estava refluindo. Até que recebi um emissário do Brizola, o Cibilis da Rocha Viana, que depois foi do governo Brizola no Rio de Janeiro, e que me disse: "Olha, o Brizola mandou vender o barco." Nós tínhamos um barco ali no Tocantins. Eu disse: "Mas que é isso, não podemos!" Tínhamos muita gente na operação, muita gente que vivia só daquilo, tinha deixado tudo para viver daquilo. Mas eu, na ingenuidade, não me dei conta do que era, pensei que fosse apenas um novo plano tático ou estratégico. O Brizola já estava refluindo.

Depois, com a queda de Caparaó, em março de 67, ele abandonou totalmente, só que não avisou. Então começamos a ter dificuldades, e tínhamos que continuar; nós continuamos. Deslocamos o pessoal desse lugar de onde ele sugeria que deslocássemos, mas passamos para outro. Bom, quando o Che Guevara foi morto, em outubro de 67, eu estava preso em Juiz de Fora, eu recém tinha sido preso, em Brasília, e levado para Juiz de Fora. Então o Brizola já estava totalmente, como nós dizíamos, no refluxo – era o termo que usávamos. Só que nós não sabíamos. O Brizola tinha cortado a comunicação conosco, e nós, como eu estava preso, também tínhamos cortado a comunicação com ele. Ao sair da prisão, em dezembro de 67, é que fui ter certeza absoluta do refluxo do Brizola. De fato, o Brizola nunca acreditou muito na história da guerrilha, ele foi levado à guerrilha pelo espírito que dominava Montevidéu, e que dominava a época. Ele acreditava mais na sublevação dos quartéis. Todos os políticos, aliás, tinham essa visão de sublevar os quartéis.

SILVIO: *E o que vocês fizeram quando o Brizola se retirou?*

FLÁVIO: Bom, fui preso nessa época, uma coincidência. Por uma coisa menor, por um grupo que tínhamos no Triângulo Mineiro, em Uberlândia, que não participava da operação guerrilheira. Fui preso por uma guerrilha inexistente, e não pela existente; pela guerrilha do Triângulo Mineiro, que nunca existiu. Foi uma invenção do Exército. E gostei muito de ter sido preso por isso, porque não apareceu o resto. Só que o resto teve que ser desmobilizado comigo na prisão. O pessoal lá no Tocantins não sabia por que eu tinha sido preso. Então eles começaram a se desmobilizar. Tivemos até mortes, uma pessoa que morreu de malária, um ex-marinheiro. Mas é uma baixa, terrível. E depois, quando o Supremo Tribunal Federal me deu um *habeas corpus*, em dezembro de 1968, saí da prisão e fui tentar saber como é que estavam os outros, para que não se sentissem abandonados. Então já tinha todo mundo refluído para Brasília, ou nas imediações de Brasília, para Goiás, um estava aqui, outro lá.

Eu, depois disso, pessoalmente, voltei ao jornalismo. Em janeiro de 68, quando Samuel Wainer voltou do exílio, definitivamente, da França, nos reencontramos. E Samuel levou-me para trabalhar ao lado dele no *Última Hora* do Rio. Então, voltei para o jornalismo e ali fiquei praticamente sem me meter em nada, todo o ano de 68. Até os movimentos de rua de 68 eu acompanhei do jornal. Só voltei a me integrar na resistência, também por um problema moral, depois do Ato Institucional n.5. Nesse dia, 13 de dezembro de 1968, eu saí do *Última Hora*, junto com Samuel Wainer. O Samuel repartiu o dinheiro que tinha no jornal. Tinha, segundo ele, um milhão e meio de cruzeiros, que não era muito dinheiro, eram 150 mil reais de hoje. Ficou um milhão para ele e 500 mil para mim, que dava para viver. Só que Samuel, em seguida, se apresentou ao I Exército, no Rio, para mostrar que era bonzinho. Ele era o dono do jornal, tinha o chamado "patrimônio" para defender.

Eu não era dono do jornal. Não me apresentei, não fui procurado. E então me meti de novo na luta armada, aproveitando o que tinha sobrado do MNR e que tinha vindo para o Rio. Porque do MNR de Brasília, o nosso, um pessoal foi para a ALN, outro foi para a VPR. E nós, os que tínhamos vindo para o Rio, não tínhamos ido para nenhum lugar. Então nós demos um nome lá, que nasceu na prisão, no presídio Lemos Brito, onde havia um grupo de ex-marinheiros presos: Movimento de Ação Revolucionária – MAR. Era um nome: eles vieram do mar, marinheiros. E nós éramos uma espécie de apoio tático da ALN no Rio, que não tinha nada. E tentávamos, nesse momento, eu e mais dois do movimento, uma espécie de unidade entre a VPR de São Paulo e o Marighella, da ALN, que lutavam muito entre si.

Havia uma rivalidade enorme, uma rivalidade gritante, cáustica, brutal, que continuou no exílio, que continuou quando chegamos ao México, entre o pessoal da ALN e o da VPR. Terrível, uma coisa infantil, típica da esquerda. Diz-se brincando que, quando há duas pessoas de esquerda, há três dissidências. Diz-se isso muito dos trotskistas, mas serve para toda a esquerda. Então, sinteticamente, foi isso que eu fiz. Até que, como conseqüência de uma ação nossa, em 1969, numa cilada no Rio, fui preso. Era a minha terceira prisão no Brasil. Vou conhecer, então, algo que eu não conhecia, que era a tortura. Isso eu não conhecia, e mais, achava que éramos exagerados ao comentar a tortura, que aquilo era uma espécie de propaganda que tínhamos inventado. Eu não conhecia e, vou dizer mais, não acreditava muito na tortura, na bestialidade da tortura. Comecei a ser torturado no táxi em que fui levado do apartamento onde fui preso para o quartel da Polícia do Exército do Rio. Comecei a ser torturado no táxi, quando apagaram um cigarro no meu peito.

SILVIO: *Você retomou seu contato com o Onofre no começo de 1969?*

FLÁVIO: Retomei meu contato com Onofre no começo de 69, quando fui a São Paulo pedir apoio financeiro e pôr à disposição deles algumas coisas que tínhamos no Rio, que não tínhamos condições de guardar, armamento. Armamento era muito difícil; não sei como é que hoje os narcotraficantes conseguem arma fácil, armamento era a coisa mais difícil de se conseguir. E eles me disseram: "Espere um pouquinho, porque nós vamos fazer uma grande operação que vai desmoralizar muito o Exército." Era a operação que se frustrou e que o Lamarca depois fez sozinho. Eles iam tirar em Quintaúna todas as armas do quartel. Só que, depois de uma bobagem, prenderam um menino que foi ver pintar o caminhão do Exército, e a coisa se desfez. Então o Lamarca, com três pessoas que havia no quartel, teve que fazer aquela operação, colocar numa Kombi o que ele pôde. Eles iam tirar todo o armamento do quartel, absolutamente todo. Ia ser realmente uma operação fantástica e ia ser uma desmoralização total.

Voltei para o Rio, tentando já fazer aquela unidade entre o Marighella e a VPR. Eu tinha muito contato com o Frei Betto naquela época, que me aproximou dos dominicanos em São Paulo. Os dominicanos tiveram uma participação profunda na ALN. E sobre alguns aspectos também terrível, porque é a história dos dominicanos que leva à morte do Marighella.* Mas então nós funcionávamos muito como uma espécie de tentativa, meio inorgânica, meio anárquica até, de união de algo que só se desunia naquela época. Nós queríamos ser amálgama de algo que se quebrava. Qualquer ação dava pretexto a uma desagregação, e todo mundo queria ser líder. Acho que o infantilismo jogou muito naquele momento, até porque éramos, todos nós, jovens.

SILVIO: *Você teve algum contato com Carlos Marighella?*

FLÁVIO: Tive muitos, muitos, todos no Rio. E com Joaquim Câmara Ferreira só em São Paulo.

---

* Carlos Marighella foi morto na noite de 4 de novembro de 1969, na alameda Casa Branca, São Paulo, ao comparecer a um encontro com dois dominicanos de sua base de apoio.

SILVIO: *Qual foi a sua impressão pessoal do Marighella?*

FLÁVIO: Um sujeito voluntarioso, com uma fibra enorme, mas muito duro. Eu acho que essa dureza, esse acreditar demasiado em si mesmo, explica a morte do Marighella. Por exemplo, eu me encontrava com ele na Zona Norte, acho que era no Méier, no Rio de Janeiro. Marighella deixava numa praça dois seguranças, dois companheiros que vinham com ele, e vinha caminhando sozinho. Tinha uma cabeleira postiça, ele só saía à noite. Numa ocasião ele chega num apartamento no Rio de Janeiro. Eu cheguei armado e o Marighella, não. Ele tinha uma confiança... E eu perguntei para ele: "Você não anda armado?" E ele: "Não." Mas o que me chamava atenção no Marighella era aquela persistência, aquela pertinácia, de entregar-se totalmente. O Brizola tinha muito disso também, eles eram muito parecidos, como mentalidade, como forma de agir.

SILVIO: *Como você descreveria o contexto latino-americano e mundial em que você optou pela luta armada?*

FLÁVIO: Bom, eu acho que o contexto, principalmente latino-americano, da opção pela luta armada vem da Revolução Cubana. Tinha sido aquela coisa fácil, romântica, maravilhosa, rápida. Rápida, a Revolução Cubana foi muito rápida. E nos deu todos os ingredientes, humanos e psicossociais. Uma revolução a 70 milhas de Miami, uma revolução socialista nova, não era a burocracia da União Soviética. Dura no início – houve o *paredón* etc. –, mas era contra a corrupção do Batista, contra o entreguismo do Batista, na ditadura anterior que havia em Cuba. E isso faz pulular aqueles movimentos na América Latina, todos suicidas: Guatemala, Venezuela, Colômbia, o mais conhecido foi o da Colômbia, com o padre Camilo Torres. E na Argentina também. Então, havia algo natural, a rebelião era em função da Revolução Cubana.

E havia a rebelião dos negros nos Estados Unidos, Angela Davis, o *Black Power* era a grande rebelião. Os EUA nos anos 60 eram discriminatórios: negro não entra em ônibus de branco e vice-versa, negro não vai à escola de branco e vice-versa. E o Vietnã – se eles podiam, por que nós não podíamos?

Agora, o catalisador, realmente, foi a ditadura. Porque se a ditadura não tivesse sido o que foi, ninguém pensaria em luta armada. Até 64, só os que pensaram em luta armada foram os aventureiros das Ligas Camponesas, que é um caso à parte, o Francisco Julião. Mas o catalisador da resistência, da luta armada, foi a ditadura. Sem a ditadura nós não teríamos a quem combater, não teríamos inimigo.

Silvio: *Então o MAR se organiza e parte para as primeiras ações. Como se dá o desenvolvimento disso?*

Flávio: O MAR foi um grupo pequeno, autônomo, sem maior representatividade, com muita gente no Rio de Janeiro. São todos advogados hoje, advogados ou juízes, tem até um que foi desembargador, que era estudante de direito na época. O núcleo do MAR foi o presídio Lemos Brito, no Rio, onde havia um grupo de ex-marinheiros que esses estagiários da faculdade de direito atendiam. Depois nós preparamos um plano de fuga, eles fogem da prisão, uma ação muito linda que se fez no Rio de Janeiro, em maio de 1969. Uma ação limpa. Houve uma morte, mas foi uma coisa acidental, em que a polícia matou a própria polícia.

Mas o MAR não teve maior significação, a não ser operacional, no Rio, num determinado momento muito curto, de janeiro, fevereiro de 69 até a nossa prisão, em agosto de 69. Depois se desfez o grupo combatente, praticamente metade dele caiu, outra parte conseguiu se evadir. E nessa época tínhamos um arsenal muito bom, conseguido meio por acaso também. Acho que tínhamos no Rio de Janeiro o melhor arsenal, fuzis M1 novinhos, de que depois fomos saber a origem exata: tinham sido desviados da FAB, a Força Aérea Brasileira, a peso de muito dinheiro. Mas o MAR não teve, digamos, estrutura organizacional, não teve nenhum congresso. Houve movimentos, como a VPR, a VAR-Palmares, que viviam fazendo congressos. Em cada congresso se dividiam mais e nascia um outro grupo. A Polop fazia muitos congressos e em cada um surgiam várias Polops, se atomizavam. Nós, não, nunca tivemos, nem nos conhecíamos, eram grupos meio autônomos, os estudantes não conheciam os combatentes e vice-versa.

Silvio: *Você chegou a ter alguma relação com aquela tentativa de guerrilha de Angra dos Reis?*

Flávio: Angra dos Reis não foi uma tentativa de guerrilha. Angra dos Reis era o refúgio do pessoal que tinha escapado do presídio Lemos Brito. O pessoal tinha ido para lá como zona de refúgio, para depois ver o que íamos fazer. Foi quando caiu uma pessoa, um dia antes de mim, em agosto de 1969. Por intermédio dessa pessoa a Marinha conseguiu mais ou menos localizar Angra dos Reis. E mobilizou um aparato imenso, parece que três batalhões de fuzileiros navais; mobilizaram até, pelo que se diz, a esquadra aqui, que saiu ao mar para cercar Angra dos Reis, helicópteros etc. E havia oito pessoas lá. O grande combate que houve foi entre dois batalhões de fuzileiros navais da Marinha, um combateu o outro, houve baixas, não sei quantos feridos, não sei quantos mortos. E o pessoal saiu por uma brecha, os oito que estavam lá. Então, Angra dos Reis foi uma guerrilha que não existiu.

Silvio: *E como se deu sua prisão, em agosto de 69?*

Flávio: Em 69 minha prisão se deu depois de uma ação de expropriação no Rio de Janeiro. Nós demos cobertura, eu e mais dois, conseguimos dar cobertura para que os outros fugissem, dois carros mais. Nós ficamos fazendo a cobertura e fomos perseguidos por uma caminhonete da polícia, tiroteamos com a polícia e quando vimos tinha um batalhão de cem pessoas na nossa frente, com helicóptero e tudo, na avenida Brasil, perto do aeroporto do Galeão. Furou o pneu do nosso carro, que eu dirigia. Os dois saíram e cometeram um erro. Um deles era um sujeito treinado em Cuba, um sujeito da Marinha, o Duarte, que hoje é diretor de trânsito em Goiás. O Duarte saiu, ele era um exímio atirador, saiu contra a polícia, eram cem, da Polícia Militar do Rio, apoiados com helicóptero. E eles eram dois. Eu voltei, na tática do bom combatente: quando o inimigo ataca, eu recuo. Recuei e saí incólume. Um helicóptero armado me sobrevoou e não me reconheceu...

Os dois foram presos depois que a munição esgotou-se – ninguém combate cem, por mais exímio atirador que seja. Então a metralhadora trancou, era muito comum naquele tipo de metralhadora Ina, brasileira. E no dia seguinte fui preso numa cilada que armaram num apartamento ao lado da minha casa, na rua Paissandu. Foi quando eu conheci a tortura mesmo. Eu ia ficar, como eles diziam, 30 anos na prisão. E fiquei 30 dias, porque houve o seqüestro do embaixador americano.

Silvio: *Antes de saber do seqüestro, em algum momento lhe passou pela cabeça que você poderia ser resgatado da prisão?*

Flávio: Não, não. Nunca passou, e eu estava me preparando para passar os 30 anos que eles diziam. Comecei a tomar cuidados, já tinha saído da tortura, de vez em quando eles me chamavam de noite, de madrugada, e me torturavam, mas já contra a orientação. Porque tinha chegado um coronel, muito correto, para tomar conta do inquérito. No quinto dia do inquérito ele mandou suspender as torturas. Coronel Elber Mello Henriques, que nunca foi promovido a general por isso, porque mandou suspender as torturas.

Mas eu fiquei sabendo do seqüestro por um acaso, pelo rádio do cabo da guarda que ficava na frente da minha cela, ficava ligado o dia inteiro, uma radiozinha de terceira classe lá do Rio. Foi quando ouvi a notícia do seqüestro. Aí, sim, me deu uma aflição, mas eu achei também que não fosse estar, querendo estar. Lembro direitinho: pediram 15 prisioneiros.

Silvio: *Qual foi sua sensação ao ouvir a notícia do seqüestro?*

Flávio: Eu ouvi a notícia do seqüestro casualmente, porque quando me trocaram de cela, na Polícia do Exército, me mandaram de novo para uma solitária, e conseguiram me dar, de uma cela coletiva, um radiozinho do tamanho de uma mão. Mandaram recolher os rádios depois, já em função do seqüestro. E eu fiz que não ouvi, que estava dormindo. Como para eles eu não tinha rádio, não se interessaram muito por mim. Então liguei o rádio e ouvi – se não me engano era o *Repórter Esso* – a lista dos presos. Quando deu meu nome, meu nome era o quarto ou quinto, me lembro: primeiro era o Gregório Bezerra, depois o dos estudantes, José Dirceu, Vladimir Palmeira, Luís Travassos; Onofre Pinto, Flávio Tavares. Quando deu Flávio Tavares eu desliguei o rádio e chamei: "Cabo da guarda, cabo da guarda!" Ele veio e eu disse: "Olha aqui meu rádio, que eu me esqueci de entregar." Dei meu rádio, para não criar problema. E não sabia quem eram os outros.

E aí, sim, foram momentos de intensíssima expectativa e de sofrimento. Passou aquele dia, passou o dia seguinte e só no terceiro dia, 6 de setembro, é que me tiraram da cela, e de uma cela ao lado da minha o Ricardo Zarattini, que tinha vindo de São Paulo. Nos trataram muito bem, foram ali, conversaram conosco, nos serviram cafezinho, perguntaram como estávamos: "Por que você se meteu nisso?", eles perguntavam. Eu de um lado, o Zarattini do outro. Eu e o Zarattini não nos conhecíamos.

Depois dessa conversa, na manhã do dia 6 de setembro, voltamos para a cela. Sem que eles soubessem que eu sabia do seqüestro, tanto é que eles perguntaram: "E se você entrasse nesse seqüestro?" Eu disse: "Ah, como é que eu vou entrar nessa lista, eu, não." Mas então, como não vinha nada, nenhum aviso, comecei a me perturbar. Eu me lembro que não almocei, não consegui almoçar.

Até que, no meio da tarde, chegou um major, que me havia torturado, na porta da cela, com um fuzil Fal na mão, que é um fuzil automático, e um capacete, que significa que vai sair do quartel; abriu a porta e me disse: "Você tem três minutos para arrumar todas as suas coisas, menos o que seja de comer, e vai ser levado do quartel." "Para onde é que eu vou?", perguntei. Ele disse: "Ah, eu não sei. Você está nessa história do seqüestro do embaixador." Então eu disse: "Bom, mas eu quero ver minha mãe", que estava no Rio, tinha vindo do Rio Grande do Sul, estava no Rio, no meu apartamento. E ele disse: "Ah, que bobagem de ver a mãe é essa? Quando vocês se metem nisso não pensam na mãe."

Então trouxeram o que tinham me tirado, os meus sapatos, e pedi meu relógio, minha máquina de escrever e uma máquina fotográfica, que nunca vieram; vieram só os sapatos. Enfiei os sapatos, sem cordão, e saí. Eu e o Zarattini fomos postos num camburão do Exército. E, literalmente, fomos salvos porque estávamos nesse camburão, porque esse major que havia nos torturado estava na frente com um fuzil, tocava a sirene e ia abrindo o trânsito. E nós chegamos à Base Aérea do Galeão, onde eles me entregaram à Aeronáutica para que eu seguisse no avião, antes que a direita militar – que eram 60 pára-quedistas, oficiais pára-quedistas, da ultradireita militar – chegasse. Eles queriam invadir a Base Aérea, como invadiram, ocuparam a Base Aérea, tomaram a torre de controle do aeroporto, porque queriam nos seqüestrar e nos fuzilar, ou nos enforcar em praça pública – o problema deles é que eles não sabiam o que fazer, se nos fuzilar ou nos enforcar.

Silvio: *Você sabe como os outros companheiros de vôo foram levados até o Galeão?*

Flávio: Bom, o pessoal que veio de São Paulo, que era a maioria, veio num avião militar. Eram os estudantes, José Dirceu, Luís Travassos, Vladimir Palmeira; o Onofre Pinto, o único que veio com uniforme do presídio de Carandiru; o Rolando Frati... Quem mais vinha de São Paulo? Depois, do Rio, os dois estudantes, a Maria Augusta e o Ricardo Sá Rego, que estavam na prisão comum, se não me engano, foram levados para o Galeão não sei como, quando eu cheguei eles já estavam; e o Ivens Marchetti do Monte Lima veio da Ilha das Flores, era preso da Marinha, veio num helicóptero – aliás, disseram que iam atirá-lo do helicóptero para baixo.

E eu fui, acho, dos últimos a chegar no Galeão. Então fizeram aquela ficha datiloscópica com todos os dedos da mão, nos fotografaram numa espécie de banquinho movediço em todas as posições, de perfil, meio perfil, de costas. Depois fomos para a pista, para a famosa fotografia, aquela dos 13, que eu acho que é a fotografia da imprensa brasileira mais publicada no Brasil e no mundo.

Silvio: *Como foi aquela formação ali, para a foto?*

Flávio: Nós formamos assim, disseram: "Ô, você, fica agachado." Eu fiquei na ponta esquerda, em cima. Bom, como quem estava comandando a operação de fotografia era um sargento lá da Polícia do Exército e tinha que pôr mais uma pessoa embaixo, e ele só sabia o meu nome – os outros eram de São Paulo, ele não sabia quem eram –, disse: "Flávio, se agacha, se agacha." Então eu me agachei na ponta esquerda. E, nesses segundos em que me agachei, eu disse assim: "Vamos mostrar as algemas, rápido, vamos mostrar as algemas." Porque a maioria estava escondendo as algemas. Então o que se vê naquela foto é que dois – eu nem tive tempo de mostrar muito as algemas –, dois mostram as algemas.

O primeiro que mais mostra é o José Dirceu. José Dirceu mostrou as algemas num gesto de... Que era para mostrar que nós íamos algemados, que continuávamos presos, e o Onofre Pinto que mostra assim. Eu fiquei ainda meio assim, porque eu me agachei e eles bateram. Alguns, como o

Os presos políticos trazidos de São Paulo, reunidos aos que estavam detidos no Rio de Janeiro, fotografados pela Aeronáutica antes do embarque, na Base Aérea do Galeão.

João Leonardo, que era um homem de muita coragem, mas era um velho advogado, ele pôs um suéter, uma malha em cima das algemas, para esconder. Isso faz o criminoso comum. O preso político não se sente culpado, o preso político mostra o rosto, mostra a cara, não encobre nada, mostra a algema, mostra... Diz o nome, porque o preso político não é um culpado, ele não se sente culpado: ele é uma vítima do sistema, do terror que ele, preso político, quer destruir.

E depois, a viagem em si. Eu me lembro de quando entrei no avião, um avião com bancos longitudinais de lona, entra um caminhão dentro daquilo, e nós todos algemados. O Onofre Pinto, que foi um dos primeiros a entrar, me chamou: "Flávio, senta aqui!" Então um daqueles oficiais disse: "Não, não pode falar, não pode falar!" Eles estavam nervosíssimos, e só depois vim a saber por quê. É que eles deviam ter recebido ordens de que fizessem aquela operação rápido, porque sabiam da reação da ultradireita militar, dos pára-quedistas. E eu não pude me sentar junto com o Onofre Pinto e acabei me sentando na frente. Do meu lado, à direita, o Ivens Marchetti, que usava uma japona grossa – fazia muito frio no Rio naqueles dias. E na minha frente a Maria Augusta, um pouquinho mais do lado.

Lá pelas tantas veio uma pessoa com um casquetezinho tipo francês, muito cordial, muito sorridente e disse: "Estão amarrados, todos aí? Tem que amarrar, tem que amarrar." Então nos amarraram. E continuou: "Olha, eu sou o comandante do vôo..." – era muito cordial, disse até o nome, comandante Egon Reinish – "e minha missão é muito delicada: levar vocês até o México, entregar à embaixada brasileira no México." Ele tinha recebido instruções para nos entregar à embaixada brasileira. "E eu vou pedir a colaboração de vocês, vou pedir que vocês não falem entre si, não conversem entre si, nem falem, não digam qualquer coisa. Quem precisar se levantar para ir ao banheiro peça aqui aos soldados, que um deles vem, desata vocês." Ele saiu em direção à cabine e em seguida voltou: "Ah, me esqueci de uma coisinha. Vocês vão receber uma bandejinha para refeição, mas é só essa, comam devagar, porque é só essa durante todo o vôo." E depois veio uma bandejinha, eles entregaram ali naquela hora; tinha uma maçã, um sanduíche de presunto e queijo, um bolinho inglês e um leite com canudinho.

O avião decolou sem que nós soubéssemos o que estava acontecendo quase naquele momento, na Base Aérea do Galeão, que eram os pára-quedistas chegando. Eles ficaram trancados na avenida Brasil por um congestionamento de trânsito que nos salvou a vida, porque eles iam invadir, como invadiram, a Base Aérea do Galeão. Eles eram 60 pára-quedistas, na maioria oficiais, gente do batalhão da elite, treinadíssimos para missões de ação. O pessoal da Base Aérea do Galeão não sabia de nada. Eles tomaram a torre de controle do aeroporto, mas o avião já tinha saído. Só que nós não sabíamos disso. Então eles saíram dali e tomaram, já no finalzinho da tarde, os transmissores da Rádio Nacional no Rio, e o capitão Francimar, que hoje é coronel reformado, leu um comunicado duríssimo, de fato um comunicado contra a junta militar que se tinha dobrado às imposições dos terroristas e do Departamento de Estado americano, e tinha concordado com a saída dos prisioneiros.

SILVIO: *E que memória você tem do embarque do Gregório Bezerra, em Recife?*

FLÁVIO: A chegada do Gregório foi a nossa grande interrogação, a entrada do Gregório no avião, quando o avião desceu em Recife. Rio–Recife, um vôo longo, o Hércules é um avião muito lento, imenso, mas era lento. Lembro que o Ivens Marchetti estava do meu lado com uma japona, eu me encostava na japona por causa do frio no avião, que não tinha cabine pressurizada. Saí com duas camisas, só uma sobre o corpo, duas camisas de manga curta. E ele me disse assim – nós não podíamos falar, mas falávamos, coisinhas mínimas: "Pobre do velho Gregório, deve estar todo quebrado." Para nós o Gregório era um velho, tinha 69 anos, era o velho Gregório. E demorou, a soldadesca toda desceu para jantar, era final da tarde já, início da noite, então subiu o Gregório.

O Gregório parecia um anjo branco, anjo alvo: cabeleira branca, camisa branca, calça branca, alpercatas nordestinas de couro branco, cinto branco, carregando uma coisinha assim, pequenininha. Dentro do avião, cumprimentou todo mundo, bem à antiga, e sentou-se. "Aqui!" Sentou-se exatamente na minha frente, naqueles bancos ao longo do avião. E em seguida veio um cabo – eu nem sabia que era cabo, fiquei sabendo em seguida – da Aeronáutica e algemou o Gregório, que entrara sem algema; amarrou o Gregório, algemou-o e saiu. E o Gregório, no que ele saiu, ele estava de costas ainda para o Gregório, e o Gregório: "Seu cabo! Essas algemas estão muito apertadas." Deu uma ordem. Gregório era um ex-militar, tinha sido militar em 1935, na rebelião comunista. E o cabo veio, pressuroso: "Está bem assim?" "Não, afrouxa um pouco mais." E o cabo afrouxou um pouco mais. Afrouxou e disse: "Agora está bem?" "Agora está bem."

Silvio: *Você tem uma lembrança clara do embarque do Chuchu, em Belém?*

Flávio: Tenho, tenho. Bom eu só fui saber que era Belém muito tempo depois, eu achava que fosse Manaus. E dali a pouco entrou um sujeito, nós não sabíamos quem era, sentou-se exatamente na minha frente, ao lado de Gregório, separado um assento vazio dele, sentou-se e me fez assim com a cabeça, como quem diz: "Onde é que estamos? O que é isso?" E eu disse assim: "Nós vamos para o México." Baixinho. E ele ficou espantadíssimo, mas não ouviu direito o que eu disse.

Então ele começou a assobiar a "Internacional". E o Gregório, que estava ao lado dele, que conhecia a "Internacional", olhou, espantadíssimo e atemorizadíssimo. E ninguém se deu conta, porque ele assobiava baixinho, assim: "Lá, lá, lá, lá, lá, lá, lá, lá" – só que ele não cantarolava, assobiava. E longamente, assobiou, eu acho, toda a primeira estrofe da "Internacional".

E a soldadesca não se deu conta. O resto eu não vi, porque estava do lado o Gregório, que ficou espantado. Como quem diz: "Isso é um louco." Mas o que nos chamou atenção foi aquela história do Chuchu, que era, de fato, uma provocação. E o Gregório, que tinha aquelas regras, aqueles cânones do Partido Comunista, de não aceitar provocação, deve ter ficado mais aterrorizado do que nós. Só que os soldados não sabiam o que era aquilo.

SILVIO: *E qual é a lembrança que você tem da viagem de Belém até o México?*

FLÁVIO: Foi um longo vôo, vinte e tantas horas, cansativo, e que teve uma interrupção, o momento em que, madrugada já, soam os alto-falantes do avião, que não tinham soado até então, e o comandante diz: "Atenção, muita atenção, tripulantes do avião: tenho uma comunicação importante." Eu me lembro que o Ivens Marchetti, que tinha sido ameaçado no helicóptero que o levou para o Rio, estava atemorizadíssimo e disse: "Vão nos jogar do avião!" Então veio a ordem do dia do presidente Arthur da Costa e Silva – que já não era mais presidente coisa nenhuma, estava morrendo, já estava moribundo –, uma coisa longa, imensa. Ele leu e terminou: "Assinado: marechal Arthur da Costa e Silva, presidente da República." Ele não era presidente mais coisa nenhuma.

SILVIO: *E como foi o desembarque?*

FLÁVIO: O desembarque no México foi muito complicado. O comandante, que era um sujeito correto, o major Egon Reinish, tinha ordem de nos entregar à embaixada brasileira no México. Então, o avião chegou, ele desceu com uma listinha na mão. Lá pelas tantas, subiu de novo, aí já com um diplomata, evidente que era um diplomata brasileiro, pelo traje, aquele traje escuro. Esse secretário da embaixada entrou no avião, nos olhou com desdém absoluto, mas cumprimentou o Gregório, deu a mão a ele: "Fez boa viagem, como foi de viagem?", aquela pergunta formal.

Mas, antes disso, o comandante tinha voltado ao avião e ligado os motores, o que fez com que o pessoal que estava à nossa espera no aeroporto, brasileiros e mexicanos, achasse que o avião ia voltar. Então, começou a haver gritos etc. Lembro que o avião, com as turboélices, tremia. E nós achávamos que era para ventilar, pois fazia muito calor, era setembro no México, lá no Hemisfério Norte é verão. Depois eu soube que o comandante tinha feito isso para evitar que o pessoal na estação de passageiros invadisse a pista e viesse abrir as portas do avião, ou coisa assim. Estava cheio de jornalista, estava o mundo inteiro ali, e mais os americanos, a polícia mexicana...

Bom, mas isso demorou muito tempo, porque ele tinha a determinação recebida no Rio de nos entregar à embaixada brasileira. Um absurdo, do ponto de vista da soberania nacional do México. Bom, até que entrou no avião uma pessoa de feições indígenas, meio calvo, óculos, entrou bem no estilo mexicano, convicto do que dizia e do que fazia, e disse assim: "*En México mandamos nosotros, quítenles las esposas y liberen a estos señores de inmediato.*" No México nós é que mandamos, tirem as algemas e liberem estes senhores de imediato. Então, com o comandante, entrou uma pessoa, acho que da embaixada brasileira, se espantou e perguntou: "*Quien es usted*?" Estava aberta a porta do avião, ele disse: "*Soy Cerecedo Lopes, Jefe de Migración del Aeropuerto Internacional de México.*" Foi um rebuliço

Flávio Tavares, entre Luís Travassos e Gregório Bezerra, na chegada ao México. À direita, João Leonardo. Mais atrás, do centro para a direita, José Ibrahin, Agonalto Pacheco, Ricardo Zarattini e Onofre Pinto.

no avião. E ele disse assim: "E rápido, porque no México não se permite o uso de algemas." Então mudou a história. Nós tínhamos deixado de ser prisioneiros e éramos imigrantes; para o México, nós éramos imigrantes, não prisioneiros. E foi o paraíso aberto à nossa frente. Até então estávamos no inferno, e abriu-se o paraíso.

SILVIO: *Como foram os primeiros dias no México?*

FLÁVIO: Duas coisas: muito vigor e muito temor da liberdade. Nós não nos conhecíamos, e o primeiro ato de conhecimento coletivo foi uma reunião que fizemos no hotel, logo após almoçarmos. O grupo dividiu-se realmente em duas posições, não opostas, mas duas visões do mundo: a luta armada e os estudantes. O Gregório Bezerra, que não era nem uma coisa, nem outra, que era o único do Partido Comunista, ficava mais ou menos no meio.

E lembro que apresentamos, no dia seguinte, uma *conferencia de prensa*, entrevista coletiva, em que estava a imprensa do mundo inteiro, no

Coletiva de imprensa convocada pelos brasileiros no Hotel del Bosque, pouco depois da chegada ao México. Sentados, a partir da esquerda: José Dirceu, Gregório Bezerra, Maria Augusta; João Leonardo segura o documento e Flávio Tavares faz a leitura.

Hotel del Bosque. Demoramos um pouquinho para chegar, e já estávamos com *traje*, já tínhamos ido, de manhã, à Secretaria de Governación, tínhamos feito lá a inscrição, já tínhamos recebido no hotel uma *campera*, que é uma jaqueta, ou uma camisa, e uma calça e um par de sapatos. Já estávamos vestidos, já éramos pessoas.

SILVIO: *Como transcorreu o mês de setembro, quando o grupo todo ainda estava no México?*

FLÁVIO: Com muitas reuniões, mas já meio setoriais: os estudantes de um lado, nós do outro. Já meio cada um por si. Houve uma discussão muito grande, na qual eu me empenhei muito, sobre ir ou não ir para Cuba. Porque eu era a única pessoa do grupo que tinha alguma experiência com Cuba, ainda que sem jamais ter estado lá, pelo MNR, que foi o primeiro vínculo da esquerda brasileira com Cuba. E eu sabia das dificuldades em Cuba, do pessoal que ia, queria voltar e não voltava. Tinha que estar na linha dos cubanos para poder voltar. E as dificuldades de isolamento em Cuba, muito maiores do que no México. Cuba estava isolada do mundo, só tinha relações diplomáticas com o México, nas Américas. E, mesmo assim, no avião que ia do México para Cuba, duas vezes por semana, de uma empresa cubana, a polícia mexicana fotografava todo mundo que embarcava.

Bom, eu coloquei isso para o pessoal. Primeiro uma reunião da luta armada. A luta armada se reunia, depois os estudantes, depois nos reuníamos em plenária. Ou seja, não nos reuníamos nem com o Gregório, que era do Partido Comunista, nem com os estudantes, que era o José Dirceu, o Luís Travassos, o Vladimir Palmeira, a Maria Augusta e o Vilas, que não participava muito. Então eu coloquei esse problema: vocês não conhecem Cuba, eu conheço as dificuldades dos cubanos. Se mandava passaporte para o pessoal voltar, os cubanos davam para outro, e assim por diante. Então, temos que ter muito cuidado, temos que primeiro fazer ligações com Cuba para ver como é. E o Zarattini: "Ah, nós vamos treinar lá, em seis meses estamos voltando para o Brasil." Eu disse: "Não é assim, Zarattini, vocês vão esperar meses para treinar em Cuba, se não anos, tem gente de toda a América Latina lá." Zarattini até hoje é meu irmão, mas eu tive com ele um arranca-rabo brutal. O Zarattini era, digamos, o líder da história. O Onofre Pinto, que já conhecia as dificuldades, do tempo do MNR, antes de ser da VPR, ficou meio a meu favor, mas queria ir para Cuba também.

E eu achava que tinha convencido o Agonalto Pacheco, que era meu companheiro de quarto, na história de votar contra.

Eu não queria votar contra ir a Cuba, queria esperar. E disse: "Olha, nós temos que esperar no mínimo mais um mês, temos que fazer todos os contatos com o Brasil porque senão nós vamos nos isolar em Cuba." E aí perdi, porque até o Pacheco votou contra mim. Só ficou, se não me engano, eu e o Onofre. O resto, a ALN votou contra mim.

Os estudantes também queriam ir para Cuba. Eu me lembro que o Zé Dirceu e o Vladimir não sabiam muito bem para quê, mas queriam ir para Cuba. O Zé Dirceu já era bem mais ousado do que o Vladimir nessa época. O Vladimir, que tinha sido um grande líder das manifestações de rua no Rio, era muito cauteloso. E o Travassos, que era da AP, da Ação Popular, os católicos da esquerda, que não tinha vínculo nem com Vladimir, nem com Zé Dirceu, procurava também ser uma espécie de união.

Lembro que o Zarattini e o João Leonardo brigaram comigo com a história de Cuba e só se reconciliaram comigo no aeroporto. No aeroporto, eu entrei com eles lá para a Imigração, e todos convimos que era bom eu ficar no México, para fazer o enlace com Cuba. Eu mandava para eles, pelo correio da embaixada, as cartas que chegavam no México, mandava informações, que demoravam a chegar a eles. Eu entregava na embaixada ao meio-dia, o avião da Cubana de Aviación saía às duas da tarde, ia na maleta diplomática e saía naquele dia. Depois recebi uma informação de que o Onofre tinha demorado dois meses para receber uma carta minha. Eu tinha combinado com o Onofre um código. Enquanto os cubanos não decifravam aquilo, não entregavam para ele.

SILVIO: *Quais as lembranças mais marcantes que você tem do exílio?*

FLÁVIO: São tantas, em tantos aspectos. Do meu longo período de exílio, a lembrança mais marcante, que foi a mais dolorida, foi meu seqüestro, depois prisão, no Uruguai, em 1977, que durou até janeiro de 1978. Foi muito mais dolorido meu seqüestro e prisão no Uruguai que no Brasil, ainda que eu tenha sofrido menos, em termos de tortura. Porque no Brasil eu sabia que ser preso era uma contingência da minha opção pela resistência. Agora, no Uruguai, não.

No exílio, me comportei como jornalista. Eu trabalhava para *O Estado de S. Paulo*, jornal conservador – aberto, mas conservador –, e para o *Excelsior*, que era o maior jornal do México. Fui ao Uruguai até numa missão humanitária, para tirar da prisão um jornalista que estava detido lá, que trabalhava para esse jornal do México. Então fui seqüestrado, fiquei 28 dias seqüestrado, algemado, de olhos vendados e torturado. E depois fiquei mais seis meses preso.

SILVIO: *E como se deu sua volta ao Brasil?*

FLÁVIO: Bom, em Lisboa fui recebido muito bem, triunfalmente, com o carro do primeiro-ministro Mário Soares, do Partido Socialista, um Mercedes-Benz, me esperando no aeroporto. Quando cheguei a Lisboa, minha última etapa no exílio, eu de fato já tinha voltado para o Brasil. Por quê? Porque quando fui trabalhar no *Estado de S. Paulo* eu ainda era obrigado, não pelo *Estadão*, mas indiretamente pelo SNI, a escrever com pseudônimo: eu era o Júlio Delgado. Mas quando fui preso no Uruguai, toda a imprensa brasileira saiu em minha defesa, primeiro o *Estadão*, depois todos: Júlio Delgado é Flávio Tavares. Eu já volto para o Brasil, não sou mais o Júlio Delgado, eu sou o Flávio Tavares.

Quando saí do Uruguai para Portugal, expulso, saído da prisão, fui matéria de primeira página em jornais do eixo Rio–São Paulo, Porto Alegre, Belo Horizonte e Brasília. O *Jornal de Brasília*, *O Globo*, o *Estadão* e a *Folha* deram na primeira página, o *Zero Hora* também, em Porto Alegre. Então eu já tinha voltado ao Brasil, sem ter voltado ao Brasil.

E no final de 1979, ainda com muito medo, eu fui dos últimos a voltar ao Brasil, dos banidos. O Brizola chegou logo depois, no dia da anistia, no dia seguinte, dia 7 de setembro de 1979. Nós estávamos em Lisboa, Brizola foi a Nova York e de lá voltou ao Brasil. Ele queria que eu voltasse com ele, me convidou. Eu disse: "Não, Brizola, não." Nós estávamos em um projeto de armar um novo trabalhismo socialista. Eu disse: "Não. Eu saí como terrorista, saí como guerrilheiro e quero voltar sozinho." E voltei sozinho.

Silvio: *Hoje, como você interpreta a experiência brasileira da luta armada nos anos 1960?*

Flávio: Eu acho que foi uma experiência traumática, frustrante, mas foi um ato de uma generosidade tal, que eu o repetiria, sem os erros de antes. Nós estávamos dando o que de melhor nós tínhamos, nós não fomos para debaixo da cama. O chamado setor político foi todo para debaixo da cama, o setor empresarial, nem se fala, o setor sindical também. O Lula foi interventor da ditadura militar no Sindicato dos Metalúrgicos em São Paulo, começa a carreira de metalúrgico como interventor da ditadura militar – o Lula, dos melhores, sem falar nos outros, pelegos.

Então, o gesto da luta armada, ainda que equivocado, ainda que errado, ainda que instrumentalizado de uma forma equivocada, ou pelo menos não a melhor, foi um gesto generoso. Nós estávamos dando, e demos, e dezenas deram, o que de melhor se tinha: a vida. Nós estávamos entregando tudo, ingenuamente até, pode ser. Romanticamente até, pode ser. Mas a generosidade daquela geração é imensa. Então, nesse aspecto, foi uma tentativa de dar uma resposta a um momento de opressão. E foi a única tentativa, porque os restos políticos aí, os deputados, senadores, deputados estaduais, vereadores, tinham mandato, ganhavam subsídios. Nós, não. Tinham regalias, estavam no olho do furacão também, mas nem tanto. Tanto é que se comportavam direitinho, eram oposição, mas nem tanto, eram oposição consentida.

Nos faltou maturidade? Claro que nos faltou. Nos faltou clarividência? Claro que nos faltou. Mas nós éramos todos muito jovens, e até o nosso desequilíbrio com o sistema era fruto também da nossa juventude, não só em idade, nós éramos imaturos mesmo no trato com a ditadura, nós vínhamos de uma geração que tinha apostado tudo no exercício da liberdade, que acreditava que a democracia, a justiça social e o socialismo viriam pela prática da liberdade, da mobilização popular.

Silvio: *E como você reavalia o seqüestro do embaixador americano?*

Flávio: Foi o nosso equívoco triunfal. O nosso equívoco triunfal foi o seqüestro do embaixador americano. A partir de então a repressão se transformou. Passou a ser muito mais sofisticada, os organismos da repressão se unificaram, criaram o DOI-Codi e seus congêneres, o governo prestou muito mais atenção na propaganda, até chegar àquela coisa brutalmente triunfalista da ditadura Médici: "Ame-o ou deixe-o." Mas foi o fato mais significativo da rebelião em si mesmo. Foi uma coisa de amadores? Foi. Mas foi o ato mais bonito, o ato mais marcante, ele marca o país: antes e depois do seqüestro.

Tanto que até hoje nós somos os 15, os 15 trocados pelo embaixador americano. Ele feriu o grande satã, os Estados Unidos. Ele é marcante nesse aspecto, porque ele é o ferimento, ele é o cutelo, ele é a faca na alma, para dizer um lugar-comum, ele é a faca na alma do imperialismo. Foi a primeira vez que os Estados Unidos se sentiram obrigados a impor uma negociação. Porque a negociação conosco foi imposta pelos Estados Unidos, imposta por Washington, desde o início, pelo presidente Nixon, por um conservador, não é nem pelos democratas. Então, foi uma metáfora só? Foi uma imagem? Foi. Que não significou uma vitória nossa. Mas foi uma imagem que perdura até hoje. Para usar o lugar-comum: o imperialismo teve que se ajoelhar e pedir a negociação.

E foi uma ação limpa, o embaixador teve um cocuruto aqui na testa e puseram um esparadrapozinho, ele teve uma reação normal. O seqüestro teve originalidade, apesar da improvisação. Foi original até na forma de deixar as primeiras mensagens numa igreja, obrigar o governo a romper a censura à imprensa, porque avisavam os jornais que os manifestos estavam na caixa de esmolas da igreja ou na caixa de sugestões do supermercado. Os jornais ficavam sabendo antes do governo, o governo não podia censurar, os jornais eram os municiadores da informação.

Mas eu acho que depois, claro, teve outra face também, a face oculta. Como a lua tem a face oculta, também teve a face oculta do seqüestro. Depois a repressão foi brutal, organizou-se melhor, sofisticou-se muito mais e caiu com muito mais força. Tanto que eliminou Marighella, Joaquim Câmara Ferreira, Lamarca, o Virgílio Gomes da Silva, e tantos mais.

SILVIO: *Como você vê o Brasil dos últimos dez anos?*

FLÁVIO: Foram mais ou menos os anos em que me dediquei a rever o passado e não ver o Brasil. Eu sou muito cético, pessimista, não só com relação ao Brasil, sou muito pessimista e cético com relação à nova sociedade de consumo que está surgindo aí. Eu acho que nós incorporamos valores "modernos" sem termos modernizado o cerne. A nossa sociedade não se modernizou, nós continuamos a sociedade feudal, atrasada no campo, cada vez mais deseducada nas cidades. Nossa deseducação feita a partir da televisão é brutal. A televisão hoje passou a ser o grande fator "educador" do país, educa deseducando. Então eu acho que os últimos dez anos foram, no mundo inteiro, os anos do triunfo, da sedução, das quinquilharias do capitalismo. O triunfo da sedução da sociedade de consumo. As pessoas cada vez são menos cidadãs e mais consumidoras. Não há mais cidadãos, não se fala mais em cidadãos, fala-se só em direitos do consumidor. Então eu acho que o grande papel da esquerda hoje é desmascarar tudo isso.

VLADIMIR PALMEIRA

O economista **VLADIMIR GRACINDO SOARES PALMEIRA** nasceu em Maceió, em 1944, em família de forte tradição política. O pai, Rui Palmeira, participou da elaboração da Constituição de 1946. Um de seus irmãos, Guilherme Palmeira, governou Alagoas; outro, Miguel Palmeira, foi deputado estadual. Estudante de direito no Rio de Janeiro, Vladimir foi eleito presidente do Caco, diretório de estudantes da faculdade, em 1966. No ano seguinte, tornou-se presidente da União Metropolitana dos Estudantes (UME). Desempenhou papel destacado no movimento estudantil carioca e, em 26 de junho de 1968, liderou a Passeata dos Cem Mil, a mais importante manifestação de rua contra o regime militar. Preso durante o congresso da UNE em Ibiúna, SP, permaneceu dez meses detido, até ser libertado durante o seqüestro do embaixador Elbrick. Seguiu do México para Cuba, onde viveu por três anos. Viveu na Argélia e partiu para o Chile no fim de 1972. Logo após o golpe que derrubou o governo Allende, exilou-se na Bélgica, vindo a formar-se em economia pela Universidade Livre de Bruxelas. De volta ao Brasil, participou do congresso de fundação do PT. Em 1986 foi eleito deputado federal pelo Rio de Janeiro, participando da elaboração da Constituição de 1988. Foi por duas vezes escolhido pelo Diretório Estadual do PT para a disputa do governo fluminense, mas a direção nacional do partido só viria a aprovar sua candidatura nas eleições de 2006. Publicou o livro *Abaixo a ditadura*, sobre o movimento estudantil de 1968, escrito com José Dirceu. Vladimir vive no Rio de Janeiro.

Entrevista no Rio de Janeiro, 29 de setembro de 2005

SILVIO: *Como se reorganizou o movimento estudantil, depois do golpe de 1964?*

VLADIMIR: Lentamente. A minha escola não é típica, no primeiro ano já se reorganizou. No meu centro acadêmico, o glorioso Caco, na primeira eleição que houve a esquerda ganhou, ainda no segundo semestre de 64.

SILVIO: *E quais eram as campanhas?*

VLADIMIR: O Partidão levava aquele negócio das liberdades democráticas. Eram reivindicações bem pontuais, para restabelecer os antigos poderes do diretório acadêmico: volta do controle da gráfica e do restaurante, porque antes de 64 o bandejão era controlado pelos estudantes. A gráfica também era do diretório, eles tomaram e nunca devolveram.

SILVIO: *Em 1968, a repercussão da morte e do enterro do Edson Luís pegou você de surpresa?*

VLADIMIR: Pegou. Tinha cem mil no enterro do Edson, não se esperava. Foi o primeiro morto que nós tivemos. A coisa mais impressionante foi no dia do enterro, quando chegaram os colégios secundários dirigidos por padres e freiras. E um afluxo de gente estranha ao movimento estudantil, foi a coisa mais impressionante. Depois houve uma grande manifestação na Cinelândia. Falaram intelectuais, artistas, donas-de-casa, políticos, sindicalistas.

Em 29 de março de 1968, 60 mil pessoas acompanham o corpo do estudante Edson Luís de Lima Souto no trajeto da Câmara dos Vereadores até o cemitério S. João Batista, no Rio de Janeiro.

SILVIO: *O apogeu do movimento estudantil em 1968 foram aquelas duas últimas semanas de junho. Que lembrança você tem daqueles dias?*

VLADIMIR: Nós organizamos muito no primeiro semestre de 68, foram enormes manifestações de lutas reivindicatórias, preparamos muito o terreno nas escolas. Mudamos a orientação em fevereiro. Houve uma grande disputa na UME: se devíamos centrar na luta contra o pagamento das anuidades ou na luta por mais verbas. E nós impulsionamos a luta por mais verbas. Ganhamos, por um voto só, o conselho da UME. Antigamente eram os conselhos que deliberavam, e não a diretoria da UEE. E tomamos uma decisão, começamos a ir para sala de aula, discutir professor, currículo. Então atingimos uma massa estudantil que normalmente ficava de fora, porque era só uma minoria dos estudantes que fazia aquela luta de rua contra a ditadura. Houve um grande trabalho de base no primeiro semestre.

Ao mesmo tempo, nós fazíamos as passeatas de rua. Cada mês, cada 15 dias, tinha uma passeata. E o governo iniciou uma ofensiva, através da Igreja, do Castro Pinto, propondo o diálogo. Nós mandamos lá o cara da UME, o Franklin. Mas o Partido Comunista e elementos da direita que se juntaram ao Castro Pinto queriam recusar a representatividade da UME. Foi uma batalha para que nós afirmássemos a UME. Fizemos um amplo trabalho de base e, ao mesmo tempo, garantimos a nossa representatividade. E ganhamos: o diálogo tinha que ser com a União Metropolitana dos Estudantes. Esse foi um elemento importante para nós.

Ao mesmo tempo, fazíamos as passeatas, as manifestações de rua, onde dizíamos que queríamos dialogar. E o governo nos batia. Mas começou a virar um hábito. Íamos para a Rio Branco, fazíamos a passeata, andávamos no meio dos carros, tocávamos fogo em um ou dois carros de polícia. E a imprensa começou a falar muito, sobretudo *O Globo*, coisa editorial, dizendo que nós queríamos fazer agitação, não queríamos diálogo. Então, diante desse quadro, que era um quadro complicado politicamente, nós resolvemos mostrar que queríamos dialogar. Decidimos ocupar o MEC e, no dia seguinte, a universidade federal, mostrar e forçar o diálogo. Nós fomos bem preparados, dessa vez com pau, pedra, coquetel molotov.

Pela primeira vez nós usamos a violência contra a polícia, nunca tínhamos usado. Até 1968 sempre nos defendemos, em geral correndo. Os caras chegavam para nos reprimir e nós dissolvíamos a manifestação. Meia hora, uma hora depois, nos encontrávamos num ponto pré-marcado e começava de novo. Às vezes iniciávamos a manifestação três, quatro vezes, sempre tentando enfrentar a polícia, não de forma militar, mas pela astúcia. Mas em 1968, diante desse negócio de que não dialogávamos, cansados da perseguição policial, decidimos ocupar o MEC.* E dessa vez nos preparamos para a violência. Tentamos entrar no MEC em três colunas. Não tínhamos lido Clausewitz,** então dispersamos nossas forças. Entramos em três colunas no MEC, fomos rechaçados, muita gente ferida, correu sangue. E criou-se ali um clima.

Nós tínhamos feito uma retaguarda na Rio Branco, deixando lá um pessoal com a barricada. Pela primeira vez, nós fizemos uma barricada. Nossa tática tinha sido, até esse momento, andar na contramão, paralisando a ação policial. A polícia não podia chegar a pé. Ela não podia usar carro, porque aquele trânsito ficava embananado. A velocidade policial era muito diminuída. Mas nesse dia nós decidimos fazer uma barricada e liberamos a avenida, portanto, para que as tropas pudessem nos assaltar. Quando não conseguimos tomar o MEC, fomos lá, já havia gente no Edifício Avenida Central, fizemos comício, depois fomos ali perto do antigo *Jornal do Brasil*, onde fizemos uma barricada.

A polícia veio com aquele passo de ganso, desde a Cinelândia. Quando avançaram mesmo, nós demos a ordem de avançar, em vez de recuar. Então nós batemos na polícia. Foi a primeira vez, eles não estavam preparados. Nós estávamos com instinto guerreiro, porque já tínhamos tentado ocupar o MEC, e a polícia fugiu. Ocupamos o Centro do Rio, aquilo ali virou uma confusão. Tocaram fogo no caminhão do Exército e, depois, quando chegou a PE, fomos acabando a manifestação.

Na quinta-feira, como previsto, ocupamos a universidade, forçamos o Conselho Universitário a dialogar conosco. Acho a manifestação mais importante de 1968, porque havia a dominação ideológica dos professores. Hoje continua, mas de forma mais civilizada. Quando eu entrei na faculdade, ti-

---

* O prédio do Ministério da Educação e Cultura ergue-se sobre pilotis na rua Graça Aranha, Centro do Rio de Janeiro, formando um amplo pátio que foi cenário de diversas manifestações estudantis.

** Carl von Clausewitz (1780-1831), general prussiano, escreveu *Von Kriege* (Da Guerra), considerada obra fundamental sobre estratégia militar.

nha professor para quem você não podia fazer uma pergunta, ele dava aula e não admitia pergunta. O Conselho Universitário era um bando de relíquias. Então, dessa vez, nós forçamos a barra. Arrebentamos a porta da sala onde o Conselho se reunia e obrigamos os conselheiros a descer e a dialogar conosco no teatro de arena da Faculdade de Economia. E pronto. Então, conseguimos que votassem as principais reivindicações, de verba, de material, de currículo e, sobretudo, conseguimos que se estabelecesse uma reunião mensal com os estudantes, para discutir as questões da universidade.

Depois, quando saímos, estávamos cercados; a polícia não quis fazer acordo para sairmos. Nós, escaldados pela manifestação de 1966 na Faculdade de Medicina,* não íamos ficar ali para sermos invadidos. Então saímos na marra, já estava tudo planejado há muito tempo. Houve um grupo de estudantes, com o [Carlos] Vainer, que saiu para agüentar a porrada;

À frente do Conselho Universitário, Vladimir discursa em manifestação no anfiteatro da Faculdade de Economia, em 20 de junho de 1968.

* Em setembro de 1966, alunos de medicina da Universidade do Brasil, na Praia Vermelha, resolveram ocupar a escola até que o reitor atendesse suas reivindicações. Na madrugada do dia 23, a Polícia Militar invadiu o prédio e espancou os estudantes em um corredor polonês. O episódio ficou conhecido como "o massacre da Praia Vermelha".

Estudantes que se refugiaram no campo do clube Botafogo, após a invasão do campus pela polícia, são formados em fila e conduzidos à prisão.

foram para o lado direito. E nós saímos para o lado esquerdo. Isso depois de termos feito barulho nos fundos, como se fôssemos sair ali por trás. Barulho a leste para atacar a oeste... Saímos então pelo outro lado, e o Vainer saiu com uma turma na direção da praia de Botafogo, umas 50 pessoas que nós tínhamos organizado. Enquanto a massa saía pela esquerda, na direção do campo do Botafogo. E funcionou. Eu saí no meio da massa. Havia uma história de que eu tinha saído trancado na mala do carro do reitor. Mentira, eu saí no meio da massa, e a polícia estava ao nosso lado, batendo. Eu vi bater no cara do meu lado, mas a maior parte do pessoal saiu. Mas, quando saiu o último terço, eles começaram a atirar. Atiraram, e então o pessoal, com medo, ficou preso. E esse pessoal terminou preso. Foi a grande massa que foi para o campo do Botafogo, onde houve repressão, urinaram em cima das moças, bateram, desmoralizaram, tiraram roupa de gente.

No dia seguinte a imprensa deu um grande destaque a essa repressão. Nós, sabendo que a repressão viria, já tínhamos convocado uma manifestação para as oito horas da manhã de sexta-feira, pela primeira vez na vida; nossas manifestações eram mais tarde. E já estava um quadro muito agitado. Quando chegamos, as bancas de jornal estavam abrindo, e as lojas começaram a fechar imediatamente. Bastou começar a ver jovem, começaram a fechar. Então fizemos a manifestação até o MEC. E isso veio a degenerar na "sexta-feira sangrenta", com a violenta repressão policial. Da sexta-feira sangrenta convocamos uma manifestação de massa para enfrentar o governo. O clima era de grande confronto, a população indignada. Na sexta-feira sangrenta, a principal característica era a população nos aplaudindo a toda hora, abrindo alas para nós passarmos, incentivando, se misturando na luta contra a polícia. Foi uma grande violência, muita gente morta, e nós já saímos insistindo que era preciso convocar outra manifestação.

SILVIO: *Então chegamos ao dia 26 de junho, a sua experiência de ter liderado a maior manifestação de rua desde 1964 – cem mil pessoas na avenida Rio Branco.*

VLADIMIR: É, foi. Uma importância política grande. Mas a convocação saiu daí. E afinal fizemos uma manifestação que o governo decidiu permitir. Foi uma manifestação como o enterro do Edson, maior, com ampla participação popular. Nós tínhamos tirado uma comissão popular para dialogar com o governo, no dia do enterro do Edson. E voltamos a ter uma nova comissão popular, tirada dos Cem Mil, também para dialogar com o governo. E os Cem Mil, a princípio, foi uma grande manifestação, com ampla participação, maior que a do enterro do Edson, porque foram mais artistas, mais pessoas de destaque, mais secundaristas e, sobretudo, mais gente de classe média. E os pais foram. Foi uma manifestação em que os pais compareceram. Essa já é uma grande manifestação da classe média, com apoio daqueles setores operários, sindicalistas e de uma certa vanguarda operária que existia. Mas é, evidente, uma manifestação de classe média, por isso Nelson Rodrigues se queixava de que não havia um negro

Vladimir discursa na Cinelândia durante a Passeata dos Cem Mil, no Rio de Janeiro, em 26 de junho de 1968.

na Passeata dos Cem Mil. Na verdade tinha, porque tinha até dirigentes que eram negros. Mas ele não deixava de refletir uma verdade: era uma manifestação de classe média.

SILVIO: *Era uma manifestação amplamente convocada, diferente da que houve na morte do Edson, que tinha sido espontânea.*

VLADIMIR: É verdade, foi convocada. Sobretudo a imprensa falou muito. Quem melhor convocava nossas manifestações era a imprensa. Até para denunciar e para dizer que era uma maluquice. Então, a dos Cem Mil realmente foi mais convocada. E tinha mais gente do que no enterro do Edson, que foi uma manifestação grande, muito grande. Nossos olhos eram sempre para a Cinelândia, no enterro do Edson a Cinelândia foi toda ocupada.

Então, nos Cem Mil aquilo estava ocupado e ia pelas ruas adjacentes, foi uma manifestação maior, mais compacta. E mais expressiva, do ponto de vista sobretudo da intelectualidade, dos artistas.

SILVIO: *No segundo semestre houve um descenso.*

VLADIMIR: É, no segundo semestre eu não participei. Porque nós fizemos a Passeata dos Cem Mil, depois fizemos a chamada Passeata dos Cinqüenta Mil. E foi uma passeata combativa. Tinha bastante gente, mas foi mais combativa, mais dura, mais de confronto. E, mesmo assim, foi uma diminuição substantiva. Nós decidimos que era hora de voltar para a universidade. Porque sempre combinamos a luta na rua com a luta na universidade. De forma que recuamos para a universidade.

Tinham começado as férias estudantis e nós voltamos a discutir na universidade, nos refugiamos ali, para reorganizar as forças e para voltar a travar lutas reivindicatórias quando chegasse agosto. Eu iniciei o processo, mas no dia 2 de agosto, quando começaram as aulas, fui preso. Passei um mês e meio preso, fui solto, passei uns cinco dias aqui no Rio, depois passei mais 15 dias em São Paulo, trancado, escondido. Depois fui para Ibiúna e quando saí fui preso.* Então, minha participação no segundo semestre foi muito pequena.

SILVIO: *Você achava possível reunir mais de 900 estudantes num sítio em Ibiúna, sem interferência da polícia?*

VLADIMIR: Eu não tinha idéia nem de onde seria, não sabia nada do congresso da UNE. Só soube depois, quando contaram as histórias. Depois, na cadeia, uns acusavam os outros, e eu soube como tinha sido feito. Eles quiseram fazer esse congresso no Rio, na Guanabara, e nós recusamos, porque

---

* O 30º Congresso da UNE, que estava sendo realizado em um sítio no município de Ibiúna, a 70 quilômetros de São Paulo, foi interrompido por soldados da Força Pública na manhã do dia 12 de outubro de 1968, um sábado. Novecentos e vinte estudantes foram presos, fichados e enquadrados na Lei de Segurança Nacional.

achamos que não tínhamos condições de fazer um congresso com centenas de delegados. Tínhamos feito um congresso com 450 delegados, em 1967, e a polícia chegou um dia depois que saímos do convento. Então sabíamos que fazer um congresso daquele porte era muito difícil. Até pelo barulho, não tem jeito. De forma que, quando propuseram fazer no Rio, nós dissemos: "Nós não temos condições." E eles decidiram fazer em São Paulo, então.

SILVIO: *Quando o congresso caiu, você foi identificado de imediato?*

VLADIMIR: Não, não. Eles pegaram os paulistas, os outros eles não conheciam. O pessoal de São Paulo separou logo Zé Dirceu, Travassos. Eles foram levados já separados. Mas eu fui num ônibus, e quando chegou em frente à cadeia para onde nos levaram, fugi. Só que passava do outro lado da rua um cabo aposentado que me viu sair do ônibus, e me dedou. Foram me buscar e me prenderam de novo. Ninguém tinha visto, os caras do ônibus não viram, a polícia não viu. Foi um dos momentos mais tristes da minha vida. Tem uma fotografia no *Cruzeiro* que minha tia viu e disse: "Nunca vi você tão triste." Porque aí eles tiraram minha camisa para eu não fugir, me algemaram, me amarraram. E quando eu estava chegando preso, o cara do *Cruzeiro* tirou a fotografia.

SILVIO: *Voltando um pouco atrás: você começou a militar no PCB?*

VLADIMIR: Eu era parte de um grupo clandestino do qual participava meu irmão mais velho, Moacir. E entramos num grupo que era feito de restos das outras organizações, restos do PC, restos da AP, restos da Polop. Fazíamos panfletagem, atuávamos juntos e discutíamos alguma coisa eventual do movimento estudantil. Eu não participei diretamente do movimento estudantil em 1964, porque o dia em que compareci à primeira assembléia geral foi 31 de março. Então veio a repressão, e só fui participar do movimento estudantil em 1965, quando esse grupo, do qual eu era base, decidiu se dissolver, porque o pessoal da PO começou a brigar com o pessoal do PC, com o pessoal da AP, e as respectivas organizações começaram a se reconstituir. Eles deixaram de ser caras perdidos e passaram a manter vínculo com as antigas organizações. E eu fiquei solto. Tinha um pessoal da universidade, do Caco, da Faculdade de Direito, que era de esquerda e que queria construir um partido revolucionário. Então me chamaram para entrar para o PC, mas já para a fração. Já me chamaram para entrar e destruir o Partido Comunista, construir um partido revolucionário. Eu entrei já em contato com esse pessoal da esquerda. Entrei em 65 e saí em 66, quando fundamos a DI – Dissidência Comunista.

Silvio: *E como você encarava a opção da Dissidência pela luta armada?*

Vladimir: Veja bem, nós sempre fomos pela luta armada. Não tínhamos nenhuma posição foquista ou guerrilheira, mas uma definição geral de luta armada. Em 1967 começam os debates, a Dissidência da Guanabara foi a primeira a rachar. Rachou o pessoal do estado do Rio, rachou o pessoal de São Paulo e rachou um pessoal do Rio Grande do Sul. E chegaram a formar um comando interdissidências. E o pessoal de São Paulo e do estado do Rio aderiu às teses do [Régis] Debray, de foco guerrilheiro. Houve um grande debate dentro da Dissidência da Guanabara, no qual eu e Daniel [Aarão Reis] nos opusemos às teses guerrilheiras. Na verdade, rachou em três, em 1967. Uma parte queria sair com o PCBR, com o Mário Alves, sobretudo, que era a figura mais expressiva. Havia uma parte que queria fazer o foco. Então a direção rachou em duas partes. Eu e Daniel, que não queríamos nem ir para o PCBR, porque achávamos que era muito tradicional, nem para o foco, fizemos uma posição própria, que era nem foco, nem burocracia: partido e luta armada. E ganhamos o congresso. Congresso é um exagero chamar: a reunião da DI.

Silvio: *A Conferência de 1967.*

Vladimir: A Conferência. Ela rachou em três partes e nós ficamos com a DI, porque ganhamos a maioria. Os foquistas disseram que iam aceitar o resultado, mas um mês depois saíram. E o pessoal que queria ir para o PCBR já tinha sido expulso antes. Então ficamos nós, um grupo que eu calculo de 12 a 15 militantes. Ficamos com a DI no final de 1967. Mas, quando começou 1968, nós incorporamos logo pessoas que estavam próximas, como Franklin [Martins], Carlos Vainer e outros, que eram

OPP. Eles se incorporaram, e nós crescemos logo. Não sei se dobramos nossas forças, porque eu não era da direção. Mas tínhamos pouca gente, um grupo muito pequeno. E organizávamos uma turma de 125 estudantes em torno de nós, simpatizantes organizados, que discutiam filosofia, marxismo, enfim, tinham um curso de educação. Mas não conseguíamos dar conta de mais de 125, porque não tínhamos braços. Então, eu peguei a presidência da UME – o racha foi depois disso, próximo a dezembro. O Daniel foi para a direção. Se não me engano, Daniel, Vera Sílvia [Magalhães] e Stuart [Edgar Angel Jones]. Eu não fui, porque tínhamos aprovado na DI a resolução de que líder de massa não podia ser dirigente partidário, para não acumular poder.

SILVIO: *Como você ficou sabendo do seqüestro do embaixador americano?*

VLADIMIR: Eu estava preso na PE de São Paulo. E havia um cabo, boa-praça, boa gente, que me contou que tinham seqüestrado o embaixador americano. Os "terroristas". E eu me diverti muito. Mas achei que era coisa da gente do Marighella, VPR. Um dia começou um movimento do cacete lá, chegava gente, nós ouvíamos barulho e tal. Me tiraram da cela, me jogaram num camburão, estava cheio de general, oficial, lá na PE. E disseram que iam me matar, em represália pelo seqüestro. Então, eu me preparei para morrer, sem grande alegria. Depois, quando eu estava nesse camburão, entraram Travassos e Dirceu, e disseram: "Que cara é essa?" E eu tinha que estar rindo? Aí disseram: "Nós vamos sair, estamos na lista."

E eu nunca imaginei, porque não tinha relação com o pessoal das ações armadas. É verdade que minha mulher, a Ana Maria, que era ligada ao Marighella, dizia: "O Marighella vai tirar você." E eu dizia: "Mas não façam maluquice, eu não quero." E a DI já tinha avisado que ia me tirar. Então, toda vez que eu saía da cadeia para ir à Justiça Militar, eu, no camburão, já ia deitado. Eles me botavam lá sozinho, eu deitava, esperando o tiroteio. Porque a idéia inicial deles era atacar o carro de polícia.

Então, quando saiu, todo mundo imaginava que era coisa do Marighella, da VPR, não se sabia direito. Fui para o Dops, onde se juntou outra turma, o Zé Ibrahin, se não me engano, Zarattini, João Leonardo, estavam todos na cadeia, eu não os conhecia direito. No dia seguinte, se não me engano, saímos, fomos para o aeroporto, amarrados, aquelas coisas constrangedoras:

amarraram braços, pernas, um amarrado no outro. Você ia mijar, tinha que ir o cara do seu lado, o seu colega, tinha que ir mijar com você, o que é uma situação. Ficamos lá horas, amarrados. Depois nos botaram no avião e fomos para o Galeão. Já aí, soltos. No Galeão desembarcamos soltos para encontrar, pegar o pessoal que estava no Rio. Pronto. Então ficamos à vontade. Nem imaginávamos que os pára-quedistas estavam para chegar lá.

O clima era do melhor humor. De forma que essa fotografia que ficou célebre, todos nós sérios, é uma fotografia que não mostra a realidade. Nós estávamos na maior alegria e no melhor bom humor. O que acontece é que alguns policiais – tinha um policial aqui no Rio, Mário Borges, se não me engano, ou Mauro Borges, ele começou a tomar muita intimidade conosco. Eles nos obrigaram a tirar aquela fotografia e começaram a fazer umas piadinhas. E decidimos trancar a cara, de propósito. Mas o clima não era aquele. O clima era de esperança, de vontade de sair.

Então pegamos o avião. Os pára-quedistas, graças a Deus, chegaram tarde. Paramos em Recife, para pegar o Bezerra, e depois em Belém, para pegar o Chuchu. Ninguém entendeu, o Chuchu entrou em Belém – mas, ditadura militar, ninguém pensou por que o Chuchu entrou em Belém.

SILVIO: *Quem você já conhecia pessoalmente?*

VLADIMIR: Chuchu. Tinha feito movimento estudantil. A Maria Augusta, o Ricardo Vilas, que eram do Rio. Travassos, Dirceu. E esgota aí meu conhecimento. E conhecia, evidentemente, de nome, o Ibrahin.

SILVIO: *Que lembrança você tem do vôo?*

VLADIMIR: Rapaz, o vôo foi a mesma coisa, nós fomos amarrados. Era um avião daqueles que víamos em filme americano de pára-quedista: dois bancos laterais. Nós fomos lá ouvindo o discurso do Costa e Silva e o Hino Nacional, que eles botavam. Então, era uma tortura terrível. Ouvir o Costa e Silva, realmente, nós não merecíamos. Enfim, uma chateação. Mas, diante do que estávamos esperando, para nós tudo aquilo era refresco. Qualquer problema ali para nós era beleza.

SILVIO: *Na verdade era um texto apócrifo assinado pelo Costa e Silva, porque o Costa e Silva já não tinha condições nem de ditar; ele estava muito mal.*

VLADIMIR: Ele tinha tido já o ataque. Eles fizeram lá um negócio, e ficamos ouvindo aquela lengalenga.

SILVIO: *E o embarque do Gregório Bezerra, você lembra?*

VLADIMIR: Rapaz, não lembro, não lembro nada de mais. Gregório entrou, todo mundo muito quieto e tal. O que chamou atenção foi a entrada do Chuchu, que entrou assoviando a "Internacional". Todo mundo riu e tal. Entrou o Gregório, nós já sabíamos nessa altura quem era.

SILVIO: *Como foi o desembarque no México?*

VLADIMIR: Demorou, porque houve uma confusão. A polícia brasileira não queria entregar e queria que, antes, soltassem o americano.

Vladimir e Dirceu caminham entre a pista e o saguão do aeroporto da Cidade do México.

Houve lá um contratempo. A polícia mexicana teve que agir com certa energia, para que pudéssemos desembarcar. Houve um confronto entre eles, e nós terminamos desembarcando. No desembarque havia uns brasileiros, fomos recebidos com festa e levados para um hotel, onde ficamos.

SILVIO: *E esse período no México?*

VLADIMIR: Olha, esse período no México foi muita imprensa. Eu, o Dirceu e o Travassos fizemos um pacto de não falar, porque tinha o problema da ação militar. Estávamos lá com o pessoal guerrilheiro. E consideramos o seguinte: nós não vamos falar, porque hoje não é o movimento estudantil que domina a cena política brasileira. Então, vamos deixar que o pessoal da luta armada fale. E abrimos exceção para Maria Augusta, que falava inglês, o que era uma grande vantagem, e era a única mulher do grupo; então era a pessoa mais solicitada pra falar, *la unica mujer del grupo*. E eu, o Dirceu e o Travassos decidimos não falar, nem dar entrevista, nada, ficar na nossa. Porque achávamos que quem estava fazendo a ação lá era esse pessoal, esse pessoal é que devia falar.

E nesse momento, eu já soube no Galeão que tinha sido pessoal nosso também. O Mauro Borges me disse que o Franklin estava metido. E quando cheguei lá, fui informado de que meu pessoal estava já fazendo ações armadas, contra meu conselho. Não era a minha linha. Então, pronto, ficamos lá quietos. Acordávamos cedo, fizemos muita amizade com Gregório Bezerra, eu, a Guta, o próprio Ricardo, tínhamos muita amizade com o Gregório. Brincamos muito com ele, demos de presente um livro provocativo, não me lembro qual desses livros do Lênin. Lá no México tudo de Lênin era publicado, Marx, aquele negócio. Então íamos numas livrarias vagabundas perto do hotel e demos um livro para o Gregório, de presente. Ele não se vexou. Dois dias depois ele nos deu o *Esquerdismo*.* Então ficava aquela brincadeira.

---

* *Esquerdismo, doença infantil do comunismo*, escrito por Vladimir Ilitch Lênin em abril de 1920.

E nos demos muito mal com o pessoal da luta armada, muito mal. Desde o início houve conflito, confronto. Eles não entendiam por que a imprensa só nos procurava. Eles faziam reuniões, e o Travassos estava presente. E dizíamos: "Travassos, não vamos abrir a boca na reunião." Não abríamos. Votávamos e tal. Então o Travassos, uma vez, ganhou a reunião. E pronto, eles passaram a reunir só eles, da luta armada, para não se dividir com nossa presença. A partir daí formaram um corpo à parte, o pessoal da luta armada. E nós, estudantes, e eventualmente o Ibrahin, que era próximo de nós, ficávamos na nossa. E dissemos: "Vocês são maioria, façam o que quiserem." Então, era um clima de certa tensão.

SILVIO: *A Dissidência da Guanabara, naquela ação, conseguiu soltar três militantes: você, Maria Augusta e o Ricardo Vilas. Como é que vocês se articularam no México?*

VLADIMIR: Nós não tínhamos problemas. Nós nos dávamos bem no México, não articulamos, não fundamos nenhuma célula. Conversávamos, não tinha o que fazer. Eu não queria ir para nenhum país socialista, não queria ir para Cuba. Porque sabia que aquilo ali era domínio do Marighella. Indo para lá, eu não ia ter contato com o pessoal. Então, queria ir para Paris. O pessoal da luta armada se dividiu. A VPR também não queria ir para Cuba; eles queriam ir para a Argélia. Então, fizemos um acordo para ir até a Argélia, de onde eu iria até Paris, tentar negociar. Mas o Fidel Castro pediu-nos que fôssemos todos para Cuba, num ato de apoio, e que de Cuba poderíamos ir para onde quiséssemos.

Estava muito difícil mesmo, também, para irmos para a RAU – a embaixada era da República Árabe Unida. Iríamos primeiro para o Egito, para depois poder ir para a Argélia. E, com o pedido do Fidel, decidimos então ir todos para Cuba, menos o Flávio Tavares, que ficou no México, porque arrumou emprego, era jornalista gabaritado; e o Ricardo Vilas, que decidiu ir para Paris, seguir a carreira musical – ele já era músico. Nós, os outros 13, decidimos ir para Cuba, com a garantia de que iríamos depois para onde quiséssemos e que não haveria problema. Fomos para Cuba por isso. Eu não queria ir, não me dei com os cubanos, briguei desde o primeiro momento com eles. Passei dois anos e meio lá a contragosto. Porque chegar era fácil; sair, mais complicado.

SILVIO: *E como foi a recepção em Cuba?*

VLADIMIR: Olha, a recepção foi calorosa. Chegamos lá, do céu eu já vi aquilo coalhado de verde-oliva, coisa que não me deu a mínima alegria, entendeu? Porque é tudo militarizado, todo mundo de uniforme. Houve uma recepção, Fidel estava no aeroporto, havia uma mesa baixa e umas cadeiras em volta da mesa. Eu fiquei na cabeceira oposta à do Fidel, que fez um discurso sobre socialismo, aquela coisa dele. Eu achei que era muita baba, porque estava se vangloriando muito. Os cubanos são muito cheios de si.

Fomos para uma casa na praia de Santa Maria, uma casa encantadora, cheia de pinheiros, uma coisa estranhíssima para mim: praia de pinheiros. E então, pronto, os caras da ALN começaram a mandar no pedaço. Era a polícia que conversava conosco, a inteligência. Todo o tempo em que eu estive em Cuba, quem conversava conosco era a polícia política, a G2. Desde o início tivemos problemas. Mas assim fizeram, decidiram: "Vocês podem viajar para qualquer canto, mas vamos fazer um *recorrido* na ilha." Nós fizemos um *recorrido*, sempre tratados com cortesia. Mas, politicamente, nada. Tudo em Cuba era monitorado, nossas cartas eram censuradas, todos os contatos eram censurados. A polícia lia as cartas que recebia da mãe do Ibrahin. Um dia, um policial disse para ele: "Gosto muito de sua mãe." E o Ibrahin: "Como?" "Rapaz, leio suas cartas."

Houve uma divisão, porque a ALN foi para um canto à parte, e nós fomos morar numa casa junto com a VPR. Eu e a Maria Augusta pedimos para sair. Fui para o hospital, fiz uma série de operações. Depois eles foram lá fazer um treinamento de tiro e fabricação de bomba, que era um tipo de treinamento urbano. Quando eu saí do hospital, cheguei lá nesse lugar. Fui fabricar bomba e fazer trabalho voluntário. Quando tinha lugar vago, eu ia com o cara da ALN de quem eu gostava, que tinha sido estudante, eu conhecia. E ia com ele quebrar pedra. Quebrávamos pedra no intervalo do trabalho voluntário que tinha que fazer lá. E fiquei aprendendo aquelas bobagens, nunca tive jeito para essas coisas mesmo. Eles faziam umas bombas, você aprendia a fazer bomba e atirar de pistola. Passei 15 dias e comecei a cobrar uma volta. E não nos deixavam sair, porque o caminho deles era o Marighella. Eles diziam que não tinha como.

Foi uma longa briga para poder sair de Cuba. Eu e o pessoal da VPR chegamos a fazer uma manifestação e fomos lá, dentro do Comitê Central, entregar uma carta de protesto, porque estavam nos impedindo de fazer a revolução. Mas o governo cubano tinha seus privilégios com as organizações que apoiava, então ficamos lá. Cortei cana e depois, não devo negar, recebi as facilidades dos cubanos para comprar livro. E passei a maior parte do tempo estudando. Nos proibiram de trabalhar. O pessoal do Marighella podia trabalhar, foi para a fábrica. E nós éramos impedidos de trabalhar, ficamos lá impedidos de trabalhar. Até o momento em que chegou a turma do Daniel. Eu mandei uma carta para eles não virem. Mas o Franklin, que era o mais cubanófilo, mandou uma carta para eles virem. Eles chegaram e, logo, logo, se desiludiram também com Cuba.

O pessoal me obrigou a fazer o treinamento da guerrilha rural. Eu fiz lá aquele treinamento, que um amigo nosso chamava de "fábrica de cadáveres", porque as pessoas faziam o treinamento, achavam que eram guerrilheiros, voltavam para seus países e morriam. Então, é uma ficção. Nego sai de lá achando que tem algum preparo. Fomos uma turma muito insubordinada, a primeira turma lá que não recebeu nota. Eles dão uma nota para a organização. Recusaram-se a nos dar nota. Nós tínhamos um nível político muito superior, eles não estavam acostumados a tratar com quadros políticos. Não tinham nível teórico, era uma coisa absurda. O cara ia dar aula de estratégia, não sabia nada. Eles eram bons guerrilheiros práticos, certamente. Mas pronto. Então a turma foi considerada dos intelectuais. Uma turma, enfim, que não satisfazia os padrões cubanos. Mesmo assim, acabamos o curso, depois de grande sacrifício. E então mudou muito o Brasil. O Lamarca entrou para a antiga DI, que tinha virado MR-8,* e as pessoas começaram a sair. Eu, afinal, consegui sair. Não fui o primeiro, mas terminei conseguindo sair de Cuba.

Silvio: *E como foi sua relação com os cubanos nesses últimos meses?*

Vladimir: Ah, veja bem, o povo cubano é fantástico, maravilhoso. A minha relação foi ótima com o povo cubano. Povo culto, povo preparado, povo nacionalista, mas simpático. Um pessoal muito parecido com o brasileiro, alegre, gosta de música. Então, me dei muito bem com o povo

---

* Em abril de 1971, Carlos Lamarca desligou-se sozinho da VPR e ingressou no MR-8. Em junho foi deslocado pela nova organização para o município de Brotas de Macaúbas, no sertão da Bahia, onde foi morto no dia 17 de setembro daquele ano.

cubano. Agora, o governo cubano é uma ditadura, reprime seu próprio povo, é conservador. Na época, eles estavam tratando os homossexuais, por exemplo, a choque elétrico, para os caras aprenderem. A coisa mais grotesca que tinha. Um machismo dominante. Nenhuma liberdade. Os CDRs, na verdade, são organismos de fiscalização do Estado. São vendidos como organismos de auto-organização da massa, mas não são nada disso. Ali estão os aposentados, os velhos, que ficam olhando se alguém saiu da linha. Uma grande organização de controle da população. E a população não tem nenhuma liberdade. De forma que eu não acredito em socialismo em que os trabalhadores não tenham liberdade.

O Fidel é um grande líder de massa, extraordinário. Assisti a uns quantos discursos dele. Depois, claro, ninguém agüenta, porque o bicho fala que só uma pega. E tive contato com gente boa lá em Cuba. Com alguns comandantes, muitos comandantes que tinham participado da guerrilha. Interessante. Tive contato com um pessoal que trabalhou com Che Guevara, um pessoal muito preparado. Todos eles dissidentes e postos para escanteio. Tive contatos com pessoas de outros países, italianos, franceses, marroquinos. Mas, na maior parte do tempo, clandestino.

Então, o que é que eu fiz? Estudei. Estudei muito, sobretudo Lênin. Li as obras completas de Lênin, estudei *O capital* de novo, reli, estudei Marx. Aproveitei meu tempo. Você vai ver que no exílio tem dois tipos de pessoas: as pessoas que perderam seu tempo e as pessoas que ganharam seu tempo. Eu ganhei meu tempo. Fui lá e estudei marxismo, aprendi uns rudimentos de matemática com meu amigo Cid Benjamin, porque eu era um ignorante. Não foi suficiente: depois fui fazer economia, realmente, não sabia nada de matemática. Na Bélgica, quando eu saí – depois de muitas peripécias, fui parar na Bélgica –, eu fiz meu curso de economia.

SILVIO: *Do grupo de 15, seis já faleceram. Que lembranças você tem deles?*

VLADIMIR: O Travassos era muito meu camarada. Tivemos uma relação difícil na cadeia, porque tínhamos pontos de vista diferentes. Eu e Dirceu éramos muito mais unidos, e Travassos era mais unido ao Franklin. Eu e Dirceu nos entendíamos mais. Mas sempre me dei bem com o Travassos, antes e depois da cadeia. Aqui no Rio nós nos tratávamos muito bem no movimento estudantil. Encontrava com ele às vezes quando tinha uma manifestação, tomava uma cachacinha com ele no botequim enquanto a passeata ia passar para nos pegar, porque nunca íamos ao ponto anunciado. E tinha uma boa relação com ele em Cuba, muito boa. Travassos era um marginal também em Cuba. Nego não ligava para ele, não fazia nada. Ele ficava ali. Então, mantivemos nossa relação de amizade. E o Travassos, quando morreu, tinha acabado de tomar uma cerveja conosco no Carnaval, na Cinelândia. Eu e o Cid devíamos estar vindo de um desfile do Clube do Samba, ou estávamos pegando a segunda-feira ali no desfile de escola de samba do grupo B na Rio Branco. Estávamos lá, nosso pessoal de esquerda ali, e o Travassos esteve conosco, antes de morrer. Dali ele saiu, foi para o Leme, o carro bateu e ele morreu.

Em Cuba, terminei me dando muito bem com o João Leonardo. Era meu companheiro de farra. Ele gostava de fumar aquele charutão cubano e nós saíamos muito para o bar, quando podíamos. Terminamos batendo muito papo, porque esse pessoal da ALN lá na ilha rachou, formou o Molipo, onde estava o Dirceu e a minha ex-mulher, Ana Maria. E ele ficou muito próximo de mim politicamente, também. Ele e o Lauri, Lauriberto, que também morreu, do Molipo. Ficaram muito ligados a nós. E antes de voltarem para o Brasil, aliás, conversaram conosco para saber se deviam voltar ou não. Porque eles pensavam como nós, moderadamente, digamos, pela direita. Não eram militaristas. E nós tivemos um encontro com eles para saber o que faziam, se ficavam conosco em Cuba ou iam para o Brasil. Mas nós todos queríamos voltar. Então achamos que ele devia vir e continuar lutando para o pessoal não ficar militarista demais. Ele morreu, o que sempre me deu muita pena. Porque eram companheiros que, no final, ele e o Lauri, concordavam politicamente conosco. Além de com ele eu ter uma relação de amizade, lá em Cuba. Senti muito a morte deles.

Mas era aquele negócio inevitável, todo mundo queria voltar. Você não sabia como era. Não imaginava também que o Molipo ia ser dizimado. Mas o Molipo tinha uma noção de autocrítica do militarismo que era somente técnica. Enquanto esse pessoal – o João Leonardo, o Lauri e mais duas que fechavam conosco no Molipo – tinha concepção política. Sabia que aquela política toda estava errada. Mas o pessoal veio para cá e, enfim, terminou destroçado, porque tinha infiltração. E depois tiveram que pegar velhos contatos, e por aí foram sendo dizimados.* Quem mais morreu? Morreu o João Leonardo...

* Pouco mais de 30 militantes do Molipo voltaram ao Brasil a partir de abril de 1971, sendo 22 mortos pela repressão.

SILVIO: *O velho Frati...*

VLADIMIR: O velho Frati. Com ele eu tinha uma relação cordial, mas distante, nunca fui amigo do Frati.

SILVIO: *O Gregório...*

VLADIMIR: Nós ficamos muito afeiçoados ao Gregório. Nossa convivência com ele foi muito curta, mas viramos todos admiradores do Gregório. Eu não sou exceção, ele era uma doce pessoa, um cara dedicado. Foi lá, flexível, não brigou, mostrou uma grandeza muito grande. Nós aprendemos muito com as histórias do Gregório; o que ele nos contava foi um aprendizado. A resistência à cadeia, a militância... contou para nós a história da vida dele. Nós ficamos muito próximos do Gregório Bezerra. Um figuraço.

SILVIO: *O Onofre...*

VLADIMIR: Tive uma relação sempre boa com o Onofre. Não fiquei amigo. Ele era um cara muito fechado. Mas moramos na mesma casa num breve período. O Onofre sempre manteve comigo relações cordiais. Depois estive com ele no Chile, ainda mais rápido. E tratei com ele o tempo inteiro, porque ele também queria sair de Cuba. Ele era da VPR, discriminado pela polícia cubana, de forma que eu tive relações políticas cordiais, mas não era amigo do Onofre.

SILVIO: *E, por último, Ivens Marchetti.*

VLADIMIR: O Marchetti era amigão, era meu camarada há anos. Eu o conheci no tempo da DI, aqui no Rio. O Marchetti era meu amigo, meu amigo de copo, meu amigo de farra, meu amigo de conversa, entendeu? Era uma figura humana excepcional. Sempre gostei dele. E sempre foi politicamente porra-louca. Então, em política nunca nos entendemos. Mas voltamos e com o Marchetti eu cheguei a me encontrar aqui no Brasil. Algumas vezes, ele morou um tempo aqui, andou em Cabo Frio. Encontrei com ele. E sempre a mesma figura, afetuosa. Tenho as melhores lembranças do Marchetti.

SILVIO: *E como foi a decisão de ir de Cuba para o Chile?*

VLADIMIR: Não tinha decisão. Decisão nenhuma. Eu queria ir para o Brasil. Eu e Daniel, que éramos mais aliados. E éramos mais à direita no nosso coletivo. O Franklin era mais à esquerda, Gabeira era mais à esquerda, mais militarista. E havia um pessoal que terminou fechando mais comigo, com Daniel, mas lentamente. Então, eu e Daniel compreendíamos que devíamos voltar para o Brasil, para impedir que o pessoal fosse destruído completamente. E tivemos amplas discussões a esse respeito. Eu queria vir, mas eu era muito antipatizado, porque era um cara tido como direita demais. O Daniel tentou voltar, mas no final o coletivo decidiu que era o Franklin quem voltaria. Justamente o Franklin, que era o cara menos à direita, junto com o Gabeira, ali no coletivo que nós tínhamos.

Então, queríamos voltar, primeiro para impedir a catástrofe. E fomos saindo lentamente. Eu terminei saindo, fui um dos últimos. E fui antes para a Argélia. Passei seis meses clandestino na Argélia, sozinho, quatro meses. Não posso lhe dizer quanto, porque não me lembro. Vivi sozinho, ganhava um dinheirinho, uma merreca, que não dava para nada, e eu fazia feijão e arroz. Comia isso a semana inteira, para economizar um dinheirinho para comprar livro. Comprava um livro e uma vez na semana eu saía para ir ao Centro. Eventualmente podia ver um filme, mas ia tomar uma cerveja, comer sardinha, um peixinho frito que eles tinham lá, que era a coisa mais barata. Então foi um tempo muito ruim para mim. Fiquei muito só.

SILVIO: *Você ficou em Argel ou em Omã?*

VLADIMIR: Fiquei em Argel. Primeiro estive lá com o Gabeira, com a Vera e com o Daniel. Mas eles todos foram embora para o Chile. E eu fiquei, porque o pessoal do Brasil dizia que o meu caso era especial, porque eu era muito conhecido. Na verdade, não queriam que eu fosse para o Brasil. Então, fiquei ali jogado. Fizeram política de me tramitar. Daí, afinal, houve uma crise no Brasil e terminaram me levando para o Chile.

Cheguei no Chile, tinha lá um pessoal, o Muniz e o Franklin, bem esquerdista. E eu era o cara de direita. O Daniel ficava no meio. Mas de repente os últimos remanescentes do Brasil vieram. Eram quatro direções e três bases. Então saiu esse pessoal do Brasil, dos quais eu já conhecia dois caras: um da Bahia, que tinha sido secundarista; o outro era o Sérgio Rubens. E o pessoal tinha ido para a direita extrema da Polop. Às posições da Polop eu reagia: "Assim também não, marxismo requentado não."

Então começou a disputa curiosa, porque o Muniz e o Franklin passaram para a direita e se aliaram com eles contra nós. E eu fiz uma aliança com a turma do Daniel. E fizemos lá um bloco, houve uma divisão política. Passei seis meses clandestino, no Chile. Nessa altura, o Gabeira, que já tinha rompido com a organização, estava com uma posição muito melhor. A Vera Sílvia também tinha se afastado. Nós tínhamos quem? Eu, Daniel, o Cid ficou distante também, se não me engano. Cid não fez opção por nada. Ficou Daniel, Samuel, Maria Augusta. E a turma nova com Franklin, Muniz, juntos do outro lado. Então eles seguiram uma linha de reconstruir o MR-8 e continuaram com a organização. Nós, no início, disputamos o MR-8. E terminou que nos dispersamos depois do golpe do Chile.

SILVIO: *Como você encarou a pena do banimento?*

VLADIMIR: Não tem a menor importância. Olha, apesar de eu nunca ter sido militarista, para mim aquilo era uma guerra, fazia parte.

SILVIO: *Dificultou a sua vida na Europa?*

VLADIMIR: Ah, muito. Porque viver é muito difícil. E eu não falo da questão material. Sempre recebemos ajuda lá. Você montava uma casa, recebia ajuda da Oxfan, do Partido Comunista, do Partido Socialista, eles davam ajuda. Os móveis, nós ganhamos. É claro, móvel velho, mas sobrevivíamos. Enfim, fui operário, sete meses, como outros companheiros. Me aproximei muito de um pessoal de Goiás, que eu tinha conhecido no Chile, os Pereira – Dagmar e Athos Pereira –, e o Gaúcho, que era casado com a Dagmar. Fui lá em Bruxelas, trabalhei sete meses na fábrica, depois consegui ganhar bolsa. Fui para a universidade estudar economia, vivia muito pobremente.

Mas é a tal história, você vive num país estrangeiro, involuntariamente. Não pode voltar para o Brasil. E a tendência nessas condições é não se adaptar. Então você fica o quê? Ligado ao seu país. Então, sua participação na vida de um país desses é limitada.

É completamente diferente de um cara que vai para lá trabalhar, que pode se integrar mais ao país em que está. É uma situação difícil, tanto que algumas pessoas tiveram mais dificuldade no exílio do que na cadeia. Já não é meu caso, eu sempre preferi o exílio. Eu podia chegar ali no botequim e tomar uma cerveja, conversar fiado. Então, é chato, é ruim, ninguém pode dizer que é uma coisa boa, mas é melhor do que cadeia. O Cláudio Torres passou esse tempo inteiro na cadeia, foi terrível. Os meninos que passaram nove, oito anos, sete anos na cadeia. Foi muito pior do que o exílio. De forma que do exílio não podemos nos queixar.

SILVIO: *E como é que você se relacionava com o Brasil nesses dez anos de exílio?*

VLADIMIR: Sempre atento, lendo. A partir de certo momento, minha família pagou para mim uma assinatura do *Jornal do Brasil*. Eu recebia com algum atraso, mas estava sempre antenado com o Brasil. Lia material brasileiro. E tínhamos um grupo: eu, o Cid, o César [Benjamin], o Daniel e o Carlos Vainer. Discutíamos em conjunto as questões brasileiras. Longe, porque os dois Benjamins estavam na Suécia, o Carlos Vainer e o Daniel em Paris, depois o Daniel foi para Moçambique. Mas sempre mantivemos um contato, uma decisão comum e sempre centrada no Brasil. E aquelas coisas de quem está no exílio não pode voltar. Comprava uma manga por um preço absurdo. Porque aqui no Brasil você nem liga. Então, aquela saudade natural, mas nunca cheguei às raias da loucura. Por exemplo: uma garrafa de Pitú custava o mesmo preço de um Chivas Regal. Eu nunca vacilei, sempre que pude tomei o Chivas. Então, mantive certa noção. A saudade não me fez perder completamente a cabeça.

SILVIO: *Pensei que você, como alagoano, optasse pela Pitú.*

VLADIMIR: Jamais.

SILVIO: *E qual era o ambiente político quando você chegou ao Brasil?*

VLADIMIR: De festa, todo mundo conversando conosco, algumas pessoas querendo nos ganhar pra tal ou qual organização. O PT já estava formado. Eu conversei com o pessoal aqui, fiz as reuniões políticas e fui para Alagoas. Passei 15 dias lá, voltei, fui a alguns lugares do Brasil fazer debate e voltei para o Rio. Mas depois passei mais três meses em Alagoas. Fizemos reuniões do PT, fui fundador do PT. Mas fui lá, conversar com meus antigos amigos, tomar uma azuladinha. Tomei minha cerveja, passeei, tomei banho de mar.

Houve quem chegou aqui e ficou na política desde o primeiro momento, eu dei uma relaxada quando cheguei no Brasil. Voltei para cá em fevereiro, participei da convenção que fundou o PT aqui no Rio, participei da convenção que fundou o PT em São Paulo. E fiquei morando em São Paulo, tentando emprego, não consegui. Depois passei outro ano em Brasília, então já tradutor. Fiz traduções para o CNPq. Minha antiga companheira era funcionária pública. Eu fazia traduções. Até 1982, quando fui intimado por Daniel, Cid, César e tal a vir aqui para o Rio, senão eles rompiam relações políticas comigo. Então tive de vir e fui candidato ao Senado em 1982 pelo PT.

SILVIO: *Como é que você vê as transformações do PT, da origem até agora?*

VLADIMIR: Olha, o pessoal da esquerda do PT tem mania de botar toda a culpa em cima da direita do PT, que é a Articulação. Eu não faço isso, acho que nós fomos derrotados na transição. O Golbery ganhou, ele fez uma transição lenta, gradual e segura. O risco que essa transição correu foi em 89, quando o Lula ameaçou ganhar. O Lula ganhando ali teria sido uma transformação maior no Brasil, entendeu? E não digo uma revolução socialista, mas reformas mais profundas no país. Nós perdemos. O Collor também não era do *establishment*. De forma que a transição continua sob Fernando Henrique Cardoso. O país todo foi para a direita. Nos anos 80, você tinha manifestações operárias, tinha amplas manifestações de classe média, tinha um movimento estudantil razoável, muito elitista, mas que existia. E você tinha um movimento, por exemplo, de bancários muito forte. Um movimento de funcionalismo público extraordinário. Tudo isso foi um pouco parte da década de 80, e começou a morrer. Você tinha aqui no Rio, por exemplo, um trabalho da associação de moradores extraordinário. Tudo isso decai a partir do final da década de 80.

Então, o país foi todo para a direita. Era inevitável que o PT fosse para a direita. Quando você pega a história mundial, você vê que todo partido socialista de massa, em condições de democracia política, vai para a direita, em condições em que não há revolução à vista. Então, o partido foi para a direita. O que chama a atenção no PT é que ele foi para a direita muito rápido e, sobretudo, se institucionalizou rapidamente. E até chegar a essa crise moral de hoje, o PT virou um partido cada vez mais separado da massa. Renegou sua democracia interna. E foi virando um partido como os outros, muito institucional. A crise do PT é isso. Agora, não é só culpa da Articulação. A Articulação é responsável porque apoiou ativamente essa ida para a direita, mas acho que há causas sociais mais importantes do que essa, de atribuir somente a algumas pessoas a ida do PT para a via institucional. E eu acho lamentável.

Mas acho que o PT ainda hoje é a expressão da oposição popular que existe no Brasil. A maior. Não quer dizer que seja a melhor. Mas é a maior e é para onde avançam os movimentos populares, e é onde você tem mandatos que podem respaldar o movimento popular. Sem nenhuma ilusão, acho que a recente crise do PT mostrou isso. No final, saiu pouca gente. Quer dizer, pensava-se que ia ser uma grande onda de saída e saiu pouca gente. O PT tem um corpo de militância muito forte. Eu tenho visto que nessa crise muita gente que estava afastada voltou para militar no PT. Você descobre que tem uma militância que quer um partido, pelo menos organicamente, menos institucional e funcionando na base da democracia interna. Com debate, com discussões. Se isso vai ser possível nós só poderemos saber daqui a alguns anos. Mas, sem dúvida nenhuma, hoje eu acho que a grande coisa do PT é essa estrutura de militância que ele tem. Por isso acho que o PT não vai acabar. Mas não só isso, ele tem elementos de regeneração. Se vão triunfar, só o futuro dirá.

Silvio: *Retrospectivamente, como você encara a luta armada que se praticou no Brasil, no final dos anos 60?*

Vladimir: Olha, eu sempre fui contra a forma como ela se deu. A meu ver, se confirmam as teses que eu sempre defendi. Sempre defendi que a base é o movimento de massa. Sempre acreditei nisso, que as massas fazem sua própria história. Claro que tem direção, claro que tem partido, claro que tem intelectual participando. Mas acredito no movimento de massa. Quando, em 1967, começou a discussão sobre foquismo, eu sempre fui contra. E quando começaram a assaltar banco, eu fiz um discurso, quando estava preso, afirmando que era a favor da luta armada, mas que não confundia luta armada com assalto a banco. A organização, a DI, não gostou. E o Franklin escreveu um discurso que eles apresentaram para a sociedade como sendo meu, defendendo as ações, me defendendo, um discurso que muita gente achou extraordinário. Na verdade é do Franklin. O meu discurso é um discurso de duas páginas rabiscadas a mão em que eu reafirmava meu compromisso com a construção de um exército revolucionário, mas dizia que isso não era exatamente assaltar banco.

Eu acho que a tragédia no Brasil foi mais grave porque os grupos revolucionários não conseguiram sequer colocar em prática o que consideravam sua estratégia. Se você observar, a tese do Marighella era de guerrilha rural, a tese da VPR era de guerrilha rural. E eles nunca conseguiram chegar ao campo. Então, o que é que havia? Aquele movimento de assaltar banco virou um fim em si mesmo. As pessoas assaltavam um banco e viam no dia seguinte a repercussão no jornal, para saber se a ação tinha sido boa. E aquilo virou uma espécie de guerrilha urbana, sem muito objetivo, porque você de fato não fazia uma guerrilha. A atividade meio que predominou sobre a atividade fim. E o pessoal foi se isolando cada vez mais, porque a linha da porra-louquice triunfou. Quer dizer, todo mundo queria virar clandestino. O pessoal não queria ter uma vida legal.

Então, foi uma luta armada feita de forma muito despreparada, com uma concepção militarista. Eu fui contra essa concepção, aceitei essa posição da organização, discuti honestamente dentro da organização as variantes que havia. Agora, tenho que louvar e saudar ainda hoje a coragem dos companheiros que fizeram aquilo. Quer dizer, tive companheiros mortos, que achavam que daquela atividade meio iam construir a guerrilha rural. Então acho que aquilo foi uma demonstração da generosidade da juventude da minha época. Tenho os companheiros que foram torturados e mortos como heróis da revolução brasileira. Mas nunca partilhei realmente da linha que triunfou no Brasil. Eu sempre tive outra perspectiva.

Silvio: *E qual teria sido o maior acerto da esquerda brasileira, depois do golpe?*

Vladimir: Eu acho que a esquerda fez coisas positivas: as greves operárias de Osasco, de Contagem, o movimento estudantil, a luta cultural. Se você falar da esquerda no sentido amplo, a esquerda realmente travou uma luta importante na imprensa legal, na música, no teatro. Eu acho que a esquerda deu uma demonstração do que podia fazer. E no movimento de tipo sindical. O movimento estudantil para mim é um movimento de tipo sindical. O movimento estudantil no Brasil é um movimento de identidade de massa, centros acadêmicos, diretórios centrais, UEEs. É óbvio que tem uma tradição sindical. Eu acho que nós, como movimento estudantil sindical, fomos realmente o auge do movimento estudantil brasileiro.

Em 1968 nós tínhamos uma visão de combinar a luta política com a luta reivindicatória, respeitar a vontade dos estudantes, criar uma entidade dos estudantes aqui no Rio – eu acho que é a política sindical que deveria ser aplicada ainda hoje no movimento estudantil, que é mais ou menos como se deve fazer uma política sindical. No entanto, a memória do movimento estudantil é curta. Porque o operário é operário, o filho é operário, o movimento é operário, daqui a 20 anos o cara é operário. Com o movimento estudantil não – você entra na universidade e sai. O que acontece? A ditadura rompeu a tradição de 1968. A ditadura quebrou. Quando o movimento estudantil volta, nos anos 70, é um movimento estudantil completamente diferente. O pessoal dos 70, dos 80, renegava 1968, dizendo: "Não vamos fazer como 68." Mas eles não entendiam nada de 68. Eles não compreendiam a linha que tínhamos tomado. De forma que se reproduziu o movimento elitista, que é igual ao movimento que se fazia antes de 1964.

Então, o movimento estudantil hoje tem traços muito mais próximos do movimento de antes de 1964 do que de 1968. Eles desprezavam o movimento de massa, utilizavam a massa estudantil, partidarizavam excessivamente a luta deles. Quer dizer, essa memória foi rompida. E, quando ela é retomada, é retomada mais como um fator histórico, mas não como algo que tinha se mantido vivo no movimento estudantil. O movimento estudantil dos anos 70 foi um movimento novo. E o movimento dos anos 80, que eu encontrei quando voltei, tinha todas as taras do movimento de antes de 1964. E hoje, se você quiser, para não pensar que nós somos santos, as mesmas do movimento que fizemos até 1966.

Só começamos um movimento estudantil maduro no Brasil quando fizemos a autocrítica do esquerdismo de 1966. Nós fomos para o enfrentamento a todo custo, em 1966 não tratávamos com respeito as massas estudantis, achávamos que a massa era pequeno-burguesa, que o que valia era a revolução operária. De forma que o que acontecesse no movimento estudantil era pra acender uma chispa no movimento operário, na revolução popular. A partir de 1966 fizemos a autocrítica e compreendemos que o movimento estudantil tinha um valor em si mesmo; que as reivindicações estudantis valem, não são simplesmente uma forma de fazer revolução. Então, com esse sentimento, estabelecemos um movimento de base que passou a se organizar por sala de aula. Que tinha, em 1968, duas mil pessoas organizadas para o que desse e viesse, que tinha estrutura na escola, que discutia as coisas do dia-a-dia dos alunos. Nós fizemos um movimento que era político, mas que tinha um amplo respaldo reivindicatório. Isso aí, infelizmente, foi perdido.

Eu acho que o movimento estudantil foi muito bom. Por outro lado, acho que foi a luta estudantil que salvou as universidades públicas. Hoje, ainda, o centro de excelência do ensino no Brasil são as universidades públicas. Elas foram salvas por nós, pela nossa resistência. Porque a ditadura militar queria privatizar as escolas públicas. Eu acho que isso é a parte boa, é a parte cultural que a esquerda fez. Ainda hoje você vê, essa geração marcou tanto que, quando se fala em música brasileira, nego vai falar de Chico, de Caetano, de Gil, de Paulinho. Você fala em cinema, vai pegar o Glauber, que é um pouco antes, mas que faz parte desse clima de fermentação. De forma que eu acho que a esquerda deu a sua contribuição. E isso aí não deu em revolução, acho que deu em uma mudança cultural importante.

E, finalmente, a geração de 1968 foi um rompimento crítico. Não completo – nós somos uma geração de transição –, mas rompeu com aquela uniformidade do pensamento de esquerda. A partir de 1968, a esquerda não foi igual. Ela se fracionou muito, é bem verdade, mas em compensação se enriqueceu também, porque a crítica passou a ser um elemento importante. Então, era uma geração impertinente, e essa é uma grande qualidade, não aceitar o estabelecido. Isso não quer dizer que a geração de 1968 vai se perpetuar nas outras, isso é até contrário ao espírito dessa geração. Eu cheguei aqui nos anos 80 e havia uma grande luta pela defesa da virgindade, uma parte da juventude começou a exaltar a virgindade. Uma coisa surpreendente. Mas a diferença é que nos anos 80 o pessoal começou a ser virgem por opção, e até os 60 era virgem por obrigação. Então, mudou muito.

Eu acho que essa quebra geral de linha cultural que 1968 fez foi importante. Agora, como política nossa, como defensores da revolução socialista, nós perdemos. Isso não tem a menor dúvida. E acho que nós, pelo menos os jovens, não estávamos realmente preparados para enfrentar um desafio daquele tamanho. Mas, se você se lembra, em 1967 não tinha movimento operário, praticamente. Não tinha nenhum outro tipo de movimento de classe média. O movimento camponês tinha sido arrasado. O movimento das Forças Armadas tinha sido destruído. Só tinha o movimento estudantil. Acho que nós fomos muito bons em movimento estudantil. Mas realmente não chegamos a ter uma nota muito alta em matéria de linha revolucionária, de estratégia revolucionária.

SILVIO: *E qual foi o maior erro, na sua opinião?*

VLADIMIR: Do ponto de vista estrito da esquerda, acho que o maior erro foi a estratégia adotada em 1968. Acho que deveríamos ter prosseguido fazendo luta de massa, tentando o enfrentamento político, ampliando. Acho que teríamos sobrevivido mais como alternativa de esquerda e influenciado mais os anos 70. Nossa influência a partir dos anos 70 foi muito pequena. Porque isso gerou dificuldades também, mesmo na composição do PT. Quando o PT se formou, o pessoal da esquerda armada era um pessoal derrotado, que se juntava ao movimento operário vitorioso. Então isso certamente influenciou no sentido de que o PT fosse mais moderado, de que o PT se institucionalizasse mais rápido. Enfim, eu acho que politicamente esse foi o maior erro, um erro de estratégia política ali em 1968. Acho que poderia ter mudado alguma coisa, não de imediato. Não é que fôssemos ganhar a batalha contra a ditadura. Mas certamente teríamos acumulado mais e teríamos nos preparado para um período seguinte, quando a ditadura entrasse em ocaso, para dar uma saída diferente para o Brasil.

SILVIO: *Que avaliação você faz hoje do seqüestro do embaixador americano?*

VLADIMIR: Olha, tá na cara que foi uma ação politicamente errada, porque não tínhamos força suficiente para fazer uma ação daquele tipo. A repressão que se segue mata o Marighella, dá uma paulada na ALN, depois termina dando uma paulada no MR-8 também. E jogou definitivamente a esquerda na defensiva. Então, acho que foi um passo errado, desse ponto de vista. Embora, pessoalmente, muito agradável para mim, entendeu? Mas acho que, politicamente, o pessoal não tinha força para fazer aquele tipo de ato.

E se julgarmos hoje o impacto, que a meu ver não está ainda medido, foi muito importante. Mas esse impacto importante e positivo foi logo desfeito, porque a partir daí começou a morrer tanta gente que seis meses depois esse impacto tinha desaparecido. Foi um impacto imediato muito grande, mas perdeu muito. Foi um ato que não correspondia à correlação de forças ali. Então, não deveria ter sido realizado. Embora agradeça até hoje aos autores do seqüestro por me terem posto em liberdade.

SILVIO: *E qual é a sua visão de futuro?*

VLADIMIR: Olha, o mundo mudou muito. Acabou-se o campo socialista como tal – embora eu sempre defendesse que ali não havia socialismo. Mas isso é uma alteração profunda na correlação de forças mundial, deixando o campo livre para os Estados Unidos se afirmarem de novo como grande potência. Nós temos um mundo em constante mutação, com grandes mutações, um capitalismo muito diferente. Em escala mundial, você tem realmente uma globalização mais efetiva. A internet chega para ficar, unindo de uma forma ou de outra intelectuais e cidadãos comuns, de diversas partes do mundo. Você tem hoje um mundo financeiramente também globalizado. Então, há mudanças de porte. Há uma mudança na tecnologia muito grande, na biotecnologia, quer dizer, nós estamos numa fronteira de grandes transformações. O capitalismo está se transformando, ninguém sabe no que vai dar.

Mas aparentemente não há sinal de nenhuma oposição mais consistente ao capitalismo mundial. Então, o que eu vejo, a curto prazo, é que esse capitalismo vai continuar, a menos que haja uma catástrofe financeira. O que não é afastado, porque hoje o sistema financeiro repousa basicamente na confiança. Não tem mais bases sólidas, desde a crise monetária de 1971 o movimento financeiro mudou de caráter, a base dele mudou, e ainda hoje acho que o mundo é muito instável. Daí as sucessivas crises. Mas, fora isso, você não tem uma visão de grande revolução. Depois, há um grande questionamento hoje; nós perdemos o sujeito revolucionário, a classe operária industrial perdeu importância econômica, política. De forma que você não vê hoje, com exceção de pequenos grupos muito reduzidos, ninguém falar em transformações revolucionárias guiadas pela classe operária. E, ao mesmo tempo, há um monte de assalariados trabalhando por conta própria, fazendo bico. O cara não quer ser mais assalariado. A classe operária perdeu aquela identidade, entendeu? E não se constitui um corpo organizado capaz de mudar a sociedade.

Não me pergunte como vai ser. O que eu digo é que há uma crise profunda da esquerda. E quem quer mudar, e é socialista, de uma forma ou de outra, vai ter que fazer novas interpretações. Garanto para você que tem umas 30 mil pessoas estudando, gente militando e tal. E vai gerar um socialismo diferente, do século XXI, que não sabemos exatamente qual é. No quadro do Brasil, acho que a direita domina o país. Não vai perder o controle. O sistema financeiro manda no país até hoje. A alternativa às posições de direita continua sendo o PT. Mas uma alternativa enfraquecida, virou um partido muito institucional. E vai levar tempo para que apareça uma alternativa ao PT.

Eu aqui considero que só vamos poder ter uma nova esquerda quando tiver uma nova geração. E não falo em geração no sentido etário, falo a nova geração social. Quer dizer: você tem que ter um movimento social que legitime uma nova esquerda. Enquanto isso não existir, não acredito em alternativas ao PT. Enquanto não tiver um movimento social que legitime um outro caminho político, eu não acredito. Os novos partidos vão se formar à imagem e semelhança do PT, pela esquerda, mas disputando o quê? O Parlamento, tentando eleger uma prefeitura. E, se não tomarem cuidado, vão seguir o mesmo caminho do PT. Eu acho que, enquanto isso não vem, nós temos que escolher hoje o canal mais importante de luta contra a direita, que continua sendo o Partido dos Trabalhadores. Esse é o canal. É nesse canal que nós temos que atuar, com todas as limitações que ele tem. Mas torço e sonho para que apareça esse novo movimento social, que permita, realmente, a existência de alternativas mais radicais. Mas com base, quer dizer, que não sejam meras aventuras.

José Dirceu

Nascido em Passa Quatro, MG, em 1946, **JOSÉ DIRCEU DE OLIVEIRA E SILVA** mudou-se para São Paulo aos 14 anos. Foi vice-presidente do Diretório Central dos Estudantes, presidente do Centro Acadêmico 22 de Agosto e, em 1968, como presidente da União Estadual dos Estudantes (UEE), tornou-se um dos principais líderes do movimento estudantil nacional. Foi preso em 1968, em Ibiúna, SP, durante o 30º Congresso da UNE. Após desembarcar no México, transferiu-se para Cuba, onde trabalhou e estudou. Voltou clandestinamente ao Brasil por um curto período em 1971 e retornou a Cuba. A partir de 1974, viveu por quatro anos em Cruzeiro do Oeste, no interior do Paraná. Passou mais um período em Cuba e, com a anistia, retornou a São Paulo, onde fixou residência. Foi um dos fundadores do PT, elegendo-se deputado estadual em 1986. Em 1990, foi eleito deputado federal por São Paulo. Em 1994, candidato ao governo de São Paulo, ficou em terceiro lugar, obtendo mais de dois milhões de votos. Em 1995, assumiu a presidência do PT, tendo sido reeleito em 1997, 1999 e 2001 – dessa vez, em eleição direta entre os filiados do partido. Voltou à Câmara dos Deputados em 1998. Foi o coordenador da campanha de Luiz Inácio Lula da Silva à Presidência da República em 2002 e, após a vitória, assumiu o posto de coordenador político da equipe de transição. Licenciou-se da presidência do PT e do cargo de deputado federal para assumir como ministro-chefe da Casa Civil. Permaneceu no governo até junho de 2005, quando voltou à Câmara dos Deputados para defender seu mandato, que seria objeto de uma cassação política em dezembro do mesmo ano.

Entrevista em São Paulo, 2 de outubro de 2005

Silvio: *Você já estava em São Paulo há alguns anos quando aconteceu o golpe de 1964?*

Dirceu: Cheguei a São Paulo em fevereiro de 61, e fiz 15 anos em março. Eu já tinha uma posição bastante próxima da esquerda, do governo João Goulart, mas não era militante; era mais simpatizante. Quando cheguei a São Paulo fui ser office boy, depois trabalhei no almoxarifado como arquivista, trabalhei em relações públicas, tudo no mesmo escritório, até depois do golpe. Assisti à movimentação do golpe do escritório em que trabalhava, na praça da República. Tomei posição quando vi que os estudantes do Mackenzie, a elite endinheirada de São Paulo, apoiavam o golpe. Aquela passeata de estudantes mackenzistas em apoio ao golpe me deu convicção de que eu estava do lado certo, contra o golpe.

Entrei para a faculdade em 65 e encontrei um cenário de desolação. O centro acadêmico fechado, a associação atlética fechada, proibição de cineclube, de feira de livro, censura – ou seja, ausência total de liberdade e

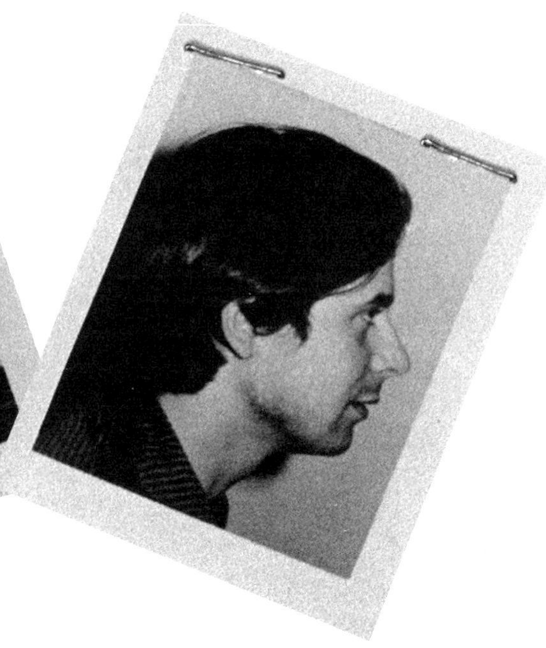

uma onda conservadora, autoritária, muito forte. No próprio método de ensino, na relação com os professores, na discriminação da mulher. Eu me revoltei, me rebelei contra esse padrão de comportamento. Minha primeira encrenca na faculdade foi quando perguntaram minha religião, para fazer a ficha de inscrição, e eu disse que não ia responder. No Brasil o Estado é separado da Igreja, e como era uma faculdade católica, já começou a confusão. Desde o começo me voltei contra as normas, que eram muito rígidas: ficar de pé quando o professor chegava, separação entre homem e mulher, que não podiam sentar juntos, dificilmente o aluno podia dirigir-se ao professor para discordar, ausência de atividade cultural e política. Comecei a liderar, na minha classe, um movimento para mudar essa relação entre professor e aluno, mudar a relação entre os meninos e as meninas, mudando a própria vida dentro da faculdade.

Desde o Ginásio São Miguel, em Passa Quatro, um ginásio de padres franceses que tinha na minha cidade, eu tive uma paixão muito grande por geografia, história, literatura, línguas. E minha linha de pensamento evoluía do positivismo, do racionalismo. Fui educado na cultura francesa, no *Tesouro da juventude*, na literatura francesa. E já estava evoluindo não só para o marxismo, mas para uma visão do mundo que era contemporânea. Eu lutei na faculdade contra a ditadura, participei desde o começo. A primeira luta que houve foi contra a Lei Suplicy de Lacerda, que tinha extinto e proibido as entidades estudantis, os centros acadêmicos, os DCEs, as uniões estaduais dos estudantes, e colocado a UNE na ilegalidade.* Nós derrotamos isso num plebiscito nacional, mais de dois terços dos estudantes votaram contra esse decreto.

Silvio: *O plebiscito foi convocado pela UNE?*

Dirceu: Foi. Foi a primeira grande participação que eu tive. Me aproximei muito do Travassos, que era do Centro Acadêmico 22 de Agosto, da minha

---

* Lei 4.464, de 6 de novembro de 1964, assinada por Castello Branco e seu ministro da Educação, Flávio Suplicy de Lacerda.

faculdade – direito, na PUC. Desde 65 eu passei a me relacionar com o Travassos e passamos a ser amigos. Aliás, tem uma passagem que se liga a tudo o que aconteceu depois. O Travassos andava muito deprimido, muito desiludido numa época. Vivíamos nos encontrando de manhã cedo. No prédio velho da PUC tem um murinho bem baixo, e o Travassos tinha a mania de parar com uma perna levantada e a outra esticada, ficar fumando de braços cruzados, conversando. Eu me lembro como se fosse hoje, nós dois conversando lá, reclamando da vida insuportável, trabalhar o dia inteirinho, ir para a faculdade pegando ônibus, sem dinheiro, o Brasil naquela situação de ditadura, aquele obscurantismo, a faculdade parecia um deserto de idéias, aquele ambiente pesado... Eu falei: "Vamos para Cuba, Travassos, vamos de ônibus, de carona, nós chegamos lá, não tem erro, é impossível não chegar, vamos trabalhando pelo caminho e tudo." Depois, eu e o Travassos, na hora de ir embora, ainda comentamos isso. Ele não queria ir de jeito nenhum. Na verdade, ele foi à força, os militares o colocaram no camburão à força. Ele tinha uma avaliação de que aquilo ia acabar mal, não ia ter a troca.

Silvio: *Você sucedeu o Travassos no centro acadêmico?*

Dirceu: O centro acadêmico estava fechado, nós fizemos a eleição na rua, à força, enfrentando a repressão, bomba, cassetete, cavalaria; foi na pancadaria que nós fizemos. Primeiro fizemos a eleição para o diretório acadêmico, que era oficial. Depois fizemos no centro acadêmico, fechamos o diretório e levamos o centro acadêmico para a sede do diretório. E mais tarde reconquistamos a casa em que funcionava o centro acadêmico. Essa foi uma das razões das divergências entre nós e a Ação Popular. Nós tínhamos adotado uma linha, no movimento estudantil, de nos comportar perante a legislação conforme a situação de cada faculdade. E a linha da AP era boicotar em todo o país as eleições para os diretórios acadêmicos. Nós muitas vezes disputávamos o diretório acadêmico, ganhávamos e, seis meses, um ano depois, transformávamos em DA livre. Outras vezes disputávamos o diretório acadêmico, ganhávamos, fechávamos e fazíamos eleições para o centro acadêmico. E outras vezes simplesmente mantínhamos o centro acadêmico. Muitos foram mantidos porque eram históricos, tinham cem anos, eram centros acadêmicos que a ditadura não conseguiu fechar. E, no caso do 22 de Agosto, nós fizemos eleição. Eu fui eleito presidente em 66-67. Depois fui eleito presidente da UEE, sucedi o Travassos, que foi eleito presidente da UNE. E suponho que ia suceder o Travassos na UNE também, havia uma grande margem de probabilidade de que eu ganharia o Congresso de Ibiúna, se os estudantes não tivessem sido presos. Antes de ser presidente do Centro Acadêmico 22 de Agosto, nós disputamos o DCE da PUC e ganhamos, eu fui vice-presidente.

Dirceu e Travassos, com megafone, durante manifestação estudantil.

Silvio: *Qual foi o marco inicial do movimento estudantil em 68?*

Dirceu: O movimento estudantil de 68, mais do que um movimento contra a ditadura, foi um movimento pela defesa da educação pública, uma revolução cultural. Porque a geração de 68 se mistura com o Cinema Novo, com a música popular brasileira, com as mudanças que estavam ocorrendo na arquitetura e nas artes plásticas brasileiras. Por exemplo: parte da mudança do teatro surgiu no Tusp e no Tuca. Parte das mudanças gráficas que depois acontecem em toda a arte gráfica brasileira começa nos jornais dos centros acadêmicos, feitos por uma geração nova de artistas e diagramadores. E na música também, os festivais de música estavam muito ligados à universidade, aos estudantes. O movimento estudantil de 68 se transformou depois num importante movimento contra a ditadura porque o nível de repressão que aconteceu nos sindicatos, nas Ligas Camponesas, nos sindicatos rurais foi muito violento, e nas faculdades o poder de aglutinação, de retomada, foi maior.

Então, foi o primeiro movimento que se levantou, além do MDB, contra a ditadura, o primeiro movimento que reconquistou as ruas. Lembro que o que nós achávamos mais importante era retomar as ruas, porque era simbólico. A ditadura proibiu o direito de manifestação, então foi muito importante reocupar as ruas e transformar as faculdades em centros de agitação político-cultural. Porque nós nos demos conta de que as formas de luta que tinham sido importantes antes de 64 não podiam ser repetidas na ditadura militar. Fazer greve, parar as faculdades, ir para casa, para o cinema, para a praia, e daí? Ocupar as faculdades e transformar a ocupação num gesto simbólico de rebelião, de rebeldia, de criação, de produção artística, de discussão, de debate sobre o país – foi uma mudança radical.

Então, essas formas de luta transformaram o movimento estudantil num movimento contra a ditadura, porque agregaram outras forças da sociedade: os jornalistas, os intelectuais, os artistas, os profissionais liberais. Houve uma tentativa de fazer uma aliança com os sindicatos. Quando isso acontece, vem a repressão brutal da ditadura, com ocupação; as greves de Contagem e Osasco, o que já é uma tentativa de criar um movimento sindical à semelhança do que era o movimento estudantil... A ditadura não tolera e põe o Exército, ocupa as fábricas, e logo depois vem o Ato Institucional n.5, vem a repressão em Ibiúna, vem a batalha da Maria Antônia, que foi forjada. Aquilo foi uma provocação, foi montado para justificar a ocupação e a destruição da Maria Antônia.*

Eu era a principal liderança da ocupação da Maria Antônia, em São Paulo, ainda que outras lideranças importantes tenham participado. Cheguei de manhã cedo, a Maria Antônia estava ocupada. E começou a provocação. Nós fazíamos barreiras e pedágios para levantar recursos. Essas barreiras eram pacíficas. O pedágio também: doava quem queria, quem não queria não doava, nunca houve nenhum problema. Naquele dia começou um grupo de estudantes do Mackenzie – que todos perce-

*A rua Maria Antônia foi o epicentro do movimento estudantil paulista, em 1968. Ali funcionavam várias faculdades da Universidade de São Paulo – filosofia, arquitetura, administração e economia. Do outro lado da rua ficava a sede da Universidade Mackenzie, onde alguns alunos eram simpatizantes do CCC (Comando de Caça aos Comunistas). A grande concentração de estudantes propiciou confrontos, o mais grave tendo ocorrido em 3 de outubro de 1968, quando o secundarista José Carlos Guimarães foi mortalmente baleado.

Entre os dias 2 e 3 de outubro de 1968, a rua Maria Antônia foi ocupada por barricadas. Estudantes de outros estados estavam em São Paulo preparando-se para o congresso da UNE, que seria realizado na semana seguinte. O corpo do secundarista José Guimarães, morto com um tiro na cabeça, é carregado pelos cariocas Carlos Eduardo Fayal de Lyra (à esq.) e José Maurício Gradel (de óculos).

biam que não eram só estudantes, que tinha infiltração do Dops, que tinha agentes da polícia – a exigir que recuássemos as barreiras. Lógico que a segurança que tinha no nosso lado não queria nem conversa, já queria ir para cima deles. Eu me dei conta de que aquilo era uma provocação e recuamos as barreiras.

Tanto é verdade que o problema não era esse que passadas duas horas começou tudo de novo, atritos, conflitos, empurra para lá, empurra para cá. A violência foi crescendo e se generalizou, um choque entre os estudantes do Mackenzie e os da USP. Sendo que dos cinco diretórios e centros acadêmicos do Mackenzie, nós controlávamos quatro. Então, na verdade, não tinha a maioria do Mackenzie contra os estudantes da Maria Antônia, porque nós já éramos a maioria no Mackenzie. E se generalizou, naquela época, a chamada "Guerra da Maria Antônia", que depois os meios de comunicação transformaram numa briga de facção, numa briga de gangues. Não havia nada contra o Mackenzie, até porque nós éramos maioria lá. Eram grupos de extrema direita, armados pela ditadura, financiados, infiltrados pelos agentes do Dops. Tanto que os tiros não eram de armas civis, mas de armas militares, carabinas. E toda a fabricação de explosivos que houve dentro do Mackenzie, para jogar contra nós, era de uma qualidade que nós não tínhamos, o que nós tínhamos era bomba molotov.

Silvio: *Morre um estudante...*

Dirceu: Morre José Guimarães. Tomei a decisão de não mais resistir, porque aquilo ia ser um massacre. E falei: "Nós temos que recuar, temos que nos retirar daqui. Vamos fazer uma grande passeata pela cidade e denunciar o que aconteceu." Mas ali começou realmente a repressão a mudar de qualidade. A partir do choque da Maria Antônia, para nós ficou claro que eles iam ocupar todas as faculdades. Para mim, ali já estava claro que alguma "medida legal" ia ser tomada. E acabou depois surgindo o Ato Institucional n.5.

Silvio: *Você apoiava a decisão de fazer o congresso da UNE em Ibiúna?*

Dirceu: No começo eu defendi fazer o congresso da UNE aberto, como fiz o congresso da UEE em São Paulo, aberto, no Crusp. Apesar de a repressão ter dito que ia dissolver, não foi capaz de dissolver porque tinha praticamente cinco mil estudantes lá. Se você pegar os jornais da época vai ver que foi uma vitória política extraordinária do movimento estudantil.

Na verdade, eu só fiquei sabendo que o congresso ia ser realizado naquelas condições quando cheguei lá. A idéia que eu fazia é que nós íamos fazer o congresso num seminário, num lugar onde coubessem 300 pessoas, e aí você arruma um jeito de caber 600, 700. Mas o lugar era completamente inadequado, ainda mais com chuva. E outra: o congresso tinha que ser feito rapidamente, tinha que ser mais ou menos acertado antes, com a maioria, pelo menos. E quando chegou lá não tinha essa maioria, porque havia muitas divisões, muita possibilidade de troca de posição, de acordo. E todo mundo queria ser presidente, porque como a maioria era pequena, em vez de só dois candidatos começaram a surgir candidatos nos dois lados, querendo recompor.

Silvio: *Quando o congresso caiu, você foi reconhecido de imediato pela polícia?*

Dirceu: Fui reconhecido rápido, e colocado num Aero Willys junto com o Travassos e o Ribas.* Fui levado para o Deops, depois para o Forte Itaipu, na Praia Grande. Fiquei lá alguns meses e depois fui para o 2º BC em São Vicente. Depois vim para uma delegacia aqui na rua 11 de Junho. E depois fomos para o 4º RI, e as coisas começaram a se complicar, porque o Lamarca tinha saído de lá, o tratamento já era o pior possível. A comida era uma lavagem, o lugar, insalubre; eram três celas,

*Antônio Guilherme Ribeiro Ribas era presidente da Upes quando foi preso em Ibiúna. Foi condenado a 18 meses de prisão. Militante do PCdoB, integrou-se à guerrilha do Araguaia. Seu corpo nunca foi localizado.

só cabia uma cama, mais nada. Ali era água gelada todo dia, passavam e jogavam água. Nós conseguimos jornal, conseguimos radinho, conseguimos comida, cigarros, por causa dos soldados, soldados presos por indisciplina, maconha, as coisas de sempre de quartel: desvio de material, de comida, fugir com a namorada, chegar atrasado; um ou outro, coisas mais graves.

SILVIO: *Você alguma vez pensou que poderia ser tirado da prisão?*

DIRCEU: Nós tentamos fugir várias vezes. Nunca me conformei em ficar preso, todo o tempo só planejando fuga. Aliás, eu ia ser libertado vindo para a auditoria em São Paulo, na av. Brigadeiro Luiz Antônio. Nós íamos de jipe, com uma escolta. Era fácil tirar, nós não tiramos porque outra organização política vazou, disse que aquele era um ato militarista que ia colocar em risco a vida do Travassos e do Ribas. E depois um barco ia tentar nos tirar de Itaipu. Fizemos dois planos reais – não só o plano foi discutido no papel, como as providências foram tomadas. Então, quando veio a notícia do seqüestro, para mim era uma coisa natural, como se eu estivesse esperando. Nunca tive depressão na prisão, pensando que ia ficar preso cinco, seis, sete anos. Eu tinha certeza de que ia fugir ou de que iam me tirar da cadeia.

SILVIO: *Em que momento você ingressa no PCB?*

DIRCEU: Ingressei no PCB em 65 e fiquei até o Congresso de Itanhaém, a Conferência Universitária, quando saímos e criamos as dissidências no Brasil todo: Dissidência do Rio Grande do Sul, de São Paulo, do Rio, de Minas, de Pernambuco, que vão dar origem ao PCBR, POC, Colina, ALN, VPR, VAR-Palmares, esses partidos todos. Eu militei no PCB, foi uma coisa muito importante para mim. Começou no movimento estudantil. Já tinha esse lado meu de organizar, de transformar em instituição, de dar condições materiais, de criar debate, formação política.

José Dirceu na Rural Willys que o conduziu ao Deops, juntamente com Luís Travassos e o líder secundarista Antônio Ribas, após serem presos em Ibiúna.

SILVIO: *Qual era o quadro das esquerdas entre o golpe de 64 e o AI-5?*

DIRCEU: Era uma situação muito difícil, porque o PCB sofreu cisões importantíssimas. Já tinha sofrido a cisão do PCdoB, no começo da década de 60, depois sofreu cisões do Agrupamento Revolucionário de São Paulo e do grupo do Mário Alves e do Apolônio de Carvalho, que deu origem ao PCBR. Com essas duas grandes cisões, o PCB perdeu o primeiro escalão. E optou por outra orientação: aliança com o MDB, caminho pacífico, a via constitucional, levar os dirigentes para o exterior. As organizações menores foram sendo dizimadas. Um grande grupo da AP entrou para o PCdoB – a AP Marxista-Leninista, como eles falavam. E começaram a surgir as organizações político-militares.

Então, na verdade, os sindicatos estavam reprimidos, tanto o urbano como o rural, a repressão e a censura foram aumentando, a tortura, os assassinatos políticos, cada vez mais. Foi tudo muito rápido no Brasil, se nós analisarmos, porque de 65 a 68, 69, não há ainda a resistência armada contra a ditadura. Há a tentativa de cercar o caminho do golpe no aparelho do Estado e nas elites civis, a tentativa da Frente Ampla,* a eleição de 66, que a ditadura perde. Porque na medida em que Israel Pinheiro e Negrão de Lima são eleitos, fica evidente que, se houvesse uma eleição nacional, era provável ganhar um candidato civil, que não seria contra o golpe do movimento de 64 mas seria contra a ditadura, iria fazer uma democratização do movimento, vamos dizer assim.

Em 65 eu não era politizado, não era quadro de uma organização política, estava entrando no PCB como base. O que eu vejo? Fecham os partidos políticos, acaba a eleição direta para presidente, não pode ter eleições nas capitais, tiram-se os poderes do Legislativo, impõe-se a censura... Então, não tem democracia nenhuma no Brasil.

E havia o surgimento das novas esquerdas armadas, que era um fenômeno da América Latina, e das lutas de libertação nacional, no mundo. Temos que lembrar a Guerra do Vietnã, o Che Guevara, Cuba. Não é uma coisa do Brasil, apesar de que no Brasil tudo foi feito com muitas características próprias. O movimento estudantil brasileiro não tem nada a ver com o movimento estudantil francês ou com as rebeliões na Alemanha e na Itália. É um movimento muito nacional, muito próprio, tem sua própria cultura.

SILVIO: *Na época, qual era a sua percepção do processo de imersão das esquerdas na luta armada?*

DIRCEU: Eu era totalmente favorável. Quando entrei no Partido Comunista Brasileiro, no movimento estudantil, já tinha uma visão muito crítica

* A Frente Ampla foi uma tentativa de reunião de lideranças políticas brasileiras em torno de propostas de normalização institucional. Juscelino Kubitschek, Renato Archer e Carlos Lacerda participaram das primeiras articulações, no final de 1966, conquistando inúmeras adesões, entre elas a de João Goulart, exilado em Montevidéu. Em 5 de abril de 1968 o governo Costa e Silva baixou uma portaria proibindo as atividades da Frente Ampla.

do que tinha sido a atuação do Partido, do caminho pacífico. Entrei para o PCB e, na discussão, nos debates, fui cada vez mais me convencendo de que era necessária uma resistência armada à ditadura. Mas eu era mais convencido de uma resistência armada do que da guerrilha urbana e rural. Eu tendia mais a combinar a luta político-social, a luta político-institucional com a resistência armada do que ser totalmente favorável só à luta armada. Daí que nunca entrei para a ALN, não concordava muito com as propostas de autonomia tática, do voluntarismo e de certo militarismo que existia, certo desprezo pelo movimento social, pela resistência armada. Mas também acabei incorrendo no erro de pregar o voto nulo nas eleições de 66, eu estava envolvido muito pelo ambiente que existia na época, de descrença em qualquer luta político-institucional.

Sempre fui contra pegar os quadros políticos do movimento estudantil e colocar na clandestinidade. Eu falava: "As pessoas vão para a clandestinidade quando são queimadas, quando são descobertas, quando vão ser presas ou mortas. Você não pode pegar as pessoas e colocar na clandestinidade, isso é uma loucura. Nós vamos desarmar o movimento estudantil, vamos desorganizar o movimento estudantil." Apesar de ter divergências, nunca me opus à luta armada. Pelo contrário, acabei apoiando. Mas sempre fui um dissidente das teses mais militaristas. Tanto é que depois nós criamos o Molipo, que não conseguiu fazer nada do que pregava, porque não havia condição nenhuma mais no Brasil para fazer. Mas já era uma revisão crítica, em certo sentido, daquilo que a ALN tinha feito – que teve sua importância, teve seu papel, mas é evidente que tinha erros graves.

Nenhuma tentativa de criar uma coluna guerrilheira, tirando a do PCdoB no Araguaia, avançou no Brasil. E a guerrilha urbana, com toda a experiência que nós conhecemos, só pode ser sustentada se há um grande movimento de massa, um movimento social, uma oposição à ditadura. No quadro brasileiro era uma guerra militar, entre aparelhos militares. E aí a repressão ganha, porque tem o Estado na mão. A não ser que tivéssemos um partido forte, que houvesse um movimento político-social contra a ditadura. Não se pode pensar numa luta de anos entre o aparelho policial do Estado e organizações políticas clandestinas armadas urbanas.

Silvio: *Qual foi a sua sensação quando soube que seu nome estava na lista de presos a serem trocados pelo embaixador americano?*

Dirceu: De alegria. Parecia que aquilo ali estava acertado de acontecer. Fui o primeiro a ficar sabendo, porque eu conversava muito com um colega de cela, um soldado que estava preso, que me chamava de Cabeleira. Nós conversávamos muito, e ele me disse: "Vocês estão na lista, vocês estão na lista." Primeiro ele contou que tinha tido o seqüestro. E depois, que nós estávamos na lista. E então começou a discussão entre nós, porque o Travassos não queria ir, não. Tanto é que ele foi a coronhadas para o furgão, quando os oficiais vieram nos buscar. Para mim, estava escrito nas estrelas que eu ia sair um dia da cadeia. Eu já falei: "Vou para Cuba, não quero nem saber, e vou voltar para o Brasil." E fomos para o aeroporto. Não me lembro agora como é que foi, lembro mais já no Galeão.

Silvio: *Naquela foto você é o único que mostra claramente as algemas.*

Dirceu: Porque alguém me falou para mostrar ali, na hora. Acho que foi o Flávio Tavares que falou, porque as pessoas estavam escondendo as algemas. Mas eu me lembro bem da saída, que houve um incidente com o Travassos, que os policiais começaram a querer empurrá-lo, dar coronhada, que ele começou a querer discutir que não ia. Me lembro do incidente lá do Parasar, um grupo que tentou nos seqüestrar dentro do Galeão.*

Silvio: *Você só soube disso posteriormente...*

Dirceu: Não, houve um incidente, eu me lembro que chegou um oficial e começou a enquadrar todo mundo, a gritar com outros oficiais. Acho que era um incidente entre eles por causa da tomada da rádio, do manifesto, da

* A ameaça partiu do Grupo de Artilharia da Brigada Pára-Quedista. Seu comandante, coronel Dickson Grael, ocupou naquela tarde uma unidade transmissora da Rádio Nacional, em Parada de Lucas, interrompeu a programação e colocou no ar uma proclamação contra a libertação dos presos. Como punição, recebeu 15 dias de suspensão e a transferência para o Rio Grande do Sul.

tentativa de nos tirar da mão do governo e nos assassinar, nos jogar no mar, que era o plano, e não fazer a troca. Eu me lembro desse oficial chegando, lembro até que ele empurrou um oficial, estapeou um oficial, gritava com ele... Porque nós estávamos sendo tratados já de uma maneira que começava a ficar claro que a coisa ia acabar mal. Ele mudou totalmente o tratamento, se não me engano nós estávamos amarrados ainda, ele mandou desamarrar. E depois me lembro do vôo, da chegada no México.

SILVIO: *Você tem o registro do momento da entrada de Gregório Bezerra no avião?*

DIRCEU: Foi uma coisa emocionante, agora eu estou me lembrando. Foi emocionante, porque ele era um ídolo para nós, era um mito. Porque nós éramos nós, ele era a história. Era uma coisa diferente: a história, a dignidade dele, a coragem e a simplicidade dele. Ele nos treinava todo dia no México. Punha todo mundo em forma, ia caminhar lá num parque.

SILVIO: *E o embarque do Chuchu em Belém, você lembra?*

DIRCEU: Não, não lembro. Eu lembro vagamente, eu sou péssimo para isso. Eu nem lembrava mais que tinha parado em Belém, porque eu nunca mais li sobre isso.

SILVIO: *Aquele era um momento politicamente muito particular, com uma junta militar no poder.*

DIRCEU: E havia um monte de potentados mandando, já havia uma situação de desorganização, de choque entre eles. Eles foram organizando isso depois, com o Médici, que põe ordem na casa, vamos dizer assim. E depois o Geisel põe ordem no Estado. Tanto assim, que houve um incidente grave entre aqueles oficiais, eu acho que houve até agressão de um dos oficiais, porque já estavam se tratando na base de tapão, de empurra-empurra entre eles.

A eleição do Costa e Silva era um péssimo sinal. Eleger um homem como Costa e Silva presidente da República já era uma degeneração, de certa maneira – eleger entre eles, porque na verdade quem elegia era o alto comando do Exército, que tinha mais poder. A Marinha e a Aeronáutica levavam o vice, no fundo era esse o acerto que eles fizeram.

SILVIO: *O vice do Costa e Silva era um civil, um jurista...*

DIRCEU: É, o Pedro Aleixo. Mas ainda era sintoma da força do movimento de 64, dos civis, dos governadores, dos partidos políticos, de uma parcela da sociedade que apoiou o golpe. Para nós, que estávamos dentro da prisão, havia uma certa subestimação das contradições do movimento. Nós, particularmente, tínhamos uma visão de que não era um golpe militar, era uma contra-revolução, uma reorganização do capitalismo, do Estado brasileiro. Nós estávamos mais certos, porque durante meses, ou anos, o PCB achou que aquilo era mais uma quartelada, que haveria uma redemocratização rápida, um grupo civil ia acabar voltando. Nós não achávamos isso. O mal nosso foi que fizemos a análise correta da natureza do golpe, mas não tiramos as conseqüências disso. Nós tínhamos que ter preparado não a luta armada, mas uma resistência civil.

SILVIO: *Como foi o desembarque, no México?*

DIRCEU: Tinha o problema de tirar as algemas, porque nós ainda estávamos algemados. Eu não me lembro como foi o desembarque, só me lembro já no hotel. Na verdade, só quando eu cheguei em Cuba é que tive certeza absoluta de que estava livre, porque no México sempre houve uma influência muito grande da CIA e um controle muito grande sobre nós. O tempo todo que estivemos no México fomos muito controlados. Mas quando vem a notícia do seqüestro, na prisão, eu já me sentia em outra vida, fazendo outras coisas. Ali, para mim, era a convicção de que eu iria para Cuba e voltaria para o Brasil. Isso se transformou numa idéia fixa na minha vida. Tanto é que quando eu saí, no Rio, um dos agentes do Dops veio conversar comigo, me provocar, e eu falei: "Pode me esperar que eu vou voltar." "Você vai voltar, nós vamos te esperar e vamos te matar." Eu falei: "Precisa ver quem é que vai morrer, quando eu voltar, se você ou eu."

Silvio: *No México havia convergência no projeto político do grupo?*

Dirceu: Eu não posso falar muito disso porque eu não era de nenhuma organização, então acho que eles não conversavam comigo, não tratavam comigo no patamar que tratavam com os outros. Porque o Vladimir era do MR-8, o Travassos era um peixe fora d'água, era da Ação Popular, acho que nem apoiava a luta armada, via mais como uma coisa militarista. O Gregório Bezerra era do PCB, tinha toda a disciplina do PCB. O Frati e o Agonalto já eram do Agrupamento Revolucionário de São Paulo, da ALN. O Onofre e o Ibrahin eram da VPR. O Zarattini depois criou a Tendência Leninista, já tinha seus pontos de vista. E a Maria Augusta também era do MR-8. Então, eu não acredito... Ali havia a luta contra a ditadura, a luta armada, com essas nuances a que o Vladimir era muito crítico também. Eu acho que não havia, entre nós, unidade política, de visão, de caminhos. De ir para Cuba, treinar e voltar ao Brasil, sim, porque todos fizeram, com as divergências do Vladimir, que nunca fez com prazer, sempre foi muito crítico. Os outros, não, os outros treinaram para voltar ao Brasil.

Silvio: *Com exceção do Ricardo e do Flávio, que ficaram.*

Dirceu: Sim, e do Gregório, que foi para a União Soviética, estava com problema de saúde grave, mas ainda viveu bastante.

Silvio: *Daquele grupo de 15, seis já faleceram. Que lembranças mais marcantes você tem deles?*

Dirceu: Olha, eu convivi com o Frati na Casa dos 28.* E o reencontrei algumas vezes em São Paulo. Tenho uma imagem muito forte dele. Uma pessoa afável, um quadro político experiente, com cultura, como todo bom quadro operário italiano, como todo *oriundi*. Uma formação sólida.

---

* Casa em Havana habitada pelos brasileiros do chamado Grupo Primavera, que compunham o terceiro exército da ALN.

De pouca ação, pouca iniciativa, muito disciplinado, muito integrado, mas sem condições de voltar ao Brasil para participar de luta armada; eu não via como ele poderia atuar na luta armada no Brasil. Grande companheiro.

Na convivência é que se conhecem as pessoas, na cadeia principalmente, e no exílio, porque todo mundo tem seus graves e inevitáveis defeitos, e o Frati é uma dessas pessoas de uma qualidade humana extraordinária. Ele me ensinou a cozinhar. Há anos eu não cozinho, mas o que eu aprendi e cozinhei na vida foi graças a ele, porque eu só fazia limpeza, arrumar a mesa, varrer, lavar os pratos, cortar as coisas, e ele falou: "Você tem que aprender a cozinhar." E cada semana que eu caía com ele na escala, ele me ensinava. Eu tenho uma lembrança dele muito bonita, de uma pessoa muito humana. O Onofre era um militar, basicamente um sargento das Forças Armadas brasileiras que tinha rompido e estava na luta armada contra a ditadura, mas não deixou de ser um sargento.

Silvio: *Um sargento nacionalista.*

Dirceu: Exatamente: um sargento nacionalista. Nunca vi mais do que isso. Um homem corajoso, evidentemente, mas nunca vi mais do que isso nele, não. O Ivens, eu tenho uma lembrança dele mais como um artista, nunca o vi como um militante da luta armada. O João Leonardo da Silva Rocha já é um amigo, um companheiro, um irmão. João Leonardo é um típico baiano, brasileiro, alegre, piadista, gozador. Escrevia muito bem, fazia poesia, escrevia crônicas, estudou no 11 de Agosto, foi bancário, muito paulistano também, farrista, gostava de uma farra, gostava de uma comida e de uma bebida. Quadro militar, de qualidades militares, formado no PCB, mas marighellista. Um grande amigo meu. Nós fizemos operação plástica juntos, ficamos juntos na operação e depois na recuperação, voltamos juntos para o Brasil e convivemos ainda um tempo, até ele ser assassinado pela ditadura. Eu perdi notícia dele desde que ele saiu lá de São Vicente, São José do Egito. Só depois eu recebi a notícia da morte dele, que foi muito dura para mim, porque eu estava muito isolado, muito sozinho, um momento muito difícil também para mim.

Silvio: *Vocês se despediram em Pernambuco?*

Dirceu: É, eu fui encontrar com ele várias vezes em Arcoverde, Serra Talhada, Placas do Nordeste, Caruaru, em Pernambuco, onde fiquei uma época. Então era uma pessoa muito ligada a mim, e eu me sentia muito ligado a ele, João Leonardo da Silva Rocha, o Mário, que era o seu nome de guerra, que depois eu descobri que era o nome do irmão de criação dele. Trabalhei muitos anos para fazer o traslado do corpo dele, fazer uma homenagem. Mas o irmão não queria, porque achava que os pais iriam morrer só de receber a notícia.

Já o Gregório Bezerra, eu praticamente não tive nenhuma convivência, só no México. Quando chegamos em Cuba ele já se afastou do grupo. Evidentemente que o Gregório Bezerra é um mito, uma figura extraordinária. Mas um homem que não era contemporâneo a nós. E também, ao mesmo tempo que era um mito, uma personalidade, eu não o via compreendendo aquele momento que nós estávamos vivendo. Ele ficou na União Soviética. Voltou, chegou a ser candidato a deputado, não se elegeu, acabou organizando uma tendência ligada a ele, um grupo de militantes ligado a ele. Eu não tive mais muito contato com Gregório Bezerra.

Dirceu e Bezerra desembarcam em Havana, em 30 de setembro de 1969.

Silvio: *E como foi a articulação para a viagem do México a Cuba?*

Dirceu: Eu não participei diretamente. Acho que foi feito pelas organizações, pela ALN, pela VPR, pelo MR-8. Eu simplesmente fui consultado e disse que queria ir, era tudo o que eu queria. Acho que ninguém voltou a Cuba como eu voltei. Praticamente um ano sim, um ano não, eu vou a Cuba. Acompanho a vida política, o desenvolvimento da economia, e sempre procurei ajudar, apoiar Cuba. Nunca escondi isso, sempre fui grato e sou até hoje, pela solidariedade que o povo cubano nos deu. Porque não é pouca coisa. As pessoas não dão importância, mas eu dou muita importância ao fato de os cubanos terem sido solidários conosco. Eu aprendi muito em Cuba, até o que não se deve fazer, as coisas boas e as coisas que não devem ser feitas no socialismo, num processo de mudança e de transformação. Tenho uma ligação afetiva muito grande com Cuba e não escondo isso. Apanho muito de um setor grande da mídia, mas não escondo. Tenho e não renego.

Silvio: *Como foi para você a experiência do treinamento militar?*

Dirceu: Eu fiz burocraticamente, sem paixão, fiz por dever de ofício, nunca foi minha paixão. Era necessário, eu fiz. Se você quisesse se especializar, você podia, se você quisesse ficar generalista, fazer um treinamento militar geral, podia. É um treinamento militar. Se você quisesse fazer um treinamento militar para valer, você podia fazer: tropas especiais, explosivos, inteligência, o que você quisesse. Eu fiz para a clandestinidade. Dependia da pessoa. Ou tiro. Ou, se você quisesse fazer um treinamento mais físico, para se preparar fisicamente, você podia.

Silvio: *E como se deu a formação do Molipo?*

Dirceu: O Molipo foi sendo gestado a partir da identidade que tínhamos por ser de São Paulo, da Dissidência Estudantil, que muitos de nós éramos, pelos pontos de vista em comum e pelo agravamento do militarismo e do voluntarismo da ALN, pela falta de debate e discussão da ALN. E também pela morte do Marighella e do Câmara Ferreira. E porque a ala que assumiu a direção da ALN agravou aquilo que já era evidente. E também por uma leitura, não vou dizer realista, mas mais realista da situação do Brasil, da chamada correlação de forças, das condições objetivas no país. E a tentativa de retomar a coluna guerrilheira, e não só a guerrilha urbana.

Na verdade, quando voltamos para cá, era tal o grau de repressão, de isolamento, que não dava para fazer nada; mal conseguíamos recursos para sobreviver e fazer contatos. Ainda se avançou algum trabalho no campo, tanto é que Jeová [de Assis Gomes] foi para lá, avançou um contato com setores de outras organizações para fazer ações conjuntas, conseguiu-se certo nível de recursos, de armamento, de formação. Mas, analisando hoje, foi uma aventura.

SILVIO: *Qual era a visão do Brasil que vocês tinham em Cuba, antes da volta para cá?*

DIRCEU: A visão de que o país estava sob o controle dos militares, que realmente eles tinham reorganizado a economia, que havia um desenvolvimento, um crescimento econômico, mas que não haviam mudado as condições sociais. Pelo contrário, agravavam-se cada vez mais a desigualdade, a falta de distribuição de renda, a pobreza. E de que havia um apoio à ditadura, mas que era possível resistir a isso e retomar a iniciativa política no Brasil. Porque a ditadura enfrentava um problema, ia ter que redemocratizar o país. O próprio crescimento econômico, a própria melhoria na economia ia acabar exigindo isso.

Mas, na verdade, nós tínhamos uma visão equivocada sobre o nível de apoio à ditadura naquele momento. Eu voltei em 71, mas os primeiros voltaram na virada de 70 para 71. Eu fiquei aqui até julho, agosto de 72, porque não tinha condições de ficar, eu era muito conhecido e era um custo me manter aqui. A decisão de me tirar foi tomada, eu peguei um ônibus aqui no Brás, fui para Pernambuco, peguei o avião e fui para Lisboa, depois fui para Roma, de Roma fui para Praga e depois fiz o caminho para voltar a Cuba, demorou um tempo.

Eu fico pensando, eu voltei para o Brasil em abril de 71. Pensa bem. Eu em São Paulo, em abril de 71, morando no Brás, na rua Cavaleiro, eu acho, numa pensão, andando armado, fazendo ponto, preparando ação, fazendo levantamento, viajando para fazer contatos... Como é que pode? Fazendo hora dentro de ônibus, entrando em cinema, porque também não tinha o que fazer, não pode ficar dentro da pensão, você tem que trabalhar dez, doze horas, senão na pensão desconfiariam... Não pode levar ninguém, e se levar alguém tem que ser irmão ou namorada, noiva, aí não pode ficar no quarto, vai vendo o cenário. Uma coisa, e as pessoas caindo, morrendo, sendo torturadas, e as coisas piorando, a situação piorando.

SILVIO: *A percepção de que isso era insustentável foi individual ou foi uma decisão da organização?*

DIRCEU: Eu nem queria sair, num determinado momento eu resisti, mas o Vicente – o João Carlos Cavalcante – teve uma conversa mais longa comigo, mais prática, mostrando que para eles era inviável. Mesmo que eu quisesse ficar, eles teriam que me mandar para a zona rural. Então, eles falaram: "Para que serve você numa zona rural, para fazer o quê? É melhor você voltar para Cuba, ajudar na divulgação internacional, na denúncia, ajudar em Cuba a reorganizar as pessoas que estão lá, esperar um segundo momento." No fundo, eles queriam me preservar. Acho que a decisão foi correta.

SILVIO: *Tem algum episódio na sua segunda volta que você considere particularmente ilustrativo das condições de vida clandestina?*

DIRCEU: Ah, mas a minha segunda volta foi diferente, porque voltei para viver clandestino, para esperar o momento de retomar a atuação política. O que eu não queria era viver fora do Brasil. E a melhor coisa que eu fiz foi voltar para o Brasil, porque eu não conhecia... A nossa geração é uma geração de São Paulo, urbana, conhecia São Paulo e Minas. Foi de 75 para 80 que eu conheci o Brasil realmente, que eu viajei todo o país, estudei mais, me aprofundei. E convivi mais com a vida real do país.

Acho que foi a coisa mais acertada que eu fiz na minha vida, porque eu não queria ficar vivendo em Cuba. Eu podia fazer o que quisesse em Cuba, podia estudar, trabalhar, ir para outro país, tinha apoio para viver em Cuba, tinha capacidade profissional, técnica, para trabalhar, até para ascender funcionalmente. Mas nunca deixei de fazer atividade política, de lutar contra a ditadura, clandestino. Aliás, eu vivi praticamente clandestino em Cuba, curtos períodos eu vivi legal em Cuba, porque sempre estava num projeto, sempre estava estudando, me preparando para voltar ao Brasil. Até curso de projecionista eu fiz em Cuba, num cinema. Aprendi umas seis profissões, para que quando chegasse ao Brasil pudesse trabalhar.

Eu queria voltar para o Brasil. E olha que os cubanos me seguraram, eles não queriam deixar eu voltar de jeito nenhum, achavam que eu ia ser morto. Me seguraram quase um ano. Comecei a sair de lá em abril de 74, cheguei aqui em abril de 75. Eles podiam ter me mandado em maio de 74, ficaram vendo se eu mudava de idéia.

SILVIO: *Como você avalia hoje a experiência brasileira da luta armada?*

DIRCEU: Eu acho que foi um desastre, nós fomos derrotados em toda a linha. Não deu certo praticamente nada. Do ponto de vista do direito, acho totalmente justificado: nós tínhamos o direito de pegar em armas porque a ditadura rompeu toda e qualquer legalidade que havia no país. Do ponto de vista moral e ético também, porque acredito que era uma causa que tinha justiça. Um direito de rebelião contra a ditadura, contra a tirania. Agora, do ponto de vista prático, do acúmulo de forças na luta contra a ditadura, se fosse uma resistência armada combinada com uma luta político-social, político-institucional, eu acredito que teria sido mais correto. Mas, na medida em que negamos de certa maneira a luta institucional, as eleições, o processo político... Ainda que depois tenhamos feito revisão disso... Nós não podemos fazer uma avaliação a meias-tintas, temos que fazer uma avaliação realista.

Acho que era factível a estratégia de organizar no Brasil a resistência armada. Agora, a estratégia de organizar guerrilha urbana, ou uma coluna guerrilheira naquelas circunstâncias, eu não vejo que aquilo fosse factível. Até porque não tínhamos partidos e organizações, quadros formados para isso. Isso não quer dizer que no Brasil seja um absurdo, seja impensável a luta armada, porque isso sempre houve. Nós passamos de 1922 até 1937 com insurreições. Tem a Coluna Prestes, que é um feito que ninguém tem no mundo. Tivemos a Revolução de 1924, em São Paulo, quando a cidade foi bombardeada. Tivemos a Revolução de 1930, vários levantes entre 24 e 30, a Revolução Constitucionalista em 1932, tivemos depois o levante de 1935.

Tivemos o golpe de 1937, e depois a direita tentou usar as armas várias vezes. Tivemos a eleição do Getúlio, que virou uma crise institucional; a posse do Juscelino, quando foi preciso que o Lott desse um contragolpe. Depois teve Aragarças e Jacareacanga. O Jango, para tomar posse, foi preciso fazer o parlamentarismo, houve tentativa de golpe, teve a Revolta da Armada antes... E depois veio o golpe militar, que implantou um regime de terror e de violência no país. Então, é justificável se levantar em armas contra a ditadura militar? É. Agora, era o caminho mais indicado? Eu acho que não.

Eu não quero com isso dizer que você não pudesse combinar as formas de luta. Porque, na medida em que havia uma repressão armada, tortura, assassinato, repressão mesmo, você tinha que se opor a isso pela resistência armada também. E eu posso falar porque nunca reneguei a luta armada, nem a memória dos meus companheiros e companheiras, nunca abjurei a luta armada. Estou analisando do ponto de vista objetivo, de acúmulo de forças na luta política para derrubar a ditadura. Teve seu papel? Teve. Foi importante? Foi. Agora, não era o caminho; eu acho que foi uma derrota, um desastre. Falar o contrário é ficar contra a realidade.

SILVIO: *Como você reavalia o seqüestro do embaixador americano?*

DIRCEU: Eu acredito que o seqüestro era uma coisa necessária, naquele momento. As pessoas estavam sendo torturadas e mortas. Aquilo foi um instrumento que era necessário. Se você olhar, frente às torturas, aos assassinatos brutais, desaparecimentos, e ao nível de ditadura que havia no país, dá para compreender aquele momento e aquele seqüestro para trocar por presos políticos.

SILVIO: *Qual o maior acerto da esquerda brasileira nos anos 60?*

DIRCEU: Eu acredito que foi a resistência e a luta contra a ditadura. E o movimento estudantil foi, evidentemente, um grande acerto. Acho que foram feitas tentativas de organizar a resistência civil, a Frente Ampla. Quem cortou todo o caminho para uma solução institucional no Brasil não foi a luta armada. Isso eu não aceito: que foi por causa da radicalização dos estudantes, do Marighella, do surgimento dos grupos táticos armados, das operações militares que veio o Ato Institucional n.5 e a radicalização da ditadura. Isso não é verdade.

A natureza da ditadura era aquela, e ela se expressou nisso quando não aceitou nem a vitória de 66 nem a Frente Ampla, quer dizer, não aceitou uma aliança entre o Jânio, o Lacerda e o Jango. Todos os caminhos foram cortados, deceparam todas as cabeças, Magalhães Pinto, Carlos Lacerda, Adhemar de Barros, não ficou um líder civil da "revolução". E o Pedro Aleixo, depois, não pôde assumir a Presidência da República. Quer dizer, para quem está na oposição, não resta outro caminho a não ser a clandestinidade e a resistência armada. Então, é nesse sentido que eu falo que, eticamente, do ponto de vista político, a luta armada é mais do que justificável. Agora, a forma como foi feita e a maneira como se relacionou com a luta político-institucional foram erradas. São coisas diferentes.

SILVIO: *E o maior erro?*

DIRCEU: Não reconhecer que tínhamos de mudar as formas de luta. Demorou muito a autocrítica dentro da ALN, aqui no Brasil, que transbordou para o trabalho de massa na periferia, para o trabalho de massa junto com as igrejas, para o trabalho de massa de educação popular, de organizar o movimento popular sindical que vai dar origem a tudo o que o Brasil viveu depois, durante 20 anos, até recentemente. Mas vieram até de setores que tinham feito a luta armada as primeiras iniciativas de apoiar a luta contra a carestia, de apoiar os movimentos populares, de apoiar a reorganização dos sindicatos. Porque isso é que é importante: preservar quadros, preservar experiências sempre é importante na luta política, porque você é capaz de fazer a recuperação maior dos erros cometidos.

SILVIO: *Tendo participado desde o início, como você encara as transformações vividas pelo PT nos últimos 25 anos?*

DIRCEU: Eu acredito que o PT é resultado da luta política brasileira nos últimos pelo menos 40 anos. O PT não é só a fundação do PT em 80: é um rio que foi capaz de receber afluentes da esquerda histórica, como Mário Pedrosa, Sérgio Buarque de Hollanda, Antonio Candido, grupos de intelectuais, de professores, do meio artístico, das igrejas, do movimento sindical e da esquerda. E também setores da esquerda que estavam no PDT e no PMDB, como a Ala Vermelha do PCdoB. E a esquerda independente – eu sou um dos que vieram da luta armada, mas não éramos de organização nenhuma. Entramos para o PT e fomos, inclusive, a força que criou a idéia de que o PT tinha que ser um partido, não podia ser uma frente de tendências; e de que tinha que ter uma tendência que não fosse organizada como partido – como era o PRC do Genoíno e a Ala Vermelha. Por isso formamos a Articulação dos 113, hoje Campo Majoritário.

O PT foi capaz de aprender com os erros da luta político-institucional reformista e os da luta armada. E soube combinar a mobilização social com a luta político-institucional, soube combinar as reivindicações com o programa de governo. E também soube formar quadros para administrar, formar políticas públicas. O modo petista de governar, de legislar, que é um pouco corporativo, mas reflete a tentativa das classes populares brasileiras, dos movimentos sociais, das classes trabalhadoras, de exercer o governo, exercer o poder... Não ser só eleitor, ser ator também, não ficar passivo.

Eu considero a experiência do PT uma das mais importantes. Por isso esse ódio, essa agressividade da direita conservadora, da mídia conservadora, contra o PT. Porque o PT é realmente uma experiência inédita, até mesmo em âmbito mundial. Mesmo que o Lula não tivesse sido presidente da República, a herança e o resultado de tudo o que o PT participou e fez no Brasil já é muito importante. Como foi também o MDB, que teve um papel importante na luta pela redemocratização do país. Como foi, no passado, o PCB ou o PTB, para pegar duas experiências bem diferentes. Acho que a herança da experiência petista é muito forte, até para a organização popular do país.

Eu acredito que uma onda conservadora que está tentando se articular no país e uma retomada do projeto tucano ou neoliberal – para falar de uma forma simplificada – têm vida curta no Brasil. Acho que as forças político-sociais que criaram uma expectativa com a eleição do Lula vão se rearticular e continuar esse projeto. A eleição do Lula não é só a eleição do Lula, é um projeto de desenvolvimento do país. São conjuntos de interesses político-sociais, de várias classes sociais ou de setores de classes sociais, e de setores da elite política dessas classes – porque não tem só elite política conservadora – que se agruparam com a tentativa de fazer algumas mudanças no Brasil. Eu acredito que ela tem futuro, e o próprio PT tem futuro.

É evidente que o PT precisava de audácia. No mínimo construir uma federação com o PSB, com o PCdoB, procurar recompor um nível de aliança mais próxima com os movimentos sociais populares. Isso foi um problema, porque nós demos um peso maior à governabilidade institucional do que à governabilidade social. Acho que agora o PT precisa se reorganizar e vai ter novas direções. Acho bastante improvável o PT continuar com essas diversidades antagônicas de tendências internas. Acho que a experiência precisa ser repensada, o peso ao desenvolvimento e às mudanças tem que ser maior do que foi nesses quatro anos. É claro que a estabilidade econômica é importante, mas temos de fazer algumas reformas que não fizemos: pôr na ordem do dia a reforma na segurança pública do país, que é coisa grave, principalmente a reforma política, a reforma do Estado, da administração, que nós também não fizemos.

E existem algumas mudanças no país que é preciso ter correlação de forças para fazer, principalmente uma reforma tributária que enfrente o problema da distribuição de renda. O Brasil não fez reforma política, nem agrária, nem tributária, como comparativamente fizeram os países desenvolvidos dos séculos XVII ao XIX. O Brasil não fez no século XX e ainda não fez no XXI. O país não tem uma verdadeira revolução política, social e econômica que se retrate numa reforma tributária, numa reforma do problema da terra, numa reforma do problema político-institucional. Nós tivemos que ir fazendo aos pedaços, aos poucos. Então, acho que o PT precisa recuperar o projeto transformador, precisa recuperar a si mesmo, precisa recuperar a relação com a sociedade e precisa retomar também com mais força a questão nacional. Precisamos dar um peso maior ao problema cultural, à questão nacional político-cultural, e fazer a revolução educacional de que o país precisa.

Então, tem que repensar o projeto. A eleição do Lula foi um avanço extraordinário, o governo do Lula é muito superior aos governos anteriores desde a redemocratização. Cada governo tem o seu papel, cumpre suas tarefas, seus objetivos. Não podemos ter uma visão maniqueísta: "Não fez nada, não foi nada." Cada um cumpre um projeto, mais conservador ou mais progressista, mas os governos cumprem alguns objetivos importantes, mesmo sendo conservadores. Muitos governos conservadores fizeram reformas educacionais importantes no mundo, fizeram reformas políticas, até por causa da crise institucional, por causa dos riscos de uma guerra civil.

Eu acredito que o governo do Lula tem avanços importantíssimos. O primeiro é o país voltar a ter emprego, crescimento, melhor renda e controle da inflação. E o segundo são os avanços na luta contra a pobreza, que são reais, que devem consolidar-se nos próximos anos. E o país voltar a ter uma visão desenvolvimentista, uma visão de política industrial, de inovação, um novo papel dos bancos públicos, os avanços na área da saúde, da educação; e a política externa, a idéia de integração, a idéia do papel do Brasil no mundo. Eu acredito até que foi por isso, e não por causa do caixa 2, de Marcos Valério, que a voracidade, a violência da reação da direita, dos conservadores, contra o governo, contra o PT, foi tão grande. E conquistou uma parcela importante da opinião pública com a idéia de que o governo é corrupto e de que o PT não fez nada, é um partido corrupto que enganou todo mundo.

SILVIO: *Pensando de modo geral na sociedade brasileira, nas forças de esquerda, qual é a sua visão de futuro?*

DIRCEU: Eu oscilo entre o pessimismo e o otimismo, porque acredito que o mundo hoje tem grandes possibilidades, por causa da revolução técnico-científica e dos avanços da consciência democrática, da consciência dos direitos humanos, da consciência ecológica, da consciência da igualdade entre homem e mulher, entre os homens e os povos. Nesse sentido, é um mundo contraditório, porque evoluiu muito do ponto de vista da consciência e dos direitos. Mas, ao mesmo tempo, os anos de neoliberalismo agravaram as situações de desemprego, fome e violência.

A onda conservadora que varreu o mundo não consegue se consolidar porque a realidade político-social produz coisas extraordinárias. Nunca houve uma globalização tão grande, mas também nunca houve um nacionalismo aflorado tão violento como nestes últimos anos. Isso você vê na ex-União Soviética, na ex-Iugoslávia, na Europa, na Espanha; e você vê na América Latina, porque na verdade o que há na América Latina – na Bolívia, no Equador, no Peru, na Venezuela e na Argentina – são crises institucionais, rebeliões populares por causa do problema nacional e dos problemas sociais, da incapacidade de o capitalismo mundial dar espaço para as nações do Hemisfério Sul pelo menos crescerem, se desenvolverem.

Vejo o papel da China no mundo como um papel de reequilíbrio, da Índia também, da África do Sul. Daí a importância de nossa política externa. Acho que é fundamental a integração da América Latina, para poder ter vez e voz no mundo. Vejo que a União Européia é um dado positivo, que o esquerdismo, o trotskismo, os próprios partidos comunistas combateram a integração da Europa. É por isso que eu sou defensor da integração da América do Sul, o Mercosul, a integração de energia, gás, das redes de transportes e também do comércio, da cultura, das instituições políticas. Por quê? Por mais que isso em determinados momentos tenha um substrato, um resultado paralelo de crises de desemprego, de crises de concentração de renda, você cria instituições e fundos para contrabalançar isso. Tem que ter audácia, nisso eu acho que o Chávez está certo, nós precisamos andar mais rápido nisso, como na questão dos meios de comunicação também, não podemos aceitar essa imagem caricata que a mídia quer reproduzir, entendeu? Porque, se ele fosse caricato, não teria derrotado o golpe militar, uma ofensiva de nocaute econômico, uma ofensiva midiática e pressão externa, mesmo tendo o petróleo como base.

E vejo o papel dos Estados Unidos; acho que os Estados Unidos vão passar por uma revisão do que aconteceu nestes últimos seis anos. Acho que não vai ficar impune a invasão, a guerra no Iraque. E a gestão republicana de certa maneira está se esgotando. Acho que vai haver uma alternância de poder nos Estados Unidos, que a sociedade norte-americana vai fazer uma revisão, uma reavaliação, como fez na década de 1970, depois da Guerra do Vietnã; pode ser que seja para melhor. Por isso eu acho que são importantes os esforços para reformar as Nações Unidas, para não aceitar a doutrina do poder unilateral. E democratizar as instituições do Fundo Monetário, do Banco Mundial, a Organização Mundial do Comércio; acho que temos de continuar nesse esforço.

Silvio: *Na sua opinião, qual é o maior legado da geração de 1968?*

Dirceu: É o cultural. É o da liberdade. Por exemplo, eu não apoiei a invasão da Tchecoslováquia, porque era impossível aceitar aquilo. Por mais que ouvisse argumentos mais do que convincentes, do ponto de vista de minha visão marxista, ou socialista, eu achava que aquilo ia contra o espírito de liberdade e de criatividade da geração de 68, o espírito de aventura, de sonhar e acreditar que é possível fazer transformações.

Em 68 começa no Brasil uma revolução cultural muito forte, porque o país era muito conservador, muito autoritário. Se não fosse a ditadura, 68 seria a segunda Semana de Arte Moderna. O cinema hoje está rapidamente tomando a dimensão histórica que já teve no Brasil. E se nós observarmos a arquitetura brasileira, as artes plásticas, a literatura e a força da cultura popular brasileira, vamos ver que somos uma civilização. O Brasil não é só o território, a riqueza, a biodiversidade, a natureza, não é só o povo brasileiro. O Brasil é uma civilização. Então, nesse sentido, acredito que a geração de 68, quando rompe com os padrões de comportamento cultural e não aceita a estrutura autoritária da família, das relações empresariais, das relações políticas que existiam, e combina a mudança de comportamento com a luta pela liberdade, deixa uma contribuição extraordinária para o Brasil. Eu me considero privilegiado por ter sido um dos estudantes da geração de 68, por ter vivido em 68. Aquilo é quase um sonho.

AGONALTO PACHECO

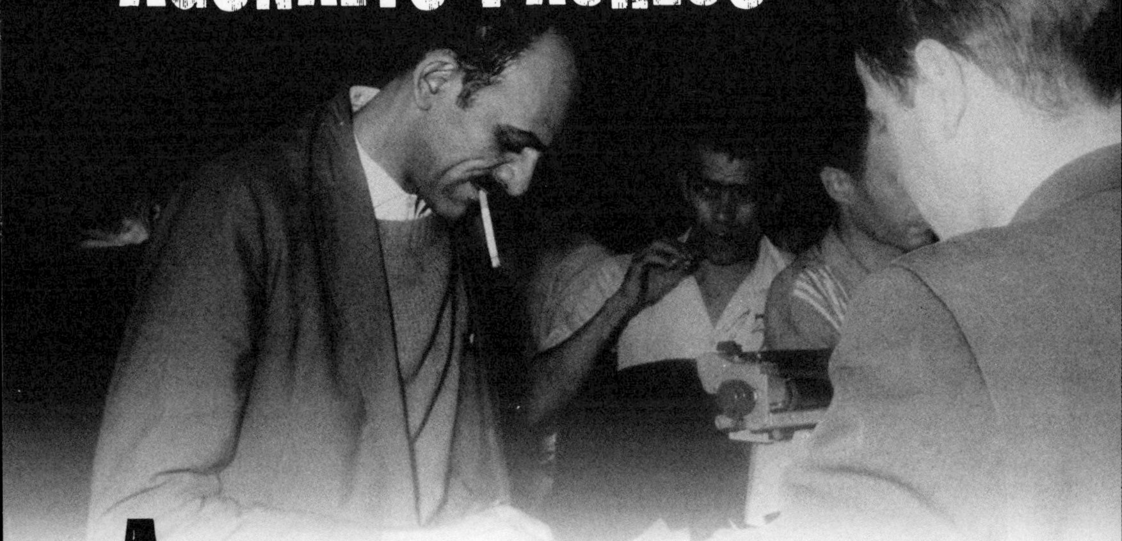

AGONALTO PACHECO DA SILVA nasceu em Aquidabã, SE, em 1927. Ferroviário e militante do Partido Comunista Brasileiro, teve participação ativa na Associação dos Servidores Públicos de Sergipe. Elegeu-se vereador pelo PTB em 1958 e entrou na clandestinidade logo após o golpe de 1964, deslocando-se para São Paulo. Integrou-se ao grupo liderado por Carlos Marighella que daria origem à ALN. Foi preso em junho de 1969. Viveu dez anos em Cuba e retornou ao Brasil em 1979. Não acompanhou a reformulação de rumos do movimento comunista liderada por Roberto Freire, que resultou no PPS, optando pela reestruturação do PCB sergipano. Pai de dez filhos, viveu em Aracaju até morrer, em 13 de abril de 2007.

Entrevista em Aracaju, 4 de outubro de 2005

SILVIO: *O senhor veio para a capital ainda menino?*

AGONALTO: Não, eu vim para Aracaju já quase rapaz.

SILVIO: *E começou logo a trabalhar?*

AGONALTO: Comecei a trabalhar na Secretaria da Fazenda.

SILVIO: *Aí começou a atividade sindical?*

AGONALTO: Também. E essa atividade sindical me movimentou demais, não foi só no estado, não, fora do estado também.

SILVIO: *Sempre aqui pelo Nordeste?*

AGONALTO: E no Sul também, São Paulo, Rio e alguns encontros até no Rio Grande do Sul.

SILVIO: *O senhor ingressou no PCB?*

AGONALTO: É, entrei no PCB, concorri à primeira eleição e fui eleito vereador.

SILVIO: *Como o PCB estava ilegal, o senhor precisou buscar uma legenda?*

AGONALTO: Era o jeito.

SILVIO: *Qual era o seu programa?*

AGONALTO: A organização e a união dos trabalhadores, essa era a principal preocupação.

SILVIO: *O senhor cumpriu o seu mandato inteiro?*

AGONALTO: Cumpri. Não é fácil, não, mas foi possível.

SILVIO: *Como era a situação política aqui em Sergipe naquele final do governo Jango?*

AGONALTO: A situação era difícil, do ponto de vista das forças representativas do povo, mas algumas lideranças sabiam cuidar-se, e na ocasião já estavam em outras situações.

SILVIO: *O golpe de 64 foi uma surpresa para você?*

AGONALTO: Mais ou menos. Esse foi um momento de criar todas as condições para não ficar no ambiente. Eu tive que sair e só voltei quando havia condições.

SILVIO: *O senhor já tinha ido a São Paulo muitas vezes antes do golpe?*

AGONALTO: Já, já; tinha ido várias vezes, criando condições para as situações que se previam.

SILVIO: *Situações de clandestinidade mais rigorosa?*

AGONALTO: Exatamente, de não ter condições mesmo de ficar. Porque, realmente, a perseguição era direta. Eles não deixavam para depois não; na primeira oportunidade eles pegavam mesmo.

SILVIO: *Qual foi sua primeira impressão pessoal de Carlos Marighella?*

AGONALTO: O grande problema era que eles procuravam todos os meios de penetrar para pegar informações, e isso facilitava, de certo modo, o trabalho deles, que a maioria das lideranças ia se dar conta quando a coisa acontecia.

SILVIO: *Por que o senhor acha que, especialmente em São Paulo, o PCB perdeu um número tão grande de quadros? Por que lá houve tantas dissidências?*

AGONALTO: Muita concentração, o volume da classe trabalhadora. Não foi por acaso, não. E se observa, historicamente, que foi o centro mais atingido.

SILVIO: *O senhor e o Rolando Frati participaram desse processo que levou à formação do Agrupamento Comunista de São Paulo e, mais tarde, da ALN?*

AGONALTO: Foi, participamos.

SILVIO: *Como se desenvolveu essa luta interna?*

AGONALTO: Isso se desenvolveu de acordo já com o quadro da época. Mais cuidados, né. As informações da vida orgânica se davam em função da organização, onde as coisas não passavam para fora, para poder garantir a permanência do trabalho e um melhor resultado desse trabalho.

SILVIO: *Me parece que o PCB perdeu maior número de quadros em São Paulo porque lá havia muita gente que criticava as posições do Comitê Central.*

AGONALTO: É, exatamente.

SILVIO: *E uma dessas pessoas era Carlos Marighella.*

AGONALTO: Exatamente.

SILVIO: *E qual a impressão pessoal que Marighella lhe causou, quando o senhor o conheceu?*

AGONALTO: A grande preocupação era de desenvolver aquele trabalho de forma que levasse a garantir uma liderança com importância nacional. Ele tinha realmente esse cuidado.

SILVIO: *O que o senhor sentiu quando recebeu a notícia da morte do Marighella?*

AGONALTO: Ah, foi um negócio brabo, quer dizer, nós perdíamos a liderança mais categorizada da época.

SILVIO: *Naquela época em que o senhor saiu do PCB, acompanhando Carlos Marighella, qual era a sua posição sobre a luta armada?*

AGONALTO: Minha posição era de que se deveriam criar condições para o momento em que isso se tornasse necessário. Não era de improvisar, de se lançar de qualquer maneira, mas criar condições para, no momento necessário, enfrentar.

SILVIO: *Como foi sua prisão, em 1969?*

AGONALTO: Aquela prisão, né. O grande problema era meu vínculo com o movimento de massas, as organizações; então eles me pegaram.

SILVIO: *Como o senhor foi tratado?*

AGONALTO: Imagine. Tive, felizmente, naquela ocasião, a possibilidade de manter uma estrutura vinculada à minha pessoa, sem conhecer. O negócio é que eles não acreditavam que eu não conhecesse determinadas lideranças, essa coisa toda. E eu dizia: "Não conheço, como é que eu vou conhecer todo mundo?"

SILVIO: *Nesse período em que o senhor estava preso, passou por sua cabeça que a organização podia tirá-lo da prisão?*

AGONALTO: Havia a preocupação dessa possibilidade, mas era necessário muita coisa, porque lançar um movimento da organização para a sociedade brasileira com o objetivo de libertar determinados líderes não era fácil. Foi preciso criar condições muito mais gerais para que pudessem liberar várias lideranças, e eu tive que cair fora do país.

SILVIO: *Como é que o senhor soube do seqüestro do embaixador americano?*

AGONALTO: Ora, essa do seqüestro já era um esquema.

SILVIO: *O senhor estava na prisão; como ficou sabendo?*

AGONALTO: Eles comunicavam. Principalmente em função de preparar várias lideranças para esse acontecimento.

SILVIO: *Mas quem lhe deu a notícia?*

AGONALTO: A organização. E não podia passar para muita gente, para a turma se preparar. Essa informação era só para ser sabida quando acontecesse. Aconteceu, taí, todo mundo sabe.

SILVIO: *E como o senhor se sentiu quando soube que seu nome estava na lista?*

AGONALTO: Senti que era importante, dentro daquele quadro, ter essa oportunidade. Porque algumas lideranças tinham necessariamente que ter essas informações, outras não precisavam. Porque não tinham a compreensão necessária daquela situação. Então por isso é que os resultados foram bons.

SILVIO: *O vôo foi muito longo?*

AGONALTO: Foi.

SILVIO: *O senhor sentiu medo em algum momento?*

AGONALTO: Não, certamente alguma preocupação, mas quando se compreendia que aquilo era resultado de um trabalho da organização, então dava mais segurança.

SILVIO: *Vocês foram ameaçados durante o vôo?*

AGONALTO: Não. Porque geralmente o que conhecíamos era que a preocupação deles era que nós pudéssemos continuar em suas mãos, para poder pagar o que devíamos. Era mais ou menos essa a preocupação deles.

Agonalto Pacheco ao lado de Maria Augusta, que desembarca do Hércules 56.

Silvio: *Houve resistência em liberar vocês?*

Agonalto: Não, houve... Quer dizer, quando eles tomaram conhecimento da decisão, não houve mais problema. Era uma decisão em que não cabiam comentários, decisão para ser cumprida e pronto.

Silvio: *Algumas pessoas pensaram em não embarcar?*

Agonalto: Também. Eles não sabiam o que poderia acontecer.

Silvio: *E o senhor?*

Agonalto: Eu fui.

Silvio: *Foi tranqüilo?*

Agonalto: Mais ou menos, quer dizer, tranqüilo, completamente tranqüilo, isso não existe. Porque você fica sempre pensando em ser surpreendido por alguma coisa, não é? Mas à medida que o tempo vai passando, a gente adquire mais segurança, não é?

Silvio: *Quem o senhor já conhecia, daquele grupo?*

Agonalto: Alguns eu conhecia, de nome. Sabia do vínculo.

Silvio: *E quem eram eles?*

Agonalto: Conhecia poucos, porque a atividade na época distanciava os contatos.

Silvio: *Já passou muito tempo, e hoje podemos falar com mais liberdade. Quem o senhor já conhecia?*

Agonalto: Conhecia alguns, já. Agora estou sem vincular os nomes.

SILVIO: *Gregório Bezerra.*

AGONALTO: Gregório eu conhecia já.

SILVIO: *Rolando Frati?*

AGONALTO: Também.

SILVIO: *Outros o senhor conhecia de nome?*

AGONALTO: É, mas esses eu conhecia já de outros contatos, da organização. E o importante na época era exatamente isso, a maneira de se conduzir esse processo de conhecimento.

SILVIO: *Como assim?*

AGONALTO: De não comentar. Era um comentário mais de ordem pessoal, com cada um você conversava separadamente, mas fora disso, não.

SILVIO: *Como era a sua vida no México?*

AGONALTO: A vida no México provou o apoio, realmente. Nenhum líder daquela época, se você comenta com eles, a preocupação que tinham os apoios, em saber quem éramos e o que fazíamos, essa coisa toda, realmente esse tipo de coisa não existia. Porque era para aquilo que estávamos preparados, porque esse tipo de informação não podia ser passado para ninguém, para garantir a segurança da organização. E agora, realmente, é aquele apoio que demonstra uma boa compreensão do nosso papel, como eles nos receberam, como eles nos trataram no México.

SILVIO: *O senhor está falando das autoridades ou do povo?*

AGONALTO: Eu estou falando do povo. Geralmente as autoridades queriam saber mais coisas.

SILVIO: *Quando chegou no México, o senhor já pensava em ir para Cuba?*

AGONALTO: Já. Sem comentários, né.

SILVIO: *Mas nós estamos aqui para comentar, Agonalto, para que o senhor possa contar sua história.*

AGONALTO: Eu sei. Mas era no sentido de fazer uns comentários internos a respeito do desejo e da vontade de ir para tal lugar; isso a gente encaminhava de outra forma.

SILVIO: *De que forma?*

AGONALTO: De outra forma. Quando se tinha uma conclusão de sair nessa direção, então os elementos que estavam com essa possibilidade, dependendo disso também, eram quem ia saber. E é interessante a surpresa que todos eles tiveram ao chegar em Cuba e ser tratados como irmãos. Você vê que até hoje não existiu nada que desfigurasse aquela oportunidade, foi realmente um contato muito importante.

SILVIO: *Qual foi sua primeira impressão quando chegou a Cuba?*

AGONALTO: A impressão foi de que estávamos em um lugar onde nos sentimos seguros e bem tratados. E outro aspecto também que pude observar claramente, o cuidado e a atenção com os brasileiros. Esse aspecto nos deu uma força muito grande.

SILVIO: *Como isso se manifestava?*

AGONALTO: Com atenção e entrosamento, com cuidado às recomendações. Eu não vi esses comentários em outros lugares, em outras forças. E pudemos confirmar isso, claramente, porque passou todo esse tempo e nunca houve nenhum comentário desabonador.

SILVIO: *Os brasileiros ali eram 15, e nem todos foram para Cuba.*

AGONALTO: É, nem todos.

SILVIO: *Quando o Gregório Bezerra foi para a União Soviética, o senhor não pensou em acompanhá-lo?*

AGONALTO: Não. O grande problema era o vínculo da época com aquelas lideranças que saíram juntas.

SILVIO: *O senhor, o Gregório e o Frati eram três comunistas veteranos.*

AGONALTO: Exato.

SILVIO: *Bezerra foi cuidar da saúde na União Soviética. O senhor não pensou em acompanhá-lo? O senhor tinha vontade de conhecer a União Soviética?*

AGONALTO: Tinha, tinha.

SILVIO: *E por que o senhor preferiu ficar em Cuba?*

Agonalto Pacheco em Havana.

AGONALTO: Porque foi a primeira oportunidade. No momento em que se discutia essa questão, não saiu outro nome senão o de Cuba. E é interessante que na época correspondia à situação de todo aquele pessoal que estava lá. E até hoje você não ouve nenhum tipo de comentário pondo em dúvida a confiança, aquela coisa toda.

SILVIO: *Lá em Cuba, vocês pensavam mais ou menos parecido, ou não?*

AGONALTO: Não. O grande problema era que a maioria deixou provas de que havia comentários que não podiam se estender. E para se manter a segurança tinha que fazer aquele comentário em função daquela situação, e nada mais. E isso foi bom.

SILVIO: *Quando o Zarattini começou a criticar a forma como a ALN vinha atuando, muito separada dos movimentos sociais, e criou a Tendência Leninista, o senhor o acompanhou nessa crítica?*

AGONALTO: Acompanhei.

SILVIO: *Como o senhor encarava o assunto, naquele momento?*

AGONALTO: A grande preocupação era com a segurança, né.

SILVIO: *Em Cuba, fazendo a revisão de tudo que tinha acontecido nos anos anteriores, como o senhor encarava o papel da luta armada?*

AGONALTO: Tinha que se dar em função de um esquema organizado e desenvolvido em função desse processo, mas sem a preocupação de caráter imediato.

SILVIO: *Qual é a melhor lembrança que o senhor tem da sua longa vida de militância política?*

AGONALTO: O aspecto essencial que eu levei em conta, e levarei sempre que for necessário, é a maneira como se desenvolvia aquele trabalho, levando em conta esses aspectos: o da segurança e o do desenvolvimento do trabalho em função de dar consciência às lideranças de qual era o seu papel. Que era um papel para atingir profundidades, mas com linguagem adequada.

SILVIO: *Eu gostaria que o senhor falasse sobre os brasileiros que estavam voltando de Cuba para o Brasil, para retomar a luta armada. Como o senhor se relacionava com eles?*

AGONALTO: O problema era que não tínhamos conhecimento de que houvesse já condições e esquema para receber esse pessoal. Era essa a preocupação.

SILVIO: *E como o senhor agia em relação a isso?*

AGONALTO: Eu opinava para que isso acontecesse no momento necessário.

SILVIO: *E o senhor chegou a tentar evitar que algum deles voltasse?*

AGONALTO: Tentei, tentei, mas procurava fazer de uma forma compreensiva, mostrando aquele momento, como eu encarava aquele momento e tal. Mas não é muito fácil.

SILVIO: *Em vista dessas suas posições, como era o seu relacionamento político com as autoridades cubanas?*

AGONALTO: Era um relacionamento bastante distante.

SILVIO: *Como assim?*

AGONALTO: Do ponto de vista da apreciação, das opiniões acerca desse problema. Tínhamos esse cuidado. Quando é necessário opinar, temos que fazer isso em função de cada situação e de cada momento. Por isso eu me mantinha num relacionamento compreensivo em relação ao que eles representavam. Agora, não em relação ao que podiam ou não deveriam fazer. E essa questão tem uma importância muito grande. O que foi bom para mim como experiência foi ter podido viver o tempo que vivi lá, um relacionamento bom, isso é que é muito bom.

SILVIO: *Fez muitos amigos em Cuba?*

AGONALTO: Muitos. E a preocupação que eles têm, de saber quem é quem. O relacionamento do pessoal da organização se dá em função de eles terem o maior interesse de procurar conhecer quem é quem.

SILVIO: *O senhor acha que o seqüestro do embaixador americano foi uma ação acertada?*

AGONALTO: Foi.

Silvio: *Por quê?*

Agonalto: Porque deu a oportunidade de desenvolver um trabalho, de restabelecer várias lideranças da época.

Silvio: *Colocá-las em liberdade.*

Agonalto: É claro. Principalmente aqueles companheiros que tinham compreensão real do seu papel. É uma questão que deve ser levada em conta a vida toda, como o pessoal se conduziu, e não deixou dúvidas em relação à confiança que se depositava neles, por serem líderes. Esse aspecto tem uma importância muito grande para aquelas situações.

Silvio: *Olhando para trás, o senhor acha que foi correta a opção de pegar em armas contra os militares?*

Agonalto: Bom, da preocupação, sim, da forma de agir é outra coisa. Ter a preocupação da necessidade de fazer uso de determinadas medidas, tudo bem. Mas de qualquer maneira, não.

Silvio: *Tem alguma coisa que o senhor queira falar?*

Agonalto: A questão mais importante daquele processo é a análise clara do que ele representou e do que poderia prevalecer até hoje. Acho que esse é o aspecto mais importante. Porque o grande problema das revoluções, ou das organizações revolucionárias, não é levar em conta cada situação, mas cada situação em função de quê? Esse aspecto eu acho fundamental.

Silvio: *E no caso brasileiro?*

Agonalto: Não foram levados em conta certos aspectos.

Silvio: *Por exemplo?*

Agonalto: O problema de que determinadas lideranças desenvolviam trabalhos que eram muito mais em função daquela situação do que deles.

E esse tipo de problema – quer dizer, se a medida que se adotou não corresponde à situação da época – compromete o movimento.

SILVIO: *E quando olha para trás e pensa nos 78 anos de sua vida, tem alguma coisa que o senhor gostaria de ter feito de modo diferente?*

AGONALTO: Algumas. Era o trabalho de desenvolvimento das organizações para a unidade, de integração das organizações em função dos mesmos objetivos. Essa preocupação eu sempre tive. Não é uma preocupação pessoal, desvinculada de uma realidade que você pretende contribuir. Fica fácil de entender quem é quem, não fica?

SILVIO: *O senhor sempre trabalhou pela unidade?*

AGONALTO: Sempre. E é fundamental essa preocupação, porque ela leva em conta as várias condições, as várias possibilidades.

SILVIO: *E como era a sua atuação em prol da unidade em 1967, quando vocês foram expulsos do PCB?*

AGONALTO: Permanente. Sempre tive essa preocupação, inclusive não era possível discutir essa questão sem ter consciência da importância dela em função de objetivos que você pensava. Essa é uma questão fundamental.

SILVIO: *Na sua opinião, quem foi a mais importante liderança do movimento revolucionário brasileiro?*

AGONALTO: Dentro daquele quadro, o Carlos, ainda.

SILVIO: *Carlos Marighella?*

AGONALTO: Porque tinha coerência dos pontos de vista, das posições que defendia e de como conduzia. Esse aspecto era bem manifestado. Agora, a grande maioria não era isso, era o imediatismo. E é difícil você provar uma tese com imediatismo.

SILVIO: *Mas muita gente acha que o Marighella foi imediatista.*

AGONALTO: É, levava a pensar que era imediato, mas era um processo mais construtivo. E essa questão, no dia que for avaliada pelas lideranças e levado em conta o processo do dia-a-dia, vai ser muito mais possível chegar.

SILVIO: *O senhor acha que o PCB aqui de Sergipe está seguindo uma linha correta?*

AGONALTO: Ainda não. Algumas posições, do ponto de vista teórico, são verdadeiras, mas na prática não correspondem, é essa a questão. A grande questão na prova de uma teoria, de uma concepção, é que na prática se revele, em realidade, essa concepção. Não é só falar, não.

SILVIO: *O senhor acha que valeu a pena ter rompido com o PCB, em 67?*

AGONALTO: Naquela época valeu.

SILVIO: *O senhor pode falar um pouco mais sobre isso?*

AGONALTO: Valeu. Agora, o grande problema foi como conduzir, porque algumas lideranças conduzem de uma forma que não corresponde ao que defendiam, entendeu, esse é o problema. É aquela tendência da radicalização. Vamos devagar, para não fazer poeira. Porque quando chegarmos lá essa realidade vai se tornar perfeitamente conhecida pela sociedade. Não é só por impressão, porque penso, de maneira nenhuma.

SILVIO: *É preciso levar as pessoas a pensarem também.*

AGONALTO: Precisa levar as pessoas a essa compreensão. Não basta falar.

Silvio: *O senhor acha que a coisa se complicou depois do seqüestro?*

Agonalto: A coisa não chegou ao nível que deveria chegar em relação ao fato. Porque a questão essencial era não ser visto somente como um problema de pessoas e de grupo, de organização, mas como um fato nacional, em função dos interesses de toda a sociedade. Esse aspecto é que não foi muito claro.

Silvio: *Não ficou claro na época.*

Agonalto: É, na época.

Silvio: *O senhor acha que a população brasileira não apoiou a ação?*

Agonalto: Apoiou, mas sem a compreensão necessária do fato.

Silvio: *O que o senhor acha do fato de alguns líderes, como José Ibrahin, líder da greve de Osasco, virar combatente de uma organização de esquerda armada e se afastar das comissões de fábrica?*

Agonalto: Olha, é uma das provas, na realidade, de qual é o nível de compreensão de determinadas lideranças. Porque a grande questão que se coloca para cada líder no processo é a coerência. Se não tem coerência, a sociedade passa a esquecer, a desacreditá-lo, esse é o grande problema.

Silvio: *E o senhor acha que a opção pela luta armada foi uma opção correta?*

Agonalto: Correta, claro. O problema é conduzir essa direção. Porque o objetivo da luta armada é criar condições para que toda a sociedade compreenda a importância dela. Aí, pronto; aí nós chegaremos lá. Não é só porque eu penso.

Silvio: *Como era a situação política quando o senhor chegou de volta aqui no Brasil?*

Agonalto: A situação era de alguma prática revolucionária, de alguma prática democrática. E era o momento de reintegrar-se com mais eficiência. Foi quando eu decidi voltar.

Silvio: *O senhor gostaria de falar mais alguma coisa?*

Agonalto: O grande problema histórico, da maior importância para os interesses do nosso país e do nosso povo, é levar em conta os erros e os acertos históricos, para conduzir o processo no nosso país, essa é a questão fundamental. Não é só falar.

Silvio: *O senhor mantém alguma atividade política?*

Agonalto: Ainda tenho. Sou ligado ainda ao PCB. E sempre procuro, na medida em que tenho conhecimento, apoiar e prestigiar os acontecimentos políticos vinculados aos interesses da sociedade, isso eu não deixo de fazer. O grande problema de várias lideranças é o desprendimento pessoal, de não ficar preso, porque não sou da organização, porque não é idéia minha, essas coisas assim, que não contribuem para nada.

Silvio: *Coisas mesquinhas.*

Agonalto: Mesquinhas demais. Se eu tenho o conhecimento hoje de que vai se dar uma reunião com esses objetivos em tal lugar, eu vou, vou constatar de perto qual é realmente a preocupação. Isso é bom demais, não é? Tem lideranças que nem o vínculo da organização parece lhes dar compreensão da obrigação.

Silvio: *Como assim?*

Agonalto: De comparecer, de estar presente. Ouve falar e pronto, nem comparece. E essa questão tem importância muito grande em qualquer nível de liderança, principalmente daquelas vinculadas à sociedade, ao povo. Tem uma importância muito grande.

Silvio: *Pela idade, o senhor já está dispensado do voto obrigatório. O senhor votou nas últimas eleições?*

Agonalto: Votei, e vou continuar votando enquanto estiver vivo e me bulindo. Essa questão é de uma importância tão grande, não é só de falar, não, mas é de levar à prática. O fato de que nos manifestamos, que concordamos com eles, se não fala acabou, silenciou.

SILVIO: *Como o senhor vê a trajetória do Partido dos Trabalhadores, desde que foi fundado até hoje?*

AGONALTO: Cada dia mais isolado. Essa questão é de um valor tão grande, a coerência, a distância se torna cada dia maior.

SILVIO: *Distância entre...?*

AGONALTO: Entre o que eles dizem e a prática. E essa linha de coerência tem um valor tão grande, que resulta do aumento da expectativa, do trabalho em função daqueles objetivos. Vamos ver até quando.

SILVIO: *Por que o senhor não acompanhou o Roberto Freire quando ele fundou o PPS?*

AGONALTO: Meu Deus do céu...

SILVIO: *Aquilo era uma renovação?*

AGONALTO: Não. Aquilo era a possibilidade de pensar que a sociedade estava pensando na renovação.

SILVIO: *Como assim?*

AGONALTO: Só falar é pouco, não basta só falar.

SILVIO: *O senhor participou da refundação do PCB?*

AGONALTO: Participei. E o grande problema nessa questão das organizações que têm maior vínculo com a sociedade é no dia-a-dia provar isso. Essa é a questão fundamental.

Silvio: *Qual futuro o senhor vê para o PCB?*

Agonalto: Olha, o futuro fundamental que eu vejo é o da coerência, de continuar desenvolvendo o seu papel dentro da sociedade brasileira, essa é a questão essencial. Porque para certas lideranças, quando pensamos e afirmamos aquilo como uma coisa permanente, então terminamos perdendo a confiança também. E se o problema da coerência é uma prova de verdade, então uma direção política de caráter nacional tem que levar em conta isso no dia-a-dia, não é só falar, não.

Maria Augusta Carneiro Ribeiro

Nascida em 1947, **MARIA AUGUSTA CARNEIRO RIBEIRO** participou do grêmio estudantil antes de passar um ano nos Estados Unidos num programa de intercâmbio. Em 1967, cursando a Faculdade Nacional de Direito, começou a militar na DI-GB. No ano seguinte foi presa no congresso da UNE em Ibiúna. Foi novamente detida em maio de 1969. Seguiu do México para Cuba e mais tarde passou por Chile, Itália, Argélia e Suécia, onde se graduou em pedagogia pela Faculdade de Artes e Ciências da Universidade de Uppsala. Em 1979, com a anistia, regressou ao Brasil e participou da fundação do PT carioca. Trabalhou na Companhia Vale do Rio Doce, onde presidiu a entidade dos funcionários. Durante o governo Benedita da Silva, foi diretora da Fundação Santa Cabrini, órgão da Secretaria de Justiça do estado do Rio de Janeiro dedicado à recuperação e reintegração de detentos. Maria Augusta, ou simplesmente Guta, vive no Rio de Janeiro, onde exerce o cargo de ouvidora-geral da Petrobras.

Entrevista no Rio de Janeiro, 6 de outubro de 2005

SILVIO: *Como você começou a se interessar por política?*

GUTA: Essa questão política para mim veio muito ligada à formação católica. Minha família é baiana. Quando eu era adolescente, vim para o Rio e fui estudar no Colégio Santa Úrsula. Aí me liguei à JEC – Juventude Estudantil Católica –, quando eu tinha 15 anos. Sempre houve na família essa preocupação com o social. A família do meu pai tinha um colégio em Salvador, que foi fundado pelo meu bisavô, Carneiro Ribeiro. Meu avô e meu pai achavam que educação era um direito básico, e eu acho isso até hoje. E aí juntou com a formação religiosa, a JEC, naquela época. Estou falando do ano de 63, o Brasil em muita ebulição.

Depois passei um ano fora, fui fazer aquela troca de estudantes, fui para os Estados Unidos, tentativa da família para ver se melhorava o que eles achavam que era esquerdismo demais. Voltei pior, porque nos Estados Unidos se vivia toda aquela influência da Guerra do Vietnã. E naquela época as distâncias eram muito grandes, as informações não chegavam. Aqui no Brasil, até pelo fato de sermos o único país de língua portugue-

sa nas Américas, ficávamos muito isolados do resto do continente. Eu fui justamente para a Califórnia, Berkeley. E fui ver um pessoal já queimando carta de convocação, descobri todo um mundo que aqui não tinha. Obviamente, aquilo teve uma influência louca em mim. Quando voltei, fui me preparar para fazer vestibular, aí já fazendo contato com o pessoal que ainda estava no Partidão, retomando meus contatos da época de movimento secundarista. O caminho natural do pessoal de JEC e JUC era a AP. Mas um dos resultados da minha passagem pelos Estados Unidos tinha sido justamente a separação da religião. Então fui para o extremo oposto: Partido Comunista. Mas não cheguei a entrar no PC, porque o pessoal já estava se organizando na Dissidência. Então, quando fiz vestibular e passei, na Faculdade Nacional de Direito, já me liguei ao pessoal da Dissidência Comunista da Guanabara, a DI-GB.

SILVIO: *Como era o ambiente na Faculdade de Direito?*

GUTA: O ambiente era ótimo, uma tremenda farra. O centro acadêmico, o Caco, estava fechado. Então, tínhamos o Caco Livre, que funcionava ali no estacionamento, do lado de fora. Era uma forma de a esquerda manter a liderança. O Vladimir [Palmeira] era a grande liderança da faculdade. E ele foi, de fato, o cara que teve a maior importância para nós, naquela época, na formação, principalmente nós que éramos os novos, os calouros naquele ano. Ele foi o primeiro assistente que a gente teve da Dissidência e realmente sua influência foi muito grande. Um cara muito preparado, uma base muito boa, um carisma muito grande. E a faculdade toda vivia em função do momento político. Era o começo da luta contra o acordo MEC–Usaid,* o começo da ameaça de privatização do ensino público. Além disso, a gente vivia em plena ditadura. E eu trabalhava, porque minha família nunca foi rica, eu trabalhei desde os 15 anos. Nessa época eu trabalhava de carteira assinada na H. Stern, porque voltei dos Estados Unidos falando um bom inglês.

* Conjunto de protocolos assinados entre o Ministério da Educação (MEC) e a United States Agency for International Development (Usaid), poucos meses depois do golpe militar de 1964, visando implementar no Brasil uma reforma educacional baseada no modelo norte-americano.

SILVIO: *Como foi sua atuação no movimento estudantil?*

GUTA: Comecei, no primeiro ano, já ligada à DI. E naquela época nossas lideranças maiores já estavam impedidas de entrar na faculdade. Então nós, os calouros, éramos as pontes da organização com a massa de estudantes. Então comecei a falar em público... Eu gostava, quer dizer, acreditava muito naquilo que fazia. Foi natural, comecei a ocupar um espaço de liderança secundária, no sentido de que o pessoal mais importante estava do lado de fora, e nós começamos a formar uma liderança lá dentro.

SILVIO: *Quais as principais influências e referências que marcaram a sua geração?*

GUTA: Hoje você recebe uma quantidade de informação tão grande, tão diversa, vinda de fontes tão distantes, que um jovem dificilmente percebe o efeito de não ter essas informações. No início do movimento estudantil, eu me lembro de irmos para a PUC, num centro acadêmico daqueles, para ouvir os discursos de Fidel, aqueles discursos intermináveis, de cinco, seis, sete horas. Para nós, aquilo era uma preciosidade, porque tínhamos uma sede de informação muito grande. Imagina: um bando de garotos com 20 anos ou menos, sentado em volta de um gravador enorme, daqueles de antigamente, a maioria não entendia espanhol, e o esforço que era para ouvir.

Uma característica também do nosso grupo da DI é a vontade de "se formar" intelectualmente. Nós tínhamos um grupo de estudo. Depois, quando a pessoa era "aprovada", se quisesse continuar ia para uma OPP, uma organização parapartidária. Mas essas formas de organização, antes de você se tornar membro da organização, tinham mais a ver com formação teórica. A gente estudava do jovem Marx até o próprio, estudava marxismo, leninismo, Mao. Então, tinha uma coisa de valorização da formação, que para mim foi fantástico, porque casou exatamente com toda a minha educação, do colégio Carneiro Ribeiro, aquela coisa de ter que formar opinião.

Acho que é difícil para o jovem hoje entender o que significava uma ditadura, o que significava você não poder se posicionar publicamente, o que significava, por exemplo, você sair com panfletos na mão para divulgar seu pensamento e o Dops, a polícia política, estar na rua, prender aquele cara que estava divulgando a opinião dele. Então, é difícil a pessoa hoje entender isso. Mas eu vivo isso dentro de casa, tenho um filho que está com 23 anos, se formou em geografia, tem toda uma formação política, porque o pai também viveu toda essa experiência. E acho que, do jeito dele e da geração dele, ele claramente tem uma posição política, claramente se coloca no mundo. Porque para mim uma posição política não quer dizer que você seja do partido A ou B, significa como você se coloca diante desse Brasil, diante dessa realidade que continua ainda a mesma, com essa altíssima concentração de riqueza, com esse absurdo de divisão social, com todos esses preconceitos, com toda essa herança colonial que nós temos.

Eu acho que tem muito da juventude hoje se colocando, do jeito deles, da forma deles. Um pouco da dificuldade da nossa geração é achar que foi tão inédito, tão diferente, tão fantástico, tão maravilhoso, e querer que todo mundo seja igual. Primeiro, acho que não fomos inéditos, não fomos tão fantásticos. Tivemos qualidades muito grandes como geração, mas não quero que ninguém seja igual, porque cada um tem que ser na sua época o melhor possível. Eu discordo de uma porção de coisas do meu filho, mas conseguimos conversar sobre tudo. A minha geração não conseguia conversar com a geração dos nossos pais. Meu pai me expulsou de casa, em determinado momento. Então, o fato de podermos dialogar, podermos trocar idéias, podermos não repetir os erros, isso tem um valor muito grande. Principalmente quando se trata de filhos, que aí a coisa fica mais próxima. E acho que temos que ser mais despojados. Valorizar, sim – foi uma coisa muito boa, mesmo com todos os erros foi uma contribuição para a democratização do país. Agora, não tem que ser repetido.

SILVIO: *Na sua opinião, qual é o maior legado da geração 68?*

GUTA: Eu acho que o maior legado foi justamente ter começado a romper com alguns valores absolutos. Primeiro, mostrar que era possível um bando de garotos questionar um poder de força. Você precisa de muito mais coragem para viver no dia-a-dia situações aparentemente corriqueiras e se impor enquanto pessoa, na própria evolução como ser humano, do que momentaneamente ter um ato de bravura. Eu acho que em situações do dia-a-dia as pessoas são educadas para não reagir, para ficar passivas. Romper com a passividade implica um nível de coragem muito maior do que, por exemplo, a participação em determinados momentos na luta armada. E isso não quer dizer que quem participou da luta armada não tivesse medo – quem disser que não tem, me desculpe, mas a não ser que sejam exceções eu acho que está mentindo, porque cagaço é humano. Situações de luta, quando você entra, você fica encagaçado. Eu tinha uma reação – aliás, ainda tenho essa reação –, eu fico meio anestesiada, porque é aquela coisa: tem que fazer, paciência, não adianta entrar em crise, é melhor fazer. Aí dá uma certa anestesia, o que no dia-a-dia não é possível.

Acho que a nossa geração demonstrou que é possível romper com um poder de força, não sendo exatamente um exército. Éramos um grupo de garotos, empunhando armas pela primeira vez, sem nenhum passado militar, com raras e honrosas exceções, tipo o capitão [Carlos] Lamarca, o próprio [João Lopes] Salgado, companheiro nosso que vinha da Aeronáutica. Então, essa coisa de viabilizar o rompimento, eu acho que foi muito importante.

SILVIO: *Que imagens de 1968 ficaram mais registradas na sua memória?*

GUTA: 1968 foi um ano fantástico. Movimento de massa na rua é uma cachaça, é uma coisa que empolga, é emocionante. Uma das coisas que mais me fazem chorar é a emoção de você estar num coletivo com a mesma vontade, com a mesma garra, você olhar para o lado e ver as pessoas com aquela esperança no olho, aquela vontade de fazer a coisa acontecer, eu acho emocionante até hoje. 68 foi um ano de grandes emoções, de grandes movimentos de rua, foi o ano em que eu comecei a subir em postes para fazer discurso para a massa. E aí gostei. Foi o ano do movimento dos Cem Mil, que foi um dia memorável, que marcou todos nós. Eu me lembro quase de cada minuto daquele dia.

Foi também quando a violência começou a crescer nas ruas, quando tivemos que aprender a nos defender e a atacar. Então, foi um ano que teve uma movimentação, uma virada grande. Até então nós como que brincávamos um pouco com essa coisa da repressão. Depois veio aquela fase em que a repressão já se fazia presente, mas era um pouco distante. Em 68 não, ela apareceu na vida da gente, e começamos a ter que dormir em lugares diferentes para não sermos presos. Tivemos companheiros presos. Teve o caso do Jean Marc, o Pedrinho e o Gileno, que foram presos, acusados de ter tocado fogo no carro de polícia, aquilo tudo chegou muito próximo de nós.

Daí, a necessidade de também começarmos a nos organizar para reagir à violência, ir assumindo a violência, aquilo foi quase como um passe. De repente, das bolas de gude que a gente jogava na avenida Rio Branco, passamos a ir com porrete para a rua. Então, na hora que a PM vinha, em vez de recuar, a gente avançava. E depois veio também a fase em que não íamos mais só de porretes, já íamos armados. E fomos assumindo a violência como parte inerente daquilo tudo, era impossível escapar. A violência nos foi imposta. Até por uma questão cultural. A gente era classe média. A não ser por desvio de caráter, a classe média não tem a violência como inerente à sua cultura. E a naturalidade com que você vai assumindo a violência é fruto do momento que você vive. O medo que a repressão provocava na gente foi maior do que a violência que começamos a reproduzir. Porque toda a correlação de forças era absurda. Se você pensa que era o Estado contra a vanguarda de um grupo de estudantes de classe média, isso tinha uma dimensão e um poder que era aterrorizante. Porque realmente éramos muito jovens, e quando você é jovem tem essa maravilhosa sensação de auto-suficiência e de poder, você pode contra tudo.

SILVIO: *O segundo semestre de 68 foi bem mais duro.*

GUTA: Foi terrível. O segundo semestre de 68 começou depois do movimento dos Cem Mil, que veio, como você sabe, em conseqüência da morte do Edson Luís e todas aquelas passeatas menores. Então, realmente, a repressão começou a bater feio. Ainda teve o episódio do Congresso de Ibiúna, que depois ficou fácil criticar, mas na verdade o que havia era uma grande preocupação de ter representatividade para poder crescer no movimento. A questão era essa, buscar representatividade; vivíamos uma clandestinidade muito grande. Lembro que pouco antes eu tinha sido tirada como delegada, porque era vice-presidente do Caco, então eu era uma das pessoas que iam representando a Faculdade de Direito. Mais ou menos uma semana, 15 dias antes, eu tive que sair de casa, tive que entrar na clandestinidade, morar na casa de pessoas amigas para poder ir a Ibiúna. Assim mesmo, parece que eles conseguiram seguir algumas pessoas.

No meu caso específico foi horrível, pelo que a polícia depois me disse, parece que tinha um carro de polícia seguindo o ônibus em que eu estava, porque eles ficavam nos esperando na rodoviária. Eu sempre fui grandona, uma figura muito fácil de ser detectada. E o carro onde eles estavam teve um desastre horroroso, os caras se machucaram muito. Quer dizer, teve todo um aparato para detectar onde era o congresso. Para nós – eu passei uma semana lá –, na verdade, foi uma grande farra. Você bota numa fazenda como aquela um bando de... Foi um tal de namorar, um tal de beijar na boca, um tal de "ser feliz"... Eu acho fantástico que as pessoas façam questão de não se lembrar. Eu me lembro e acho o máximo. A gente era jovem, cara, a gente era normal, entendeu?

Depois tem aquele negócio, a repressão fazia uma coisa ridícula, vinha toda uma censura em cima: "Era um bando de garotos e garotas que estavam lá, então o que mais se achou foi pílula anticoncepcional..." Agora imagina se alguém ia começar a tomar pílula anticoncepcional no início de um congresso. Ou você já estava tomando, como a maioria de nós já tomava, ou então você não tomava. Seria para ter camisinhas, mas naquela época não havia essa preocupação, acho que nem havia camisinha. Mas era a forma de a repressão tentar desqualificar. E nós, muitos de nós, babacamente, reproduzíamos esse discurso, omitindo o lado feliz. Por que omitir? Por que negar? Por que não lembrar?

Na verdade, foi uma delícia aquela semana. Fizemos muita discussão política, muito acordo político, muita briga política, de fato se viveu muito intensamente aquela semana. E no meio dessa vida tem o lado amoroso, tem o lado da paixão, de toda aquela juventude. Então, na verdade, quando caímos... A liderança soube, eu fazia parte da liderança, soubemos na véspera. E tivemos uma discussão, que eu acho que foi uma das coisas mais fortes que aconteceram naquela época: a decisão de tentar fugir ou de ficar. E aconteceu um fato brilhante, heróico, fantástico – que também a repressão desqualificou, e a esquerda terminou entrando na onda da desqualificação –, que foi a grande liderança nossa, que eram Dirceu, Vladimir e Travassos, aceitar por unanimidade ficar, sabendo que eles iam ser presos e possivelmente não iam sair tão cedo. Como não saíram. Foram sair quando fomos trocados pelo americano.

SILVIO: *E a sua militância, em que setor da organização você atuava?*

GUTA: Eu sabia atirar, tinha aprendido a atirar com meu pai, atirar com arma de fogo, aquelas coisas que você vai aprendendo na vida. Então, fui uma das primeiras mulheres da DI que começaram a trabalhar na área da luta armada, a dar cobertura à panfletagem. Porque, depois do congresso, quando fomos soltos, logo em seguida veio uma ordem de prisão preventiva. Então eu caí na clandestinidade mesmo. E tínhamos que sobreviver; de repente a organização tinha um número muito grande de pessoas que tinham de ficar escondidas. Clandestinidade custa caro, você tem que ter dinheiro. Naquela época você alugava um aparelho – uma casa, chamávamos aparelho –, tinha que deixar três meses de depósito, não precisava fiador, mas dava três meses de depósito, era uma fortuna. Em geral ninguém morava sozinho, morava em coletivo, mas de qualquer forma tinha que largar o aparelho de repente, porque alguma pessoa que era presa podia delatar. E então começaram os assaltos a bancos para poder manter toda essa infra-estrutura. As ações armadas vieram muito em função disso.

Da mesma forma, eu fazia a segurança armada do pessoal que atuava no movimento operário. Até para fazer uma panfletagem em porta de fábrica você tinha que ter cobertura armada, porque quem nos reprimia já não era mais o Dops, era o Exército. Então eu comecei a atuar logo nessa parte armada, porque sabia atirar, e uma coisa foi levando a outra. Na minha cabeça a coisa era muito simples: alguém tem que fazer, vamos fazer. Nossa proposta era muito clara, como uma meta; o que era preciso fazer para chegar lá, nós fazíamos, sem maiores sustos, com todo o cagaço que correspondia a uma situação de violência. Quem disser que não tinha eu acho que está exagerando, o cagaço era grande. Cada um tem a sua forma de reagir. A minha, eu me anestesiava um pouco; e íamos enfrentando o que se colocava.

SILVIO: *Naquele momento, qual era a sua visão da opção pela luta armada?*

GUTA: Eu achava que era inevitável, que sem luta armada a gente não ia conseguir derrubar a ditadura. Eu acreditava piamente que poderíamos conquistar a adesão do movimento operário.

SILVIO: *Como foi a sua prisão?*

GUTA: Entre outras coisas, eu fazia a cobertura armada das ações de movimento operário. Eu agora não lembro mais, porque já passou tempo, e menti tanto para a polícia sobre essa queda, tanto, tanto, que às vezes eu tenho que refazer a história para lembrar exatamente o que era verdade. Tínhamos aquele treinamento, inventávamos uma história, mantínhamos aquela história e terminávamos acreditando nela. Eu juro para você que no final eu estava quase acreditando que aquilo era verdade. É uma forma também de você esquecer o resto. Mas a verdade verdadeira é que, por algum motivo, nós estávamos sem carro.

Eu estava na praça Tiradentes, e a pessoa que vinha trazer o carro atrasou. Tínhamos aquele rigor de horário de ponto: marcou onze e meia, tinha que ser onze e meia. Por exemplo, eu entrava, como dizíamos, no ponto, às onze e meia, e não podia ficar ali de bobeira esperando. Foi o que aconteceu no dia, eu fiquei. Posso ter ficado dois minutos, não interessa, era 1º de maio, a polícia estava toda na rua porque sabia que ia acontecer alguma coisa – estamos falando de 1º de maio de 69. E não deu outra: passou um cara do Dops, olhou e disse: "Aquela é a Guta!" E veio em cima. Eu estava com duas companheiras, a Soninha, que era casada com o Stuart, e a Pimentinha, outra companheira nossa. Deveriam ter saído, mas, enfim, tem aquela solidariedade, ficar para brigar junto. Terminou que nós caímos, a correlação de forças era absurdamente louca. O Ricardo Vilas ainda reagiu, atirou, nós atiramos do outro lado, armou-se uma grande confusão. No final, terminamos presos. Fugiram algumas pessoas, mas nós caímos.

SILVIO: *Em que momento você ficou sabendo do seqüestro?*

GUTA: Eu estava em São Paulo, tinha sido levada para São Paulo, porque naquela época ainda não tinha o DOI-Codi, que se formou depois do seqüestro do americano, foi um aprofundamento da organização da repressão. Naquela época os serviços ainda brigavam, como a esquerda brigava. Então, como o Dops tinha me prendido, quando o Exército queria me interrogar quem me protegia era o Dops. Num determinado momento, o Exército me seqüestrou. Literalmente, me seqüestrou da cadeia, uma madrugada, e me levou pra São Paulo. Conseguiram uma ordem do juiz – os juízes naquela época faziam tudo o que eles queriam. Eles usaram a desculpa de que eu respondia ainda ao processo por Ibiúna, o processo de Ibiúna estava na mão do Exército, então me levaram para São Paulo.

E aí voltou tudo de novo, num grau muito pior, porque o Exército em São Paulo era a Oban. Para não saberem que eu estava sendo interrogada de novo – eu já tinha passado uns três meses na prisão –, eles me mantinham no antigo presídio Tiradentes, que depois foi implodido. Naquela época, o presídio Tiradentes já não tinha mulher presa. No prédio principal eram presos comuns, homens, e tinha um prédio ao lado em que ficavam os presos políticos. Então me levaram e eu fiquei numa cela solitária do lado dos presos comuns.

E ali eu vivi coisas fantásticas. Acho que por isso eu dizia depois que tinha uma dívida com preso comum, e fui trabalhar durante muitos anos no sistema penitenciário, porque realmente vivi com pessoas presas. Eu não vivi com monstros presos, grandes organizadores ou chefes de quadrilha; eu vivi com população carcerária. E a solidariedade que tive foi uma coisa fantástica. Primeiro, eles ficavam absolutamente atônitos: como é que o Exército podia tratar uma menina daquele jeito? Cada vez que eu saía e voltava de um interrogatório eu ouvia, por mais que estivesse mal, a indignação deles. Os caras xingavam os milicos de tudo: "Covarde, venha bater em homem, larga essa menina pra lá, seus covardes, só batem nela porque está desarmada, se estivesse armada matava vocês." Aquilo me dava um ânimo, eu me sentia a pessoa mais poderosa do mundo, porque tinha uma coisa legítima, de solidariedade, que é difícil quando se está na desgraça. Eles estavam se arriscando, de certa forma. Um dia os caras estavam me levando, mandaram abrir a cela e começaram a dar pancada em todo mundo, um troço assim dramático.

Eu vivia essa solidariedade, mas isso não me dava as informações de que eu precisava. Então, eu tinha um vizinho de corredor, de solitária, com o apelido de Tortura. Devia ser um amor de pessoa, pra ter um apelido desses... Mas o Tortura era um *gentleman* comigo. Por exemplo, as guimbas de cigarro que consegui – na época, eu era uma fumante daquelas de três maços por dia, então uma guimba de cigarro é algo que não tem preço –, ele passava para mim. O Tortura passava o que ele conseguia guardar, coitado, que era muito pouco, porque a miséria na cadeia é muito grande. E aquilo tinha um valor muito maior, porque se fosse uma pessoa que tinha muito... Dividir o pouco eu acho muito mais valoroso.

Tem um episódio que eu preciso contar. O seqüestro aconteceu no dia 4, mas eu não sabia de nada, não tinha acesso a nada. Eu não tinha rádio, não tinha televisão, não tinha jornal, não tinha nada. Nós conversávamos pelo boi, que é o buraco da cela. E o Tortura me chamava de Política: "Política, parece que teve alguma confusão, porque dobrou a guarda." Fui prestar atenção e realmente houve uma mudança de guarda, a gente percebia a quantidade de guardas que passavam para cima e para baixo, o barulho dos passos, aquelas coisas de cadeia, você fica muito ligada nesses sinais. Um pouco antes de eu ir pra São Paulo, quando ainda tinha acesso a informação, eu soube que o Costa e Silva estava doente, e pensei: "Vai ver morreu o Costa e Silva..." Eu tinha voltado de interrogatório, sempre voltava muito mal, e ele me acorda: "Política, Política, mataram um de vocês." Ele tinha conseguido um jornal, uma das moças que limpavam tinha trazido. Ele lia mal, era quase analfabeto, mas tinha conseguido ler "comunista". Comunista eram todos meus, virou uma grande fraternidade... Eu falei: "Lê aí pra mim." "Ah, é um nome muito difícil." A primeira coisa que veio na cabeça foi Marighella, porque dos nomes difíceis, o que poderia sair em manchete era Marighella. Eu falei pra ele: "Soletra." Aí foi muito emocionante, ele começou a ler as letras: "H..." Eu disse, meu Deus, Horácio, Heráclito... A gente começa a pensar qual é o nome... "Vai, vai, Tortura, lê." "H, O, C, H, I..." E eu: "Hochi...?" E no final: Ho Chi Minh! Aí bateu uma coisa louca, de cadeia, eu comecei a contar pra ele quem era Ho Chi Minh, o poeta que era a grande liderança no Vietnã, o que era a luta do Vietnã contra o imperialismo... Naquela época eu ainda sabia alguns versos de cor, e ele ouvindo aquilo, eu falando pelo boi. E ele falou assim: "Política, pára, pára..." E eu: "O que é que houve?" Ele disse assim: "Eu acho que vocês são malucos: vê se pode um cara ficar 12 anos numa caverna escrevendo versos para sair e lutar pelos outros... Vocês são doidos!" Quer dizer, na cabeça dele a gente era doido mesmo, e eu querendo passar para ele como aquilo era necessário e como era motivo de grande admiração. Eu me lembro que ele falava assim: "Olha, eu acho que vocês todos, comunistas, são muito malucos, mas vocês são gente fina, eu acho que são gente fina." Esse foi o último diálogo que eu tive com alguém, porque logo depois tiraram o Tortura da cela vizinha. Já tinha saído a lista, já eram preparativos pra fazer alguma coisa conosco, só que eu não sabia de nada. Eu não sabia absolutamente de nada.

Vieram me tirar, mandaram eu tomar um banho – de vez em quando, quando tinha interrogatório, eles me mandavam tomar um banho, talvez porque eu estivesse fedendo, sei lá por quê. Mandaram eu tomar um banho, eu tomei o banho, botei a roupa que eles me deram – a famosa minissaia, na verdade, foi escolhida pelo Exército. Também, não devia ter muita alternativa lá, não. Então me botaram no camburão. E aí vem a coisa do azar de ser a única mulher. Fora outras coisas que depois eu tive que viver, mas o azar de ser a única mulher é que fiquei isolada o tempo todo.

Pelas gretas do camburão, vi que estávamos dando a volta no pátio, então devíamos estar indo para o lado dos meninos. Quando chegamos lá, havia uma gritaria. Dali a pouco começaram a cantar a "Internacional", e eu pensei: "Caramba, comunista quando canta a 'Internacional', das duas uma – ou é para festejar alguma coisa, ou é para enterrar alguém." Não estava muito com clima de festejo, então pensei: "Vão nos enterrar, só pode ser." Aí começam a ler os nomes dos meninos que estavam lá, tudo menino para mim: Onofre Pinto... Olha minhas companhias para o pelotão de fuzilamento: Onofre Pinto, José Ibrahin, Zé Dirceu, Vladimir, Travassos. Eles já tinham reunido os meninos todos lá. Então pensei: "Ferrou, vamos morrer."

SILVIO: *O que você sentiu?*

GUTA: Profundo cagaço. Lembro que a única coisa que eu não queria era fazer xixi nas calças. Eu não posso esquecer aquela humilhação de quando você é fuzilado, todo mijado. Eu pensava: "Ah, não, pelo amor de Deus, eu quero ficar pelo menos inteira." Muito cagaço, muito medo. Em momento nenhum pensei que não valeu a pena.

Eu queria, aliás, fazer um comentário que tem muito a ver com o que estamos vivendo hoje no Brasil. Eu estava em São Paulo, o Ricardo estava no Rio. O jornal *O Globo* inventou que eu e o Ricardo tínhamos nos recusado a sair da cadeia. Bom, a única coisa que eu posso dizer é o seguinte: eu estava em São Paulo, ele estava no Rio. Ninguém me escutou, até porque eu não sabia o que estava acontecendo. Isso virou uma verdade, e virou uma verdade que ficou sendo repetida. E quando tomei conhecimento daquilo, e o Ricardinho tomou conhecimento daquilo, lá no México, aquilo foi uma porrada, aquilo nos humilhou tanto, tanto. Principalmente porque eu era um quadro, eu tinha orgulho do que eu era, tinha orgulho do meu comportamento até então, estava segurando o diabo em termos de informação, sofrendo por conta disso, e aí um jornal transforma uma mentira em verdade e nos dá uma porrada!

É o que se vive muito hoje: de repente você não tem que provar nada, a mentira vira verdade, a acusação vira verdade, você desmoraliza as pessoas, você enxovalha a vida das pessoas, e a gente fica aí de platéia, e é até capaz de estar repetindo, sem o menor senso crítico. Eu nunca mais li nada na minha vida sem perguntar se aquilo era verdade, o que estava por trás. Aquilo me marcou profundamente. Claro que a minha vida, a minha história depois se impôs, e as pessoas sabem que aquilo não pode ter sido verdade, pelo fato de eu não estar no Rio de Janeiro, ninguém ter me entrevistado. O Ricardo também deu provas de inteireza de caráter. Agora, é um artifício que a direita usa sempre, aquela tentativa sempre de desqualificar as pessoas, de desqualificar os atos.

Mas felizmente eu não sabia de nada naquele momento. Achava que ia ser fuzilada, sei lá que morte teríamos; a minha preocupação era ter dignidade. E então chegamos no Dops de São Paulo, e no contato com os meninos eu fiquei sabendo o que tinha acontecido. Todo mundo riu muito. Houve cenas hilárias, porque eu não estava sabendo de nada, e eles tinham acompanhado a lista. Claro, eles estavam presos há muito tempo, e eu estava ainda em interrogatório. E, mais uma vez, fiquei sozinha, enquanto os meninos ficavam nas celas coletivas. Foi absolutamente injusto comigo: enquanto os meninos ficavam numa cela coletiva do Dops, eu fui para uma cela solitária no fim do corredor.

Mas foi uma festa, todo mundo cantava a "Internacional", todo mundo gritava para dar força e tal. Depois de tomar conhecimento do que estava acontecendo, você diz assim: "Agora, se a gente perder, valeu a pena." Eu acho que o impacto de se ter seqüestrado o americano naquele momento... A gente pode fazer as autocríticas que quiser depois, sobre luta armada, sobre correlação de forças. Mas o impacto que a notícia do seqüestro teve para nós que estávamos presos, alguns ainda em interrogatório... Você estar numa lista de troca, é fantástico, é fantástico. Por mais que eu soubesse, inclusive, que deve ter sido um pouco por azar, como foi – quer dizer, eu saí, a única mulher, não porque eu era nada de destaque enquanto mulher, mas porque era um dos quadros da DI que estavam presos. Toda a ciumeira que eu despertei depois em muitos meios aí, não muito interessantes para mim, eu sempre dizia: "Gente, não tem nada de mais, eu saí como única mulher simplesmente porque eu era quadro da DI." Mulher, quadro da DI, presa, naquele momento, era eu, não tinha outra. A lista, como depois eu fiquei sabendo, foi feita muito em cima desses critérios, que correspondiam muito ao que pensávamos na época.

SILVIO: *E como foi o traslado de São Paulo para o Galeão?*

GUTA: Eu sempre separada dos meninos. Fomos para uma base, eu acho que era Cumbica, e viemos num avião da Aeronáutica. Tinha uma coisa de agressão, de raiva, mas tudo contido, ninguém apanhou de São Paulo para cá. Eu levei uma ou outra apalpadela, porque os caras se aproveitam para humilhar, desqualificar, meter mão em calcinha, fingindo revistar. Na verdade é para humilhar, mas eu já estava tão ferrada naquela ocasião, que aquilo ali passava. Agora, quando chegamos na base do Galeão, foi muito agressivo. O Marchetti, por exemplo, que nos encontrou lá, veio da Ilha Grande ou Ilha das Flores... Ele estava na Ilha das Flores, veio de helicóptero, veio apanhando, chegou lá muito arrebentado. O Ricardinho também veio de camburão, apanhou também até chegar lá. Tinha aquelas coisas, de vez em quando passava um, dava um cacete, porque estavam com ódio. E, ao mesmo tempo, sabíamos que era melhor ficar quieto, porque ninguém queria morrer numa hora daquelas, ainda tínhamos chance de sair.

SILVIO: *Quem veio nesse vôo de São Paulo com você?*

GUTA: Comigo vieram todos os de São Paulo: o trio estudantil – Travassos, Vladimir, Dirceu –, Onofre, Leonardo, Frati, Ibrahin. Acho que foram esses. Do pessoal aqui do Rio estava o Flávio, o Ivens e o Ricardinho. E depois pegamos o Chuchu e o Bezerra, o velho Bezerra.

SILVIO: *E como foi armada aquela foto na pista, em frente ao avião?*

GUTA: Eu me lembro que eles disseram que precisavam tirar uma foto. E, então, muita chacota em volta: "Vamos tirar uma foto para a posteridade." Outro dizia assim: "É a última foto antes de morrer." Tinha muita provocação, o clima era de extrema provocação. Era muito contrastante, porque entre nós estávamos todos muito serenos. Quer dizer, o Marchetti chegou muito nervoso, porque tinha apanhado muito e estava dolorido, mas logo se acalmou. Então, o clima entre nós era de muita serenidade. E um olhava para o outro e tentava mais ou menos fazer o negócio das algemas, que botamos para a frente, numa de denunciar que estávamos algemados. Porque era um absurdo: ali, àquela altura, ainda precisava algemar todo mundo?

Silvio: *E o vôo, como era o avião?*

Guta: Fomos sentados num banco de cordas, aquelas cordas de pára-quedismo. Então, era um de nós e um guardinha da Aeronáutica, nós amarrados com corda nas pernas, não podíamos falar, não podíamos nada. Extremamente desconfortável. Eu estava muito cansada, muito maltratada naquele negócio. Dormitava um pouco e tal. Não sabíamos direito o que ia acontecer, não nos davam notícia nenhuma. Então, de repente, paramos, subiu o Bezerra. Lembro muito da entrada dele, aquela dignidade; o Bezerra era um senhor já, 61 anos, cabeça branca, aquele cobertor de preso no pescoço, uma figura. Ele transmitia força; era um homem muito bonito, aquele olho azul de caboclo, uma força, uma dignidade muito grande.

Engraçado, na minha lembrança, ele tinha assoviado a "Internacional", e não o Chuchu. Depois disseram que foi o Chuchu. Sempre associei a "Internacional" ao Bezerra, até porque acho que combina mais com a figura dele. Então o puseram sentado num dos meus lados, tinha um guardinha e ele. E tinham nos dado umas caixinhas com um copo de leite, uma maçã, um sanduíche e um biscoito, uma coisa assim. Ele chegou, e nada. A fome já estava apertando. Todo mundo começou a abrir as caixinhas e comer, e começou a me dar uma certa agonia, não traziam caixinha para ele. Então fiquei fazendo um movimento para ele ver a caixinha, para pedir a dele. Isso também já foi contado de outra forma, eu vou contar como me lembro.

Primeiro, ele cumprimentou nós todos, foi muito bonito, quando ele chegou: "Saudações comunistas, companheiros." Sentou, aquele jeito, ele é fantástico, uma dignidade! E pediu a caixa. O cara disse: "Não tem mais, acabou!" Aquela coisa boba do castiguinho. E eu disse para o cara do meu lado: "Passa para ele." Os soldados estavam atônitos, não sabiam o que fazer. E o pobre do soldadinho passou. Dividi meu lanche com ele e achei muito legal, porque ele alcançou escrever as memórias dele e descreve essa cena. Como eu, ele se lembrava dessa cena, e está lá nas memórias dele. Ele diz, a respeito de sermos solidários: "O comunista sempre é solidário." É uma coisa muito legal, porque não passaria nunca pela cabeça de nenhum de nós não dividir.

Teve a famosa hora do xixi; os meninos todos iam fazer xixi, e por razões anatômicas era mais fácil para eles, apesar de amarrados, abrir a braguilha e fazer xixi. Então me deu vontade: "Quero fazer xixi", avisei. O soldadinho chamou o major: "A moça quer ir ao banheiro." O banheiro era um vaso com uma cortina. Os meninos ficavam de costas, era tudo homem, só tinha eu de mulher. Mas ficavam de costas, nenhum problema. Na hora em que eu fui fazer xixi, eu disse: "Ô major, eu sou diferente, não dá para ser assim!" O cara xingou, criou um escarcéu. Bastava desamarrar minha mão e puxar a cortina, para eu poder fazer meu xixi em paz. O clima era todo assim. Não sabíamos se completaríamos o vôo. No fundo, acho que todos nós tínhamos uma imensa esperança de dar tudo certo. Mas estávamos nos preparando para o pior.

Gregório Bezerra no pátio do quartel onde foi encarcerado, em Recife, logo após o golpe militar de 1964.

De repente ligaram o alto-falante, foi um susto só! Eu pelo menos tomei um susto enorme, porque, para mim, estavam mandando voltar, ou algo do estilo. Era a mensagem oficial do 7 de Setembro, que eles fizeram questão de reproduzir no alto-falante. Foi um vôo longo, um vôo sofrido, mas com muita esperança. Aquela coisa: nós vamos para a liberdade. E uma liberdade conquistada! Aquela coisa da troca para mim tinha um sabor especial, demonstração mesmo de organização, de capacidade de luta, de sacação. Bolávamos tanta ação, quando eu ainda estava solta, ficávamos no aparelho bolando ação – "podíamos fazer isso, podíamos fazer aquilo" –, pois tínhamos que manter aquela estrutura toda funcionado. E pensamos rapidamente em alguns seqüestros. Mas era tão complicado, uma coisa que achávamos tão impossível, que, quando vi dar certo, achei o máximo, o máximo. E sempre tive essa sensação, no momento em que eu soube que estava na lista, me veio uma sensação de gratidão, gratidão por quem me botou.

Silvio: *Qual foi o sentimento dominante, durante o vôo?*

Guta: Um pouco atônita: meu Deus do céu, o que está acontecendo? Era uma coisa muito grande, era uma ação fantástica, de um peso enorme para nós. Estávamos apanhando muito já, como esquerda. Então, foi um momento de revide muito grande. Sempre que eu falo do seqüestro, eu digo: "Vamos contextualizar, vamos ver a questão do seqüestro naquele momento histórico." Para mim, para minha família, depois do que eles relataram, apesar de todos terem ficado com muito medo, teve um sabor de vitória. Eu me lembro de uma das minhas irmãs contando que assim que ela soube saiu correndo e pegou um táxi para a casa da mamãe. E o motorista falou assim: "A senhora vê, tem uma moça nessa lista, deviam dar um prêmio de mãe do ano para ela." E minha irmã argumentou: "Mas parece que ela é uma moça nova, será que ela é mãe?" Ele falou: "Não interessa, se tem prêmio de mãe do ano, deviam dar a ela, mãe do ano."

Silvio: *Houve mais uma escala, depois de Recife.*

Guta: Teve, teve a escala em Manaus, né?

Silvio: *Belém.*

Guta: Belém. Para pegar o Chuchu, porque ele vinha de Belo Horizonte. Eu não o conhecia, ele era um cara do Colina, fiquei sabendo dele quando soube da lista.

Silvio: *Ele era da Corrente.*

Guta: Era da Corrente de Minas, é. E então fomos para o México.

Silvio: *Teria havido alguma segunda intenção em fazer um vôo tão longo?*

Guta: Na hora eu não achei nada, até porque eu não tinha muita dimensão de tempo, estava meio desfocada ainda. Eu sei que dormia, acordava, ficou noite, ficou dia, eu não me lembro direito. Depois chegamos a conversar sobre isso, e achamos que eles tinham demorado para ver se conseguiam dar a volta, porque realmente as Forças Armadas estavam muito divididas. Depois até lemos sobre isso, vieram algumas informações, já sabiam onde era a casa, já tinham a casa cercada, havia uma esperança de invadir e pegar o embaixador vivo. E eu não estaria aqui, nem ninguém, para contar a história, com certeza. Mas, felizmente, deu tudo certo.

SILVIO: *O desembarque no México foi imediato?*

GUTA: Não, teve uma tentativa de fazer algum tipo de trapaça na nossa entrega, porque parecíamos um pacote sendo entregue, tinha que assinar lá. E o cônsul – acho que era o cônsul – que nos recebeu no México exigiu que primeiro fôssemos desamarrados. Ele ficou muito chocado com aquela história de estarmos amarrados que nem bicho, sem a menor necessidade. Quer dizer, amarrar com corda é para humilhar, é aquela coisa do simbólico, que a direita trabalha muito, amarrar com corda, amarrar nas pernas, amarrar nos braços, em nome de uma segurança. Tinha, como eu disse, dois homens para cada um de nós, mais os outros extras, mais o comando todo, quer dizer, aquilo era realmente para criar um clima e desqualificar.

E foi engraçado, porque aprendemos o termo *esposados*, que em espanhol significa algemados. E achávamos que tinha a ver com esposa. Foi cada confusão que se fazia depois, nos discursos, era engraçadíssimo, porque o cara dizia "vieram esposados", e nós: "Ninguém trouxe esposa nenhuma aqui." Foi muito engraçado; era por causa das algemas. Na verdade não eram algemas, era corda que estava amarrando a gente. Então ele exigiu que soltassem todo mundo, foi um alívio quando tiraram aquela droga. E eles apertavam, só para machucar mais um pouquinho. Saltar daquele avião foi muito bom, muito bom.

SILVIO: *E como foram os primeiros dias no México?*

GUTA: Fazíamos ginástica, graças ao Bezerra, obviamente. Juntava com Onofre, que era outro milico, juntava com mais uns dois ou três, e fazíamos

Maria Augusta entrevistada no saguão do aeroporto, na chegada ao México.

ginástica lá no parque Chapultepec, que eu voltei a visitar no final do ano passado, um parque lindo em frente ao hotel. Lembro que eu tinha um cansaço físico muito grande, eu tinha saído de um momento muito difícil. Lembro das nossas discussões; a gente varava a noite discutindo política, tentando fazer acordos. Éramos muito procurados pela imprensa, então essa busca de um discurso comum, com as brigas todas, normais, que aconteciam, discussões, desavenças e tal, mas tentávamos fazer um discurso único. É a velha história: buscávamos um discurso consensual que não era ainda possível.

SILVIO: *Não havia uma unidade de princípios políticos entre vocês?*

GUTA: Não, não havia. Ali estava toda a esquerda representada, do Partidão ao Marighella, passando pela AP, que era do Travassos, a nova esquerda, que tinha a VPR, por exemplo, com quem tínhamos discordâncias enormes – a VPR tinha uma postura muito mais foquista. Nós, apesar de estarmos fazendo a luta armada, tínhamos uma posição muito leninista, no sentido de entender a necessidade da formação da vanguarda operária na tomada do poder. A ALN era mais para a luta armada, direto pela luta armada. Mas havia um discurso contra a ditadura que era possível, e nós fizemos. Eu acho que, com raríssimas exceções, não tivemos um comportamento ruim; tivemos um comportamento de grupo. Isso foi bom.

SILVIO: *Vocês tinham uma razoável liberdade de movimentos no México?*

GUTA: Mais ou menos. Primeiro, porque não tínhamos muita autonomia, não tínhamos dinheiro, não conhecíamos a cidade; havia uma oposição cubana, os gusanos cubanos, o pessoal foragido de Cuba fazia demonstração na frente do hotel quase diariamente. A própria polícia mexicana teve um comportamento muito dúbio. O México não era um lugar seguro para nós. Tinha havido o massacre de Tlatelolco, uma manifestação de estudantes numa praça; de repente, começaram a atirar dos prédios em volta contra aquela massa. Morreram mais de 300 estudantes ali. Isso tinha sido em 68, nós estávamos em 69, quer dizer, era muito recente a história, quem matou estava ali, e obviamente aquilo era uma situação muito pouco segura para nós.

Pensamos em fazer dublagem, porque naquela época estavam chegando umas novelas brasileiras, ou coisa do estilo. Era novela mexicana para dublar em português. Ríamos às gargalhadas. Imagina o Vladimir, com aquele sotaque alagoano, forte daquele jeito, porque sua maneira de falar é característica, a voz conhecida. Morríamos de rir. Imagina o Vladimir dublando alguém. Enfim, fizemos algumas tentativas, até que o Fidel fez o contato com o grupo e nos convidou para ir a Cuba. Então foi uma glória, foi o máximo.

Silvio: *A opção de ida para Cuba foi tranqüila para todo o grupo?*

Guta: Não, não. Quer dizer, teve uma questão com o Ricardinho, porque a mulher dele tinha ido para o México, encontrar com ele. O pai dele trabalhava na ONU, eu acho, e estava lá também. Da mesma organização, quer dizer, da DI, que passou a se chamar MR-8 com o seqüestro, tinha o Vladimir, o Ricardo e eu. Então, discutíamos tudo em conjunto. O Vladimir sempre foi extremamente disciplinado, deixava a discussão rolar para entender o que estava acontecendo. Eu colocava o seguinte: se formos para Cuba, vamos assumir um compromisso que colocamos para Fidel, quer dizer, vamos para fazer treinamento, adquirir documentação para voltar; isso para mim sempre esteve claro. Não fomos tirados para ficar fora, fomos tirados para continuar a luta, e continuar a luta tinha que ser no Brasil. O Ricardo já tinha colocado que a opção dele seria não voltar naquele momento, porque ele queria viver um pouco lá a vida pessoal dele com a mulher, o pai, aquelas coisas. Então eu coloquei que achava que ele não devia ir.

Isso causou um problema grande entre nós, depois. Ele ficou muitos anos magoado por causa disso. Poucos anos atrás retomamos essa conversa, e eu disse para ele: eu acho que não estávamos errados, não. Quer dizer, eu não posso ver aquilo hoje. É como eu sempre insisto. Tem que ver naquele momento, dentro daquele contexto. E, para mim, ir para Cuba sem ser com esse compromisso era ir fazer turismo, e isso aí para mim não se colocava. Ele argumentava que o Bezerra também não iria ficar. E eu dizia: "O Bezerra é o Bezerra. Há uma diferença." E outra coisa: o Bezerra já estava doente, ele estava com um foco de alguma coisa muito séria no olho. Ele era do Partido Comunista, precisava ir a Moscou tratar da saúde. Era um homem de 61 anos que estava saindo da prisão mais longa que a de todos nós – estava preso desde 64. Discutíamos muito. Imagina ele, Partidão, eu esquerda armada, cheia de opinião e de razão, cheia de verdades. Ele acabava todas as discussões assim: "Minha neta..." – era assim que ele me chamava – "Minha neta, que idade você tem?" Aí eu: "22 anos." Ele dizia: "Eu completei 21 anos, nove meses e não sei quantos dias de cadeia."

Silvio: *Qual foi a sua primeira sensação ao chegar em Havana?*

Guta: Do México, você chega vendo o verde, aquele verde maravilhoso de Havana. Tinha uma coisa da atração de Cuba, a história de Cuba, o fascínio por Fidel, ele foi nos receber no aeroporto. Era o salto em termos de militância, porque íamos nos profissionalizar, realmente, íamos fazer treinamento, dar um salto. Então tem toda uma coisa do mágico da ilha, do novo, do desafio... Eu estava fascinada, fascinada.

Silvio: *O Vladimir é muito crítico com relação à experiência cubana. Você chegou a fazer o treinamento militar?*

Guta: Eu também sou crítica hoje; naquela ocasião não éramos, achávamos que era aquilo mesmo. Então, para ser crítico hoje em relação a Cuba tem que ser crítico em relação a nós mesmos. Para mim, me valeu uma fissura numa vértebra. Eu caí de um daqueles obstáculos loucos – fazíamos um campo de obstáculos igual ao que esses caras fazem no Exército. Eu obviamente não era nenhuma guerrilheira rural, era classe média, não tinha força nenhuma nos braços; caí, despenquei, fiz uma fissura. Sofrimentos à parte, eu acho que enriqueceu sob todos os pontos de vista, até o político. A gente discutia a questão dos resquícios do stalinismo, mas uma coisa é discutir teoricamente, outra é ver na prática, sofrer pressão política para tomar tais e tais atitudes.

Silvio: *E como é que os brasileiros se articularam em Cuba, dadas as diferenças?*

Guta: Não nos articulávamos, os cubanos nos articulavam. Não tínhamos independência nenhuma, não tínhamos a *libreta*, éramos convidados do governo cubano, isso nos foi colocado de saída. Verdade seja dita, ninguém podia se queixar. Nós estávamos numa situação especial: fomos para lá e recebemos total asilo do governo cubano; eles nos deram total e completo apoio. Isso nós temos que agradecer, até sob o ponto de vista de saúde. O próprio Vladimir operou lá o joelho, todos nós fomos muito bem tratados fisicamente, pude fazer o que eu precisava nos dentes. Essa parte de apoio de vida foi muito boa. Nos deram os treinamentos de que dispunham; podemos ser críticos hoje com relação a isso, mas no momento foi o que nos propusemos a fazer. Nos deram apoio para sair de lá. Então, eu acho que só tenho a agradecer a Cuba.

O que passamos, se teve começos mais difíceis ou não, eu acho que isso faz parte da política. Agora, é um povo fascinante, generosíssimo, alegre; as cubanas todas: "*Mi cielo, mi vida, mi amor, mi cielo.*" Acho que é o povo mais parecido com o brasileiro que já encontrei nesse mundo todo que eu rodei. Eles são muito alegres. Naquela época, você ia para o parque dançar, namorar, parecia aquelas comédias brasileiras de antigamente, que todo mundo dançava no meio da rua – não que fosse exatamente no meio da rua, mas tudo acabava em música. E a lembrança que eu tenho é muito feliz, muito feliz.

Silvio: *Que lembranças você guarda do grupo dos 15?*

Guta: Bom, falando de Cuba, lembro logo do Travassos, que ficou sozinho durante algum tempo, no hotel Nacional. Então, as pessoas que ele mais procurava eram o Vladimir e eu, nós ficamos grandes amigos lá. E

Grupo de brasileiros em visita à embaixada do Vietcong em Havana, no dia 3 de outubro de 1969.

o Travassos era uma figuraça; ele era muito engraçado naquele jeito dele. Morávamos perto do hotel Nacional, e ele ia muito lá para casa. A nossa casa era um coletivo, no começo éramos nós dois – eu e Vladimir –, o Onofre, o Marchetti e o Ibrahin. O Onofre era uma pessoa fantástica, morar no coletivo com ele era fantástico: aquela organização de milico, ele fazia tudo limpinho, tudo arrumadinho, tudo tinha ordem, mas não era chato, não, ele era divertidíssimo. E vida de coletivo é muito legal. Além disso, eram pessoas que estávamos começando a conhecer – a maioria ali não se conhecia antes. Era convivência, era contar uma história atrás da outra. O Marchetti, por exemplo, não posso esquecer. Naquela época tinha músicas do Caetano: "Baby, Baby, eu sei que é assim." O Marchetti chorava quando ouvia essa música, porque se lembrava da mulher dele.

É, era um coletivo muito feliz, muito feliz. Não tínhamos grandes dramas; soubemos de outros coletivos que viveram coisas horrorosas. O nosso, não, o nosso era coletivo de paz, muito legal, discutíamos as coisas, conversávamos. Nós éramos todos, menos a ALN; era mais ou menos assim que éramos divididos. E deu certo. Depois chegou o pessoal da VAR-Palmares, que seqüestrou um avião, e brincávamos: eles iam para o rebotalho, ia todo mundo lá para o coletivo. Mas aumentou o coletivo e ficou tudo bem. Acho que ali houve uma combinação de temperamentos, nada era muito dramático, talvez porque já tivéssemos vivido tantos dramas antes. Então, a lembrança que eu tenho dessa época é muito boa.

SILVIO: *Você tem alguma lembrança do Rolando Frati?*

GUTA: O Frati era uma pessoa muito fechada, muito séria, muito calada, meio seca até. Já o Bezerra era muito afetuoso, era colo puro. O Frati era contido, era um cara muito respeitoso; não tenho nenhuma lembrança desagradável, mas são lembranças muito esparsas, ele era muito na dele. E como ele era da ALN, ficou no coletivão da ALN, então não tivemos mais contato, só durante a viagem e os 20 dias lá no México.

SILVIO: *Em resumo, qual o seu balanço da experiência cubana?*

GUTA: Cuba nos marcou. Foram dois anos, acho que amadurecemos muito, politicamente. Aprendi muita coisa, em termos técnicos também. Continuei engajada na luta armada até depois do golpe do Chile. Então, para mim foram muito úteis as coisas que aprendi lá. E em termos afetivos, emocionais, foi um período bom. Acho que foram dois anos que valeram a pena, realmente valeram a pena. Principalmente porque mantiveram uma continuidade de sonho, de vontade, de desejos, de planos. Eu gostei muito.

SILVIO: *Qual a sua trajetória quando sai de Cuba?*

GUTA: Ah, eu fui pelo mundo, fui pelo mundo, fiz muita coisa, depois terminei no Chile.

SILVIO: *E qual era o ambiente político na sua volta ao Brasil?*

GUTA: Eu voltei em 79, no dia 7 de outubro. Não voltei imediatamente, eu já tinha meu filho mais velho, que nasceu com uma lesão cerebral grave, então a minha volta teve que ser mais trabalhada, nesse sentido. Eu tive, por causa disso, sempre a coisa priorizada na sobrevivência. Uma coisa é quando você está sozinho, ou até tem filhos, mas que inspiram só os cuidados normais. E eu estava sozinha, já tinha me separado do pai dele, mas estava com a responsabilidade do Carlinhos, e isso modifica muito, marca e modifica muito a vida da gente. Não era novidade para mim, porque eu sempre trabalhei, sempre tive que dar conta da minha vida desde cedo, mas limita muito. Eu fiz a opção de não viver a tragédia disso, porque não era do meu feitio, mas tem o lado realmente que pesa em termos de sobrevivência, de custos de ter que bancar tratamento. É muito caro ter um filho deficiente no Brasil, muito caro; não há políticas públicas que ajudem. Então, você tem duas opções: ou interna num depósito e entrega à sorte, que sabemos qual é, ou então você cuida. E, para cuidar, você limita muito a sua vida.

Eu participei, logo no começo dos anos 80, do início da formação do PT; sou "sócia fundadora". Mas minha atuação sempre teve esse componente novo, quer dizer, aquela entrega total que eu tinha antes não se reproduz depois da anistia. Porque estou com o Carlinhos aí, com 28 anos de idade, saudável, evoluiu superbem para o quadro dele, mas para isso foi uma vida inteira em que essa prioridade se colocou. E eu acho que é natural: os obstáculos vão surgindo e vamos enfrentando, superando. Em alguns dias temos mais impaciência, em outros temos mais paciência, mas tem que ser, é isso mesmo, é a lei da vida.

SILVIO: *Como fundadora, como você vê o processo de transformação do PT ao longo desses 25 anos?*

GUTA: Acho que o PT ainda é o melhor partido político no Brasil hoje, para se militar, principalmente pessoas com a nossa história. Acho que não existe outro partido político que seja mais coerente, em termos de princípios, com aquilo que sempre pensamos e continuamos a pensar. Agora, acho que o PT reproduz principalmente um momento que nós, que saímos trocados pelo americano, não vivemos, que é o início da organização sindical, principalmente no ABC paulista. Essa é uma realidade que nós não acompanhamos *in loco*.

O pessoal faz muita distinção e diz que o PT do Rio de Janeiro é isto, é aquilo. O PT do Rio de Janeiro é diferente do PT de São Paulo, como é diferente dos outros PTs. A base de constituição desse PT do Rio de Janeiro fomos nós, que retornamos. Então, tem esse componente, nós não vivemos essa fase, nós somos diferentes, tivemos uma formação muito eclética, nesse sentido de política, opiniões fortes, são pessoas que viveram politicamente muito, pessoas com histórias fortes. Vivenciamos essa briga de vaidades se chocando, isso é uma das coisas que eu acho lamentáveis, que já poderíamos ter superado.

O comportamento de determinadas figuras mostra que o cara está querendo palco, acha que a vida inteira vai ter que estar no palco. Não é bem assim. De vez em quando você vai ter que descer do palco e deixar os outros subirem. Algumas pessoas relutam, têm que estar ocupando o palco: "Porque, olha, eu com essa minha história, que você acabou de ouvir..." Imagina, faz tempo que eu desci do palco. Acabou, aquela fase acabou. Continuamos a história individual, mas em outras situações. Eu passei para a retaguarda há muito tempo; continuo militando, criei um sindicato, entrei no sindicalismo, saí, voltei a trabalhar agora com empresa, estou na Petrobras, faço um trabalho de defesa dos direitos humanos, do trabalho, da transparência, da ética. Quer dizer, a minha vida é eternamente militar. Mas saí do palco; tem uma hora que você tem que aprender a sair, senão fica como aquela velha que continua se vestindo de menininha para parecer mais jovem. É um pouco o que alguns companheiros me lembram. Quer dizer, tem que encarar a idade, encarar o momento político, deixar outros atores assumirem os papéis principais, começar a fazer o papel do avô, da avó, sair do primeiro plano.

Antes de qualquer coisa, acho que o PT sofre com isso, sofre as conseqüências disso, dessa fogueira de vaidades, que é típica da classe média. Agora, ainda acho que é o melhor partido para se militar. Milito, não vou deixar o PT. Meu sonho é muito maior do que alguns problemas que temos no meio do caminho. Senão já teria abandonado lá atrás, muito antes. Acho que toda a crise que vivemos atualmente é inevitável, faz parte. O meu sonho é muito maior do que isso. Eu já sonhei em tomar o poder. Imagina, acabamos de tomar o governo dividindo com a direita. Eu sonho muito mais do que isso. Então, vou continuar.

SILVIO: *O que representou para você a pena do banimento?*

GUTA: Foi muito pesada. Primeiro, você está impedido de voltar para o seu país, impedido de rever a sua família. E as famílias sofreram muito as conseqüências disso. A minha família sofreu muito. Meu irmão foi ameaçado de seqüestro; eu tenho um irmão bem mais novo do que eu, 16 anos mais novo, ele era uma criança, tinha seis anos de idade quando eu saí. E tentaram raptá-lo, minha irmã mais velha chegou quando os caras estavam tirando ele do jardim. Ele ficou muito tempo em tratamento, e meu pai sofreu muito, minha mãe também. Depois, quando tive meu filho, foi muito ruim, porque além de você se fragilizar muito quando tem um filho, na medida em que o Carlinhos nasceu com problemas, o fato de eu estar sozinha foi muito pesado. Essa coisa de nascer um filho, e o filho ficar entre a vida e a morte, e de repente depois ficar com retardo mental, físico. O comportamento das pessoas, em geral, foi se afastar um pouco. E viver isso numa solidão como eu estava, na Suécia, muito longe, muito frio, lá é neve oito meses por ano, no verão lá você tem que usar casaco, de tão frio que é. Enfim, isso me amadureceu muito, é evidente, mas é muito sofrimento. A solidão, principalmente, é uma coisa a que nunca me acostumei, porque minha vida toda, por mais que tivesse momentos de sofrimento, estive sempre muito acompanhada, e esse momento do nascimento do meu filho, da doença do meu filho, me levou a uma solidão muito grande. Então, serve sempre, aproveita-se sempre, mas foi muito duro, muito duro.

Silvio: *E pensando na experiência brasileira da luta armada, como você reavalia?*

Guta: Eu não reavalio. Discutimos muito, eu concordo com uma série de reformulações críticas, de caminhos que deveríamos ter usado e não esse. No emocional, acho que fizemos o que tinha que ser feito. E acho que foi muito bom termos feito isso. Tenho o maior orgulho de ter participado disso, não voltaria atrás para fazer diferente; acho que seria maluquice nossa. Não existe isso, eu não posso refazer as coisas com a cabeça que temos agora.

Teve um desprendimento que reputo como uma das maiores qualidades dessa geração, porque você pode usar sua ousadia juvenil para distintos fins, e o que tínhamos como objetivo é extremamente nobre, é um valor inestimável para mim até hoje; minha vida inteira se baseia nisso, se pauta nisso. Acho que damos um sentido à vida quando nos pautamos pela preocupação com o social, com o país, com isso de se entender parte de alguma coisa, não um ser isolado, um ser privilegiado. Não, somos parte de um todo. E se oferecer, dar a vida por isso, assim como continuamos dando, por outras vias, de outras formas, acho que é nossa melhor qualidade.

REUNIÃO DE PARTICIPANTES DO SEQÜESTRO

Em agosto de 1969, a Dissidência da Guanabara (DI-GB) idealizou o seqüestro do embaixador americano Charles Burke Elbrick. A decisão foi tomada pela direção-geral da organização, composta de três membros: Cláudio Torres, Franklin Martins e Daniel Aarão Reis. Os dois primeiros estiveram na ação de captura do diplomata.

Outros sete militantes da DI-GB participaram da operação: Cid Queiroz Benjamin, Fernando Gabeira, João Lopes Salgado, João Sebastião Rios de Moura, Sérgio Rubens Araújo Torres, Vera Sílvia Magalhães e Antônio Freitas Filho.

Convidada a participar, a Ação Libertadora Nacional (ALN) enviou quatro militantes ao Rio de Janeiro para desenvolver o planejamento e executar a operação: Virgílio Gomes da Silva, Joaquim Câmara Ferreira, Paulo de Tarso

Em sentido horário: Paulo de Tarso Venceslau, Cláudio Torres, Silvio Da-Rin, Daniel Aarão Reis, Franklin Martins e Manoel Cyrillo (de costas), durante a filmagem da reunião no Rio de Janeiro, em 8 de outubro de 2005.

Venceslau e Manoel Cyrillo. Os dois primeiros foram mortos pela repressão em 29 de setembro de 1969 e 23 de outubro de 1970, respectivamente.

No dia 8 de outubro de 2005, reunimos no Rio de Janeiro Cláudio Torres, Daniel Aarão Reis, Franklin Martins, Manoel Cyrillo e Paulo de Tarso Venceslau para rememorar e reavaliar a ação.

CLÁUDIO TORRES DA SILVA nasceu em Porto Alegre, em 1945. Era vice-presidente do DCE quando foi suspenso do curso de economia da Universidade Federal do Rio Grande do Sul. Mudou-se com a família para o Rio de Janeiro e foi trabalhar no Instituto Brasileiro de Reforma Agrária. Começou a militar no PCB em 1966 e participou da Dissidência Universitária. A partir da Conferência de 1967, passou a coordenar a Frente de Trabalho Armado e integrou a direção-geral da organização. Detido dois dias depois da libertação do embaixador, foi intensamente torturado pelo Cenimar. Permaneceu preso até setembro de 1976. Em São Paulo, acompanhou o movimento sindical que daria origem ao Partido dos Trabalhadores e integrou-se ao grupo que havia reorganizado o MR-8, onde militou por seis meses. Mudou-se para Campinas e iniciou o curso de ciências sociais na Unicamp. Trabalhou vários anos na Emplasa e na Cesp. Vive em Teresópolis, RJ.

DANIEL AARÃO REIS FILHO nasceu no Rio de Janeiro, em 1946. Foi eleito presidente da União Metropolitana dos Estudantes em 1967, sendo sucedido em 1968 por Vladimir Palmeira. Atuava na Frente Operária da DI-GB e, em abril de 1969, passou a integrar a direção-geral da organização. Foi preso em março de 1970. Em junho daquele ano, foi libertado em troca do embaixador alemão Ehrenfried von Holleben. Da Argélia transferiu-se para o Chile e, mais tarde, para a Europa. Graduou-se em história pela Universidade de Paris VII, onde também fez mestrado, pesquisando a evolução do Estado no Brasil. Entre 1976 e 1979, foi professor na Universidade Eduardo Modlane, em Moçambique, onde também dirigiu o Departamento de História. Transferiu para o Arquivo Público do Estado do Rio de Janeiro amplo acervo de documentos das esquerdas brasileiras, reunido para sua pesquisa de doutorado na USP, que resultou na tese *As organizações comunistas e a luta de classes: 1961/1968*. Em 1980, participou da fundação do Partido dos Trabalhadores. Professor titular de história contemporânea da UFF, é autor de diversos livros, entre eles: *Ditadura militar, esquerda e sociedade*, *1968, a paixão de uma utopia* e *A revolução faltou ao encontro: os comunistas no Brasil*.

FRANKLIN MARTINS, filho do jornalista e político Mário Martins, aos 15 anos já trabalhava como estagiário do jornal *Última Hora*, no Rio de Janeiro. Em 1967, entrou para a Faculdade de Ciências Econômicas da UFRJ, onde se ligou à Dissidência Universitária. Foi eleito secretário-geral do diretório acadêmico e, meses depois, vice-presidente da União Metropolitana dos Estudantes, na gestão Vladimir Palmeira. Em outubro de 1968, pouco depois de ser eleito presidente do Diretório Central dos Estudantes da UFRJ, foi preso no congresso da UNE em Ibiúna, SP. Foi libertado graças a um *habeas corpus*, na véspera da decretação do AI-5. Durante a ofensiva repressiva que se seguiu ao seqüestro, Franklin foi para Cuba. Poucos dias depois da posse de Allende, seguiu para o Chile. No início de 1973, retornou ao Brasil e viveu clandestinamente em São Paulo pouco mais de um ano, até exilar-se na França, onde se diplomou na École des Hautes Études en Sciences Sociales da Universidade de Paris. Voltou para o Brasil em 1977, permanecendo clandestino em São Paulo até a anistia, em fins de 1979. Trabalhou no jornal *Hora do Povo* até 1982, quando se desligou do MR-8 e candidatou-se a deputado, sem ser eleito. Nos dois anos seguintes, trabalhou no *Globo*, *Jornal do Brasil*, SBT e *O Estado de S. Paulo*. Em 1991 e 1992 foi correspondente do *JB* em Londres. Retornando ao Brasil, voltou a trabalhar no *Globo* como repórter especial, colunista político, editor de política e diretor da sucursal de Brasília. Durante oito anos e meio, foi comentarista político da TV Globo, da Globonews e da Rádio CBN. Em 2006, passou a exercer as mesmas funções na TV e na Rádio Bandeirantes. Atualmente, é ministro-chefe da Secretaria de Comunicação Social da Presidência da República.

Franklin Martins e Manoel Cyrillo.

MANOEL CYRILLO DE OLIVEIRA NETTO nasceu em Salvador, em 1946. Estudante secundarista em São Paulo. Em dezembro de 1968, entrou para a ALN, onde foi vice-comandante de um Grupo Tático Armado, tendo participado de ações de grande envergadura, como a tomada da Rádio Nacional.

Detido em 30 de setembro de 1969, permaneceu dez anos preso. Parcialmente anistiado, foi libertado em setembro de 1979, cumprindo ainda dois anos de liberdade condicional, quando iniciou carreira como publicitário, profissão que exerce até hoje. Mais tarde, criou em Campinas sua própria agência. Um trabalho seu para a Sanyo ganhou a Medalha de Ouro do Festival Internacional de Nova York, em 1992. Apesar de ter participado do seqüestro do embaixador americano no Brasil, não foi impedido de ingressar nos Estados Unidos para receber o prêmio. Manoel Cyrillo colaborou com a propaganda eleitoral de amigos de diferentes partidos. Atualmente, vive no Rio de Janeiro e trabalha na área de Comunicação da Petrobras.

PAULO DE TARSO VENCESLAU nasceu em Santa Bárbara d'Oeste, SP, em 1943. Foi criado em Taubaté e vive em São Paulo desde os 21 anos. Iniciou em 1965 o curso de economia na USP, que veio a completar em 1975, depois de passar mais de cinco anos na prisão, condenado por sua participação no rapto do embaixador Elbrick. Foi diretor do Centro Acadêmico Visconde de Cairu, da FEA/USP, coordenador da UEE/SP e um dos organizadores do 30º Congresso da UNE realizado em Ibiúna em outubro de 1968. Foi preso em 1º de outubro de 1969, menos de um mês depois do seqüestro do embaixador norte-americano, e só libertado em 23 de dezembro de 1974. Ex-dirigente do PT em São Paulo, foi diretor da CMTC (Companhia Metropolitana de Transportes Coletivos) na gestão Luiza Erundina e secretário de Finanças das prefeituras de Campinas e São José dos Campos. Foi desligado do PT em fevereiro de 1998 e hoje é sócio e diretor de redação do jornal *Contato*, semanário de Taubaté. É pós-graduado em ciências sociais pela Unicamp.

Paulo de Tarso e Cláudio Torres.

SILVIO: *Penso que é muito difícil um jovem atual entender que Brasil era aquele do segundo semestre de 1969, quando vocês resolveram fazer o rapto do embaixador americano.*

FRANKLIN: Deixa eu comentar uma coisa sobre o que você falou. Você disse: "o rapto do embaixador"... No manifesto do seqüestro não se fala, eu acho, em "seqüestro". Fala "captura", e num determinado momento fala "rapto", inclusive. É que no Brasil não se usava a palavra "seqüestro", naquela época.

PAULO: Mas é que você não foi preso. Pra quem foi preso, na montagem do inquérito os delegados faziam questão de dizer que era seqüestro.

CLÁUDIO: Abdução, eu acho melhor.

DANIEL: Eu acho que não se emprega... No manifesto, a palavra empregada é "captura".

FRANKLIN: Lá no meio fala em "rapto", o tempo todo é "captura". Porque, aliás, a concepção...

DANIEL: Que é uma boa, é uma palavra positiva pra quem está fazendo o ato. Seqüestro é um crime...

FRANKLIN: A concepção da coisa é a seguinte: nós estamos capturando e trocando por prisioneiros. Não é um seqüestro, é uma captura...

DANIEL: Seqüestro é você assumir um crime, e você não está... Você está cometendo uma ação revolucionária.

CLÁUDIO: Eu gostaria de deixar claro uma preliminar: acho muito difícil, senão praticamente impossível, fazer uma avaliação do que foi aquela época e discutir juízo de valor com respeito àquele processo. A cabeça que temos hoje, a sociedade tal como existe hoje... Não se pode nem ir para aquela época, porque você mudou, nós mudamos. E algumas coisas que se justificavam naquela época hoje não se justificam mais. Acho muito difícil, aliás, incorporar o aspecto emocional ligado a isso. Hoje estamos aí com esse arremedo de democracia, mas naquela época nós tínhamos uma ditadura, dominada por militares, a tecnocracia, que violentava, fazia atos de terrorismo oficial.

Então, o momento que enfrentamos em 69 não tem nada a ver com o de hoje. E acho que aquele momento justificava, digamos, uma série de ações que eu pessoalmente não me sinto, ética ou moralmente, impedido de justificar e de confirmar – o seqüestro, por exemplo. Acho que podemos até discutir se, politicamente, foi um ato correto ou incorreto, mas, do ponto de vista ético, do ponto de vista moral, eu não teria nenhuma questão contrária a colocar. Eu acho que se justifica por si só naquela conjuntura que vivíamos no final dos anos 60.

Silvio: *Que conjuntura era aquela?*

Cláudio: Os anos 60, no mundo inteiro, foram anos de turbilhão, sobretudo da juventude e do movimento operário renovado. Vide a Revolução de Maio na França, vide os estudantes japoneses, vide a luta contra a Guerra do Vietnã nos EUA. Não era um processo existente só no Brasil ou na Guanabara. Enfim, havia uma mobilização mundial que não tinha um caráter específico de classe, mas era uma iniciativa que, por diferentes razões, com diferentes colorações, acontecia na Europa, na Ásia, nas Américas etc.

No Brasil, particularmente, e na América Latina como um todo, havia, naquela época, um movimento que foi catalisado, mas não originado, pelo assassinato do Che na Bolívia. Então isso tudo levava à visão de uma luta que, antes de ser política, era de contestação, junto com uma luta de resgatar um processo que foi interrompido em 64, junto com uma crise econômica, uma crise cultural, uma crise de identidade que o nosso país passava. Então, naquele momento do seqüestro, toda a sociedade brasileira estava impedida de se manifestar: havia um Congresso cerceado – fechado, inclusive, numa época; uma imprensa amordaçada; um movimento estudantil em que a luta se dava de forma mais aguda, mas também com todas as entidades massacradas e impedidas de se manifestar – havia uma ditadura, em síntese. Então, o contexto do seqüestro, do rapto ou da captura do embaixador americano em 1969 é o contexto de uma ditadura militar, usando o termo militar para não entrar em conotações mais ideológicas.

Daniel: Tenho participado muito de debates sobre a história da esquerda no Brasil e da esquerda dos anos 60 em particular. Esse é um tempo que suscita muita admiração. Às vezes, a meu ver, até uma admiração um tanto idealizada, um certo fascínio da juventude por essa época. Sempre gosto de insistir num ponto que muitas vezes escapa ao pessoal de hoje e sem o qual, a meu ver, o seqüestro do embaixador fica dificilmente compreensível, que é o que chamo do projeto revolucionário da época. E, desse ponto de vista, eu concordo com o Cláudio, ele está perfeitamente inserido naquele contexto mundial, que vem desde o fim da Segunda Guerra Mundial, pode até remontar à Revolução Russa.

Durante décadas, muitos segmentos de esquerda em todo o mundo tiveram a convicção profunda de que a história caminhava a seu favor. Tem a famosa frase de Mao Tsé-Tung: "O destino da direita é ganhar, ganhar, ganhar e acabar perdendo; e o destino da esquerda é perder, perder, perder e acabar ganhando." Quer dizer, havia a sensação, a convicção – que muitos achavam científica – de que o mundo marchava para o socialismo. Poderia haver reveses, contradições, derrotas até catastróficas, mas as coisas tendiam a se aprumar de novo e tomar essa direção. E isso é importante tentar transmitir, porque essas referências desapareceram do mapa.

E havia vitórias que confirmavam isso: a vitória da Revolução Cubana, em 59; a vitória da Revolução Argelina, em 62; a luta revolucionária, que ainda não estava plenamente vitoriosa, mas ninguém mais, lúcido, punha em dúvida que os guerrilheiros do Vietnã venceriam; vários movimentos de libertação nacional vitoriosos. Então eu acho que nos animava, nos anos 60 aqui no Brasil, para afunilar aqui na nossa conjuntura particular, esse espírito épico revolucionário. Dava para fazer as coisas, a história podia ser construída, de maneira voluntarista – não dando a esse termo uma conotação pejorativa. Então, eu acho que esse espírito, essas referências, são fundamentais para recuperar uma ação ofensiva – porque o seqüestro é ação agressiva, ofensiva.

Paulo: Eu acho que a leitura que o Cláudio e o Daniel fazem ainda é extremamente ideologizada, politizada, da época. O movimento da época teve o engajamento de muita gente que não tinha necessariamente formação política, ideológica, que entrou nesse processo por outras razões, outros valores. Por exemplo: eu nunca fui do Partidão, nunca fui da Dissidência, de repente caí na ALN. No auge do movimento estudantil, com meus amigos da FAU, fomos plantar maconha nos jardins da FAU, em 1967, 68. E eu não fumava maconha, nunca gostei. Mas era o gesto de ir lá, naquele prédio antigo, maravilhoso, lá da rua Maranhão, com aquele jardinzão na frente, e depois ir lá molhar, de vez em quando; era uma grande curtição. Não tinha nada de "o mundo caminha para o socialismo", não.

Os festivais, de que participávamos, aquelas faixas na rua Maria Antônia, não tinham esse lado, essa leitura ideológica; era um engajamento de outra natureza. Minha tomada de consciência não foi pelos livros, foi pela prática. Em 1967, um ano considerado frio no movimento estudantil, aconteceu muita coisa, nós ocupamos a Assembléia Legislativa em São Paulo. E eu não estava falando em revolução naquele momento. Estávamos impedindo que se instituísse o ensino pago na USP. Ficamos três dias dentro da Assembléia Legislativa de São Paulo.

Manoel: Aí entra a minha história. Eu vinha de uma turma de bairro, nas Perdizes, que se reunia na padaria. E dois ou três companheiros, amigos, começaram a trazer discussões da conjuntura da época, acompanhando leitura de jornal e discutindo coletivamente, e isso foi evoluindo, foi crescendo. Entrei na luta pela resistência democrática; minha revolta foi por aí. E daquela turminha da padaria, depois de lermos *Por que resisti à prisão*,* eu e quatro companheiros entramos na ALN, no GTA da ALN.

E, falando da parte de São Paulo, estávamos caindo em uma certa prática utilitarista. Para manter todo aquele aparato da organização, precisávamos de muita ação de expropriação financeira. Mas, por outro lado, estávamos querendo fugir disso, estávamos partindo para uma série de ações de cunho mais político: ocupação de torres de rádio para divulgar manifestos nossos; quando íamos expropriar um banco, para pegar tanto dinheiro quanto armas, interrompíamos um largo segmento do quarteirão, e ali fazíamos comício, panfletagem e tal. Estávamos nesse caminho quando chegou o convite dessa ação conjunta. Então, para nós, caiu perfeitamente bem.

Franklin: Eu acho que às vezes analisamos pouco o trauma que foi o golpe de 64 dentro da vida política brasileira. Nós tivemos um golpe sem resistência; nos prometiam que iam resistir, e fomos derrotados sem dar um tiro. Acho que a partir dali temos uma coisa na política brasileira: nós não queríamos mais falar muito, queríamos fazer. Porque antes de 64 havíamos falado um bocado e, na hora H, não havíamos feito.

Nós fomos para 68 naquela forma de ditadura, a primeira, aquela ditadura que queria manter as aparências, queria manter o Congresso funcionando. Esse projeto, em 68, foi inviabilizado, derrotado. Por quê? Basicamente pela série de manifestações estudantis em todo o país, a formação da Frente Ampla, as primeiras greves operárias. Ficou claro o seguinte: ou abria, ou partia para algo mais duro. Então, 1969 já é a segunda forma de

* Texto de Carlos Marighella (Rio de Janeiro, Edições Contemporâneas, 1965).

ditadura, a ditadura terrorista aberta, porque vai ter que conter um movimento popular que não foi vencido, não foi dobrado, continua ativo e está recuperando forças. Depois do AI-5, eu, por exemplo, me tornei um esquerdista total – temos que ir para a luta armada, não tem mais jeito, não tem mais espaço para o movimento de massa.

DANIEL: Eu acho que no Brasil, desde que a ditadura foi instaurada, houve resistência democrática. Porém, sobretudo a partir da luta pela anistia, esse termo tomou um peso que ocultou uma outra dimensão da história das esquerdas brasileiras, que é o projeto revolucionário, um projeto ofensivo, que vem desde antes do golpe de 1964. A coisa ficou muito bloqueada porque se formou uma frente muito heterogênea a favor do golpe. E muita gente, dentro dessa frente, argumentava que o golpe tinha que ser dado porque as esquerdas estavam ameaçando. E como praticamente não houve resistência ao golpe, as esquerdas tenderam a construir uma memória sobre o período anterior ao golpe de 64 em que, se você disser que havia uma ameaça de esquerda, você está fazendo o jogo dos militares, você está fazendo o jogo das direitas.

Ora, uma análise minimamente isenta do período anterior a 64 vai constatar que havia segmentos importantes daqueles movimentos populares completamente ganhos para uma idéia de ofensiva revolucionária, de fazer um reformismo revolucionário. Eram reformas tão profundas que, se implementadas, iriam mudar completamente a configuração do país. Havia aquela famosa palavra de ordem, "reforma agrária na lei ou na marra"; aumentava muito a descrença, em muitos segmentos do movimento popular, de que seria possível ganhar aquilo através da lei. As eleições de 1962 tinham sido muito desencorajadoras para os propósitos reformistas, porque a esmagadora maioria do Congresso estava afinada com partidos que não queriam reformas profundas. Governadores conservadores foram eleitos no Rio Grande do Sul, em São Paulo, em Minas Gerais, na Guanabara. Em Recife houve uma vitória da esquerda, com Miguel Arraes, mas em outros grandes estados havia governadores conservadores.

Então, tinha o Movimento Revolucionário Tiradentes, que se criou dentro das Ligas Camponesas, antes de 64; tinha o Movimento Nacionalista Revolucionário, do Brizola, antes de 64. O Brizola vivia falando: "Estamos nos aproximando do desfecho." É claro que isso tudo era minoritário no seio da sociedade. Mas, enfim, esse espírito ofensivo vinha de antes de 64. Aquelas organizações revolucionárias que começaram a surgir depois de 64, embora querendo fazer marco zero – o que vem de trás é entulho, não tem nada a ver –, apenas desdobraram, radicalizaram esse espírito que vinha de antes de 1964.

Franklin: Eu concordo que existem os dois níveis, adotando a sua terminologia: o projeto revolucionário e a resistência democrática. As duas coisas existiram o tempo todo, e o projeto revolucionário, a meu ver, cometeu erros quando quis se fazer algo diferente da resistência democrática, em vez de ser o aprofundamento dela. Quando nós, em algum momento, não demos importância à luta pelas liberdades democráticas. O real da sociedade era a resistência democrática, o projeto era outra coisa.

Digo isso porque fico impressionado ao ver que falamos da luta como se tivéssemos sido derrotados. Nós não fomos derrotados, o povo brasileiro não foi derrotado. A resistência democrática triunfou e derrubou a ditadura. De que jeito? Cada um de uma forma. Num primeiro momento, nós derrubamos aquela forma de ditadura que estava ali. A outra forma, terrorista, que veio depois, quando é que acabou? Não acabou com a gente fazendo luta armada, acabou em 74, com as eleições de 74. Inviabilizou aquilo ali, ficou claro: tem que acabar. Inventaram uma terceira: a da transição lenta, gradual e segura, que foi acabar com a campanha das diretas.

Ou seja: o povo reagiu. Não quer dizer que nós dirigimos esse processo. Nós, a esquerda revolucionária, não dirigimos esse processo, mas a luta do povo fez isso. Acho que o nosso papel, o projeto revolucionário, deu certa radicalidade à confrontação política na sociedade. Significou um marco, do ponto de vista simbólico: num país que tem uma geração que é capaz dessa insensatez sensata, que é capaz de sacudir isso aí, não é possível o acordão que poderia fazer a distensão lenta, gradual e segura.

Você pode dizer: "Mas o Tancredo..." Sim, o país se tornou um país muito mais democrático depois disso. A direita, aliás, se tornou mais democrática, a esquerda também se tornou mais democrática, ou seja, avançou. Por quê? Tinha um projeto, e no projeto nós fomos derrotados. Mas na questão de fundo o povo brasileiro triunfou, do jeito que foi possível – e, a meu ver, mais até do que num primeiro momento quisemos admitir. Eu fico impressionado com isso, as pessoas acham que a gente perdeu. Por isso é que eu digo: nós vencemos, nós não perdemos. A esquerda perdeu, mas o povo venceu.

Cláudio: Acho que o que foi derrotado em 68, 69, 70 foi o projeto político de guerra revolucionária no campo, de foco insurrecional, de luta armada. Isso foi derrotado. Acho que até a Conferência de 69,* exclusive, a Dissi-

* Em abril de 1969 a Dissidência Universitária da Guanabara realizou sua terceira Conferência – reunião de representantes das bases com caráter de congresso –, que avaliou a conjuntura nacional posterior ao AI-5 e decidiu pela intensificação das ações armadas.

dência estava agindo corretamente. Em 1967, 68, a Dissidência teve um papel altamente positivo, em termos de oposição política. Nossos problemas começaram a partir da Conferência de 69. Porque, a partir daí, fizemos uma transposição, ignoramos a realidade de luta democrática, achávamos que luta democrática era coisa do Partidão, e fizemos um processo lógico-formal que não tinha nada a ver com a análise da realidade.

Acho também que nossa situação de estudantes também contou muito negativamente. Não tínhamos experiência de vida, de vida social, de vida política. Na Conferência de 69 resolvemos dar um salto, mas um salto na nossa cabeça, um salto mental, intelectual. E então as coisas começaram a complicar, porque partimos para usar ferramentas e instrumentos que eram completamente inviáveis no nível de consciência do povo daquela época.

Paulo: Vocês estavam sendo pressionados pela prática da ALN, também.

Cláudio: Não, não estávamos, não.

Franklin: Ah, estávamos! Aquilo nos impactava, é claro.

Daniel: Nos segmentos mais radicais, as organizações que não fizeram ações armadas começaram a perder gente.

Cláudio: Ah, nesse sentido estávamos. Pensei que você estava falando em termos teóricos. Nesse sentido eu concordo com você.

Franklin: Eu discordava do Marighella num monte de coisas, mas achava aquele negócio de dizer, depois do AI-5: "Nós temos que partir para a ação" – aquilo ali me convenceu.

Cláudio: Eu me lembro ainda do que a gente fazia em 68. Íamos para porta de fábrica, armados de metralhadora, distribuir panfletos para os operários. A guarda da fábrica ficava lá dentro nos olhando, e nós com a mão dentro do casaco, olhando no olho do cara, e eles sabiam que estávamos armados. Ninguém interferia, que ninguém era maluco, não queria morrer, porque o salário que eles ganhavam não dava para isso. Eles não interferiam, e nós distribuíamos panfletos. Os operários, coitados, pegavam o panfleto, corriam para dentro da fábrica e jogavam fora, apavorados. Então, nós chegamos a esse grau, que eu diria, até, de desrespeito.

Paulo: Era a propaganda armada.

Cláudio: É. Propaganda armada.

Daniel: O projeto revolucionário era muito autoritário. É difícil estabelecer uma conexão entre ele e a resistência democrática.

Paulo: Agora, para entrar no evento do seqüestro: o AI-5 praticamente lançou a pedra fundamental do seqüestro. O seqüestro só acabou sendo pensado como saída porque ficaram quatro lideranças estudantis presas. Se tivessem soltado... Eu me lembro da corrida que tivemos em São Paulo, o Franklin acho que só foi solto no dia 13, de manhã, ou na véspera.

Franklin: Eu fui solto no dia 12, na véspera do AI-5.

Cláudio: Tinha um projeto em São Paulo de soltar os caras na Auditoria.

Daniel: A dimensão de soltar presos é, evidentemente, inseparável da ação do seqüestro, porém de modo nenhum é determinante.

Paulo: Começou-se a pensar no seqüestro a partir da manutenção dos presos.

Manoel: Na minha maneira de pensar, a troca dos presos terminou sendo o mais fácil de a ditadura atender. Das exigências, a mais fácil. A mais dolorosa é romper a censura, divulgar o manifesto. Aquilo é terrível! Imagine, para uma ditadura, ler um manifesto daqueles!

Paulo: Eu sei, Manoel, mas tem um dado que você não pode esquecer: quando eu falo que a manutenção dos presos foi o que nos empurrou a pensar, a encontrar uma saída... O que nós fizemos, o pessoal da Dissidência – está aqui o Cláudio, e eu pela ALN... Chegamos a pensar em fazer uma ação na Auditoria de Guerra.

Cláudio: Na Brigadeiro Luiz Antônio.

Paulo: Tomar na mão grande, soltar os caras na mão grande!

Daniel: O Vladimir mandava recados desesperados: "Não façam essa ação, vocês vão morrer e eu também!"

Manoel: Mas eu queria registrar uma coisa aqui. Me desculpem, me desculpem, mas por mais que a Dissidência da Guanabara tivesse planejado a ação, ela só aconteceu por causa da aprovação da ALN, e por causa da participação da ALN. Não é verdade?

Franklin: Não, Cyrillo, eu não acho que é.

Daniel: Foi uma ação em aliança.

Franklin: Foi uma aliança, interessava a todo mundo que fosse feita.

Manoel: Lógico, mas eu estou falando em termos físicos.

Franklin: Do ponto de vista militar, nós faríamos a ação. A ação era simples do ponto de vista militar. Do ponto de vista político era um erro fazer sozinho. Tinha que ser feita conjuntamente, porque era uma ação de uma envergadura política...

Daniel: Havia certa insegurança, entre nós.

Franklin: Claro, havia, também. Mas, militarmente, era simples a ação.

Cláudio: A questão não era operacional; operacionalmente podíamos fazer sozinhos. Fui eu que levei a proposta para o Câmara Ferreira, fomos almoçar juntos. Mas o que era para nós uma caixa-preta é que não tínhamos muita idéia, achávamos que iríamos mexer em casa de marimbondos, e que isso era muito grande para o nosso aviãozinho.

Franklin: Era areia demais para o nosso caminhão.

Cláudio: Isso aí é muito grande, nós vamos mexer com uma coisa muito grande. Então, não era um problema operacional.

Manoel: Eu só levantei esse ponto para mostrar que era muito pequeno o problema da libertação dos líderes estudantis.

Paulo: Não era, foi determinante.

Cláudio: Juntou a fome com a vontade de comer. Nós tínhamos um problema, que era libertar o Vladimir e os outros companheiros da UNE.

Paulo: No começo era só o Vladimir.

Cláudio: E nós tínhamos um outro problema: como implementar o que estava na bendita linha política de 69.

Franklin: A ação de propaganda armada.

Cláudio: A ação de propaganda armada. Então de repente surgiu a possibilidade de juntar as duas coisas. Maravilha! Mas então olhamos para o nosso rabo e dissemos: isso aí não é um assaltozinho, não.

Daniel: Havia um problema fundamental, que o Franklin sustentava muito na época: era a necessidade de haver uma grande ação para globalizar todas aquelas múltiplas ações.

Paulo: Dentro dessa linha de fazer grandes ações de propaganda, como a própria ação de seqüestro do embaixador, tinha uma série de ações programadas simultaneamente para São Paulo, que não foram executadas por causa de um acidente – explodiu um carro, morreram duas pessoas –,* senão ia ter outra ação, ia ter a ocupação de uma rádio, torres explodidas, uma série de coisas.

Cláudio: Antes da ação do americano, e foi uma decisão consciente da direção da Dissidência, nós começamos a assinar as nossas operações armadas com o nome MR-8. Nome que não era nosso, vocês sabem disso. MR-8 era a Dissidência do Estado do Rio, Dissidência fluminense.

Franklin: Nós assinamos antes? Não, eu acho que foi só naquela, começamos naquela.

Cláudio: Olha, eu fui absolvido no processo, não deveria nem estar falando nisso. Mas na operação do carro de transporte de valores em Copacabana – que a imprensa publicou depois que tinha sido roubada a marmita do motorista e que só tinha cheque vencido –, aquela ação foi assinada como

* No mesmo dia em que o embaixador Elbrick foi capturado no Rio de Janeiro, 4 de setembro de 1969, o disparo acidental de uma carga de explosivos destruiu um Volkswagen que trafegava na av. Consolação, em São Paulo. Os dois passageiros, que morreram no local, eram os militantes da ALN Ishiro Nagami e Sérgio Corrêa.

MR-8. Então, houve da parte da Dissidência também um interesse de propaganda armada, e nessa linha que vocês estão colocando: demonstrar que a idéia da guerrilha estava viva no Brasil.

FRANKLIN: Tinha as duas coisas. Como é que nasce a idéia do seqüestro? Não sei se vocês se lembram, nós tínhamos feito uma modificação dentro da estrutura da direção da Dissidência. Eu, que antes dava assistência para a Frente de Camadas Médias, você dava para a Frente de Trabalho Armado. Rocou. E por quê? Porque nós estávamos acabando de completar o que achávamos precisar de dinheiro, a cota de expropriação. E definimos: vamos começar a fazer o trabalho de propaganda armada. Isso foi mais ou menos ali, no final de julho, começo de agosto.

CLÁUDIO: Meados de 69.

FRANKLIN: Então, um belo dia, estou andando de carro com o Cid, passando numa rua, a rua Marques,* eu tinha morado ali, naquele... onde fizemos o seqüestro. Eu morei ali em frente, alguns meses antes. Você se lembra, você morou ali também.

DANIEL: Você entrou quando eu saí.

FRANKLIN: Nós estávamos com aquele problema de fazer uma ação para libertar o Vladimir. Eu me lembro que tinham feito um levantamento, o negócio da Ilha das Cobras, ou Ilha das Flores, que era um morticínio. Como eu estava passando para a Frente de Trabalho Armado, o Cid estava me contando a história, o negócio do Vladimir. Aí eu disse: "Quem passa sempre por aqui, por essa rua, é o embaixador..." Não, o Cid falou: "Quem passa sempre por essa rua aqui é o embaixador americano, de carro." E eu disse: "Por que não fazemos ao contrário, em vez de fazer uma ação para libertar o Vladimir, nós capturamos o embaixador e trocamos?" E o Cid: "É, legal a idéia." E mudamos de papo.

CLÁUDIO: Mas existia um peso moral na gente, que era o compromisso de libertar o Vladimir. Esse troço pesava muito.

---

* Próxima ao largo do Humaitá, em Botafogo, a rua Marques é uma travessa que liga a rua Voluntários da Pátria à rua São Clemente, onde morava o embaixador Elbrick.

Daniel: Sempre enfatizando que o Vladimir achava que esse compromisso moral não devia ser cumprido. Ele nos absolvia desse compromisso.

Cláudio: Lembro que o Vladimir estava preso num quartel da Marinha, lá do outro lado da baía. Fui fazer um levantamento no quartel, como visitante, junto com a esposa dele, a Ana Maria, e um irmão. E fui à cela do Vladimir, visitá-lo. E quando retornei, reunimos o grupo de fogo, e eu disse: "Olha, nós não temos condições de fazer essa ação." E então ficou aquele peso no grupo de fogo: "Puxa, nós falhamos."

Franklin: Eu tive essa conversa com o Cid provavelmente dez, 15 dias depois.

Paulo: Mas a história vinha de antes, da relação da Dissidência com o pessoal de São Paulo, particularmente comigo, que o Cláudio ia aqui para a Ilha das Cobras e eu ia a Santos, para o Batalhão dos Caçadores, onde estavam o Zé Dirceu e o Travassos. Era na mesma linha, ou seja, temos que encontrar uma saída. Daí é que surgem aquelas idéias malucas de libertá-los em plena Brigadeiro Luiz Antônio.

Franklin: As duas organizações definiam o seguinte: é necessário dar um passo à frente no ponto de vista das características das ações, passar para a fase da propaganda armada, unificar as ações dispersas numa grande ação que seria a ponte para a guerrilha rural, que seria lançada, em tese, no ano seguinte.

Cláudio: As duas coisas se juntaram; até a escolha da Semana da Pátria está ligada a isso, não foi casual, certo?

Daniel: Quando houve a deliberação, na direção, pelo seqüestro, entendeu-se que o ideal seria realizar a ação na Semana da Pátria.

Silvio: *Por quê?*

Daniel: Porque era uma maneira de organizar uma grande ação de propaganda armada, que bateria de frente contra a grande ação de propaganda da ditadura.

Franklin: E dava tempo, era o tempo de preparar e fazer.

Daniel: Ainda não tínhamos o dado, que só veio nos fortalecer, da doença do Costa e Silva. Porque aí subiu aquela junta – sopa no mel, porque essa junta estava fragilizada, então na Semana da Pátria vai tentar fazer, naturalmente, como sempre se fazia, grandes operações de propaganda. E nós batemos com a nossa ação de propaganda. Por isso é que a ação não se fez em 4 de setembro por acaso, foi para bater na Semana da Pátria. E quando fixamos então esse horizonte, delimitamos uma série de requisitos para fazer a ação: encontrar um bom aparelho para guardar o embaixador, todo mundo tinha que ter aparelho de reserva, os quadros todos, sobretudo os mais importantes, tinham que ter aparelhos de reserva além dos seus.

A junta militar formada pelos ministros Lyra Tavares (Exército), Augusto Rademaker (Marinha) e Márcio de Souza e Mello (Aeronáutica).

Paulo: Orientações que não foram levadas à prática.

Daniel: Mas aí é que está. Fomos nos aproximando do momento da ação, que era na Semana da Pátria, tínhamos um *deadline*, e muitas...

Manoel: Algumas coisas tiveram que ser...

Daniel: Algumas não, muitas, infelizmente, não estavam completas. Mas decidimos arriscar mesmo assim, porque considerávamos...

Paulo: Agora, a casa tinha um furo.

Franklin: Aqui entre nós, eu não acho a casa um problema grave.

Manoel: Na hora da preparação da ação, quando nós perguntamos como é que era a casa: "A casa é perfeita, ninguém conhece, nunca foi usada." Isso eu acho que foi uma falha...

Daniel: Essa dimensão é importante para entender a relativa fragilização da organização no momento de fazer a ação, porque tínhamos receio de perder a Semana da Pátria, e já não seria um grande momento. Porque quando pensamos a ação, a junta ainda não existia, mas quando passou a existir foi um ingrediente a mais a recomendar a ação o mais rápido possível.

MANOEL: Para justificar a ação, claro.

DANIEL: Inclusive a gente soube depois que o Rademaker era contra a troca, e o Lyra disse: "Não, vamos trocar."* Quer dizer, se no dia seguinte, ou no mês seguinte, quando fôssemos fazer a ação, a ditadura já tivesse se recomposto com um ditador único...

FRANKLIN: Talvez não trocasse.

DANIEL: Talvez. Talvez trocasse, talvez não trocasse. Isso é para explicar, porque às vezes: "Como é que eles foram fazer a ação com condições tão

A casa na rua Barão de Petrópolis 1.026, Rio Comprido, onde o embaixador Elbrick foi mantido prisioneiro.

*A junta militar que assumiu a Presidência da República em 31 de agosto de 1969 era composta por Augusto Rademaker, ministro da Marinha; Aurélio de Lyra Tavares, do Exército; e Márcio de Souza e Mello, da Aeronáutica.

lamentáveis, do ponto de vista organizacional?" Isso não era ignorado por nós. Resolvemos apostar.

Franklin: O negócio é o seguinte, quando decidimos fazer essa ação tão grande, de impacto tão grande, não quisemos fazer sozinhos. Procuramos a VAR, lembra? A VAR estava em processo de congresso, furou não sei quantos pontos. E procuramos a ALN. Com a VAR não conseguimos fazer um contato que frutificasse, e acabamos fazendo com a ALN. Mas no processo da ação nós definimos algumas coisas: tinha que ter a casa, tinha que ter isso e tal. Eu, pessoalmente, não vejo problema na casa, não.

Na verdade, a casa tinha um problema, que era o seguinte: a gráfica não tinha que estar ali, ela tinha que ter sido retirada dali, é evidente! E era para ter sido retirada. Lembro que, na véspera, eu perguntei para o Gabeira, que era quem morava na casa, com o Baiano: "E aí?" E ele: "Não consegui tirar a gráfica." Mas como não conseguiu? A gente diz gráfica, parece que é o seguinte...

Paulo: Era uma offset.

Franklin: Era uma Multilite, uma offset. Aquilo ali botava na Kombi e tirava. Aquilo foi um erro. Outro problema: estava definido que um dos carros a serem expropriados ia ser uma Kombi. Não se expropriou uma Kombi, na véspera não se tinha conseguido expropriar a Kombi, e se decidiu fazer com a Kombi que servia à gráfica. Isso, sim, foi um problema.

Agora já que estamos falando na casa, eu queria falar uma coisa, que eu sei que vocês vão achar uma heresia; todo mundo para quem eu falo isso acha que é uma heresia, mas eu, pessoalmente, acho que eles não tinham certeza de que o embaixador estava ali.

Paulo: Eu tenho certeza, absoluta certeza, você sabe disso. A repressão nunca descobriu a casa, descobriu depois.

Franklin: Foi uma das casas que eles campanaram.

Paulo: Por que a casa era suspeita? Eu fui interrogado sobre a casa. Eles tinham um levantamento de 200 casas; nunca mais esqueci esse número.

Franklin: Duzentas? Eu achava que eram menos.

Paulo: Duzentas casas. E a denúncia que tinha contra aquela casa era lenocínio.

Franklin: Lenocínio, claro!

Paulo: Era lenocínio. Por quê? Porque tinha uma mulher que era dona da casa e entrava uma garotada lá, entrava e saía.

Franklin: Todo mundo que escreve a história do seqüestro diz que os caras já sabiam. Eu conversei com o Elio Gaspari, ele diz: "Eu conversei com vários militares..." Eu digo: "Eu estou seguro, não sabiam." Por que é que estou convencido de que eles não sabiam?

Daniel: Os militares é que dizem isso, que eles não sabiam?

Franklin: Não, eles dizem que sabiam. Duas coisas. Primeiro, é o seguinte: eles fotografaram, eles botaram aquele carro fazendo campana lá o tempo todo.

Daniel: Depois.

Franklin: Não, durante. O episódio de que foi o pessoal do Cenimar lá. Eles botaram o carro que ficou fazendo campana, uma Rural.

Paulo: Todas as bocas de túneis tinham aquilo.

Franklin: Não, não, eu não tenho dúvida. Mas eu acho que eles fizeram a campana em diversas casas. Por quê? Duas coisas pesam aí. Que eles tivessem a orientação: "Não mexe, não ataca que nós não podemos botar em risco a vida do embaixador", tudo bem. Mas, na hora que nós largássemos, tínhamos que ter sobre nós um cerco operacional brutal. Não teve nada, absolutamente nada.

Daniel: Se eles tivessem certeza, teria.

Franklin: Claro, teria, é evidente. Não teria na casa, mas teria na região. Meu aparelho para me esconder depois ficava também em Santa Teresa. Então, depois de cobrir os pontos, eu voltei. E o que subia de carro da polícia para Santa Teresa era uma barbaridade, porque aí é que eles tiveram certeza de que foi lá.

Bom, mais tarde, um dia, conversando com o Dickson Grael, coronel, que era o cara dos pára-quedistas que tentou a ação para impedir a saída, ele disse: "Se dependesse de mim, nós tínhamos entrado lá e estourado aquilo tudo." Eu disse: "Dickson, mas vocês não sabiam que era ali. Sinceramente, você sabia que era naquela casa, na Barão de Petrópolis?" Ele disse: "Não, não." Ele não sabia. Pode ser que alguém soubesse, mas olha, sinceramente, não sabiam. Todos os livros dizem que sabiam, mas não sabiam.

Daniel: Isso parece muito forte. Se eles soubessem, não teriam invadido, para não matar o embaixador, para não correr o risco, mas teriam feito um cerco muito violento. Vocês poderiam até ter escapado, mas teriam visto esse cerco.

Cláudio: Eles mandaram os caras lá para checar. Se eles já soubessem, não iam mandar o cara bater na porta. O cara do Cenimar bateu na porta.

Franklin: Mas pode ser que eles não soubessem e quando bateram na porta ficaram achando. Mas eu acho que eles ficaram desconfiados de que podia ser ali e podia não ser. Na nossa saída, porém, ficou claro: estava o embaixador. Então, o que acontece? Nós passamos, o nosso carro, que era o carro que ia sair na cobertura, por trás, o carro deles estava no meio do matagal, nós subimos por uma ruazinha, nós os víamos, eles não nos viam. Nós passamos, entramos no carro. Quando saiu o embaixador, aí é que eles se tocaram e saíram. Mas eles saíram mantendo certa distância, para entender o que estava acontecendo.

Silvio: *Por que o Marighella,* comandante da ALN, não foi consultado sobre uma ação de tal envergadura?*

Paulo: Eu tenho a minha avaliação pessoal, que é subjetiva, evidentemente.

Cláudio: O factual é que ele não estava em São Paulo.

Paulo: Ele estava no Rio. Eu acho que foi o seguinte: tinha uma concepção na ALN da autonomia tática. E o Toledo,** na minha avaliação, ficava numa posição ofuscada diante do Marighella.

---

* Carlos Marighella era o principal líder da ALN, organização que negava o formato leninista de partido hierarquizado e se baseava na relativa autonomia de ação das bases de militantes.

** Toledo era o codinome de Joaquim Câmara Ferreira na ALN.

Manoel: Não fale isso não...

Paulo: É a minha avaliação, do que eu vivi ali. Na primeira reunião eu não estava, mas na segunda reunião para discutir o seqüestro eu já estava. Eu estava na reunião da coordenação da ALN que decidiu participar do seqüestro. E a impressão que me ficou o tempo todo era de que seria uma grande ação que ele, Toledo, que era o dirigente regional – porque não foi convocada a ALN, mas a ALN de São Paulo. E o comandante da ALN de São Paulo era o Toledo.

Cláudio: E para nós, e para vocês também, havia uma grande distância, comparativamente, entre a ALN de São Paulo e a ALN do Rio.

Paulo: Tinha. Então houve, naquele momento, uma grande oportunidade de mostrar que ele, Toledo, não era só um burocratinha. Era um cara que tinha condições de fazer uma ação, de participar de uma ação. Tanto é que ele fez questão de ir para a ação. Porque ele poderia perfeitamente ter liberado todo mundo para a ação. Ele fez questão de ir para a ação e de ir para a casa.

Cláudio: Eu queria completar a avaliação do Paulo de Tarso. Quando já estávamos na casa e já estava definido que o comando da operação seria feito pelo Virgílio, eu vi o Toledo quase implorando ao Virgílio para deixá-lo participar da ação. E o Virgílio negou, disse que não era necessário, que não ia expô-lo. Ele estava extremamente chateado por não poder participar da operação da captura do embaixador. E o Virgílio não permitiu.

Manoel: Eu acho que isso só mostra a consciência pessoal dele da importância do que estava acontecendo. E o desejo de estar ali.

Cláudio: Isso fazia parte do *ethos* da época: o dirigente revolucionário que não fizesse ação tendia a ser desvalorizado.

Paulo: Ele queria participar, fez questão; ele se colocou ali e foi mesmo. Participou.

Franklin: Não só participou, como comandou.

Manoel: Eu acho que a participação dele foi como um certo comissário político.

Cláudio: Exatamente.

Paulo: O Marighella não soube porque o Toledo não contou. Quem tinha contato com o Marighella, quem poderia informar ao Marighella, não era eu, não era você, era ele.

Manoel: Concordo com você.

Paulo: Foi uma decisão do Toledo não informar ao Marighella.

Manoel: Não é uma decisão: o Toledo não informou.

Paulo: Uma decisão dele.

Manoel: Às vezes teve alguma dificuldade. E aí é que eu acho irresponsável nós falarmos: "Ele não informou porque queria os méritos." Porque ao não informar cometemos um erro terrível, terrível! Quer dizer: o nosso dirigente máximo estava na cidade onde ia acontecer tudo aquilo e não estava...

Daniel: Podia cair.

Manoel: Podia cair! Um erro terrível. Foi o erro que ele nos cobrou, e nós baixamos a cabeça.

Paulo: Deu bronca!

Manoel: Deu bronca.

Silvio: *Como ele reagiu?*

Manoel: Basicamente, derrubamos toda a ofensiva dele, porque ele veio ofensivo, levantando a questão de segurança. Ele tinha que ser avisado, por uma questão de segurança. Não bastava usar peruca, ele tinha que tomar outras precauções durante uma ação desse tipo. Mas derrubamos toda essa argumentação dele, dizendo: "O revolucionário não precisa pedir licença a ninguém para fazer a revolução, Marighella..."

Paulo: Ele estava muito bravo. Quem o levou para a reunião fui eu. De onde eu peguei e até levar, o comentário...

Franklin: Levando esporro dele.

Paulo: Levando esporro!

Cláudio: Eu acho que a interpretação do Paulo de Tarso tem muito a ver com o Toledo. Numa conversa que tive com ele, durante o almoço em São Paulo, ele me deu a impressão de uma pessoa extremamente... Era como se ele tivesse jogado a maior parte da vida dele fora, fazendo política partidária, fazendo movimento social. Ele dizia: "Por que é que eu não sou mais jovem?" Era um desgosto que ele tinha de já ser um cara idoso, não poder estar lá no grupo de fogo. Ele tinha essa mágoa, de ter perdido o bonde, digamos, de ser tão velho que não podia pegar em arma, não podia fazer ação armada.

Franklin: Eu conheci o Toledo ali. Ele comandou a operação do ponto de vista político. O problema é que, pela nossa ideologia da época, pelo militarismo da época, o comandante militar é que era o bom... Mas, do ponto de vista da ação, o comando político tinha eu, representando a Dissidência, e tinha o Toledo, representando a ALN. Todas as questões de fundo, políticas, foram discutidas ali. Primeiro: manifesto. Bota isso, não bota isso etc. De modo geral ele achou muito bom o texto do manifesto.

Daniel: Mas há uma lenda de que ele só disse: "Está ótimo!"

Franklin: Não, ele disse "está ótimo" e propôs uma coisa importante: "Precisamos botar alguma coisa aqui, fazendo uma advertência aos torturadores." Então foi incluído aquele negócio no final, eu incluí: "Os torturadores ... ponham as suas barbas de molho, olho por olho...", que virou o final. Segundo: a discussão da lista. Porque nós tínhamos definido 10 nomes. Mas, quando começamos a discutir os nomes, chegamos a 13. Então o Toledo disse: "Mas por que 13? Vamos para 15." Desde o primeiro momento, quando começamos a discutir a lista, nós trouxemos o nome do Gregório Bezerra, do Ibrahin; achávamos que a lista tinha que ser uma coisa ecumênica, representativa.

Paulo: Para mim, Gregório Bezerra teria sido uma sugestão do Toledo.

Franklin: Não, eu tenho segurança, não tenho dúvida nenhuma. Ele também não ficou: "Não, deixa eu ver..." Não, ele achou ótimo. Eu acho que o Toledo tinha a mesma idéia. Na conversa, na hora que eu, por exemplo, disse que tinha que ver nomes da VPR, ele pegou o nome do Onofre... Ele já tinha, também, uma visão, entende? O Gregório, eu tinha uma admiração pelo Gregório, era um mito para mim. Ele disse: "Mas claro, ótimo!"

Teve nomes que ele disse: "Olha, tem um cara aqui que eu preciso botar na lista, não é porque eu acho que ele merece não, mas nós temos que tirar ele de lá, porque ele sabe muito e pode criar problema." Para mim, aquilo ali, por exemplo, foi um negócio que eu disse: "Pô..." E ele: "Não, mas nós precisamos." E o nome entrou.

Cláudio: Toledo me pediu o seguinte: "Olha, nós estamos com dificuldade de pegar os dois últimos nomes. Mandei uma pessoa a São Paulo pegar os nomes lá, que nós temos, mas eu não sei os nomes completos, se está preso, se não está mais, onde é que está, mas talvez não chegue a tempo. Vocês não teriam dois nomes, para completar a lista?"

Paulo: Agora, por que vocês não esperaram eu voltar de São Paulo, com os dois nomes?

Cláudio: Isso é o seguinte: foi ele que tomou essa decisão. Ele tomou a decisão e disse assim: "Acho que não vai dar tempo, vocês não teriam dois nomes?"

Franklin: Então eu disse: "Olha, nós temos. Vamos botar a Guta, que é mulher. Agora, eu tenho um problema: para eu botar a Guta eu tenho que botar o Ricardo, porque eles caíram na mesma ação, aparentemente foi uma ação que a polícia não vinculou com uma coisa muito barra pesada, mas, se ela sai, a barra dele pesa imediatamente."

Silvio: *A partir do momento em que começou a preparação, chegou-se a pensar em desmobilizar a ação?*

Daniel: Lembro que eu tinha um grande receio. Sobretudo quando as nossas condições consideradas indispensáveis não foram preenchidas e a possibilidade de uma catástrofe aumentava, eu cheguei a ficar receoso, a ter dúvidas. Mas realmente aquilo era muito empolgante.

Franklin: Dois ou três dias antes do seqüestro, eu recebo uma *Tribuna de Debates* – no meio da coisa militar, tudo isso, tinha *Tribuna de Debates*, circulava, documentos contra a posição da Direção, tinha uma discussão política rica dentro da Dissidência. Aí eu recebo uma *Tribuna de Debates* de um companheiro, criticando o nosso imobilismo e falando das ações que outras organizações faziam. E terminava dizendo assim: "Temos que fazer como diria Danton: precisamos de audácia, mais audácia, sempre audácia... e ainda audácia!" Eu olho e digo: "Esse cara não sabe de nada!"

Manoel: Não perde por esperar...

Cláudio: Estávamos atrasados em propaganda armada, isso saiu na linha política de 69.

Franklin: Mas tem uma questão, do ponto de vista político, que foi crucial para termos decidido fazer a ação. Foi o seguinte: eles trocam ou não trocam? Quais são as chances de isso terminar bem, ou de terminar mal, quer dizer, eles não trocarem, e ficarmos diante da situação de ter que executar o embaixador? Entre nós, essa foi uma discussão que travamos muito e chegamos à conclusão de que a chance de que eles não trocassem era muito pequena. Politicamente, ainda mais naquelas circunstâncias, com a junta... Ou seja, nós fomos para a ação seguros. Podemos até dizer o seguinte: não devíamos estar tão seguros disso. Mas fomos para a ação seguros de que, do ponto de vista político, eles estavam numa armadilha, eles não tinham como sair daquilo e iam ter que fazer a troca.

Manoel: No momento em que nós quebramos a censura da ditadura e a imprensa começou a noticiar o fato e ler o documento, percebemos que estávamos ganhando a parada.

Daniel: No dia 4, à noite, eles declararam que estavam dispostos a negociar.

Manoel: E a partir dali foi só uma tramitação normal pelo rito da ação.

Cláudio: Normal não. Teve brigas internas entre eles muito fortes.

Daniel: Entre nós três, a minha avaliação era de que o Franklin era o mais entusiasmado e o Cláudio ficava um pouco entre mim e ele.

Paulo: Em São Paulo não houve uma discussão mais ampla. Eram três, quatro pessoas que faziam parte da chamada Coordenação Regional da ALN.

Manoel: Eu próprio fiquei sabendo da ação na via Dutra, já vindo para cá, foi ali que me contaram o que eu vinha fazer no Rio, já vindo para participar da ação.

Paulo: Num fusquinha, com as armas embutidas nas portas.

Daniel: E vocês não receavam as conseqüências para a ALN?

Manoel: Nós nem informamos a ALN do Rio.

Paulo: Quando houve a discussão, quando foi colocado que havíamos recebido o convite para a ação, tinham três, quatro pessoas, que tomaram a decisão. Acabou. É isso. Vamos? Vamos!

Cláudio: A única dúvida que a ALN teve foi se a Dissidência era suficientemente confiável para fazer a operação com eles.

Manoel: Perfeitamente justificável.

Paulo: E eu fui um dos avalistas de vocês.

Cláudio: Agora, se os caras não aceitassem a troca, nós executaríamos ou não o embaixador? Essa pergunta foi feita para mim no Cenimar, no intervalo de duas sessões de porrada.

Manoel: Babaca, famosa pergunta babaca. Não tem dúvida!

Franklin: Não tem dúvida nenhuma: a decisão era de executar. Você pode pensar: podia na hora o cara tremer? Sim, mas a decisão era de executar. Isso eu não tenho a menor dúvida. E felizmente não chegamos a isso. E ele não tinha dúvida nenhuma sobre isso.

Cláudio: Eu fui questionado sobre isso dentro do Cenimar, no meio da porrada. E o cara me perguntou, o cara da Marinha lá: "Você executaria o embaixador?" E eu olhei pra ele e disse: "Sim, eu cumpro ordens." Se me mandassem executar, eu executaria.

Franklin: Bom, e é a lógica, ele entendeu perfeitamente.

Cláudio: É a lógica dele. Ele aceitou tranqüilamente.

Silvio: *Como se comportou o embaixador?*

Franklin: Eu tenho admiração por ele. Ele é o que nos Estados Unidos se chama um liberal. Tinha uma visão contrária à Guerra do Vietnã. Ele não tinha noção da gravidade da situação no Brasil. Não estava há muito tempo aqui, acho que há um ano, mais ou menos; ele não tinha noção. Os relatos foram sendo feitos, sobre torturas etc., e ele ficou muito chocado com aquilo. E sentia que tinha criado uma coisa genuína, sincera, da parte dele, um interesse. Isso por um lado. Agora, por outro lado, ele sabia que podia morrer a qualquer momento. Ele não tinha dúvida nenhuma de que seria executado. E o curioso é que no meio disso se estabeleceu uma relação altamente respeitosa, rica, de ele entender o que era o Brasil, nós entendemos o que era a cabeça de um funcionário do Departamento de Estado, um cara preparado, mas ao mesmo tempo com uma visão democrática. O primeiro dia foi muito tenso, a primeira noite, interroga, abre pasta, não tinha nada de extremamente relevante naquele material.

Manoel: Tinha!

Franklin: Tinha? O que você acha que tinha?

Daniel: Corre uma lenda de que havia documentos altamente comprometedores.

Manoel: Lenda, não, eu vi! Os documentos estavam lá, nós perguntamos o que era. Ele falou: "Não, isso não tem nada a ver comigo, é coisa da CIA, eu sou um funcionário."

Franklin: Mas eram documentos de avaliação política.

Manoel: Avaliação política de uma série de personalidades.

Cláudio: Beltrão era um deles, eu lembro de ter visto a ficha do Beltrão lá.*

Manoel: Beltrão, descartado por corrupção. Ele falou: "Nós estamos muito preocupados, a CIA está muito preocupada com o andamento, o desfecho da situação brasileira, e isso aí faz parte de a gente estudar uma alternativa civil para o Brasil."

Paulo: Até o dom Hélder estava lá.

---

* Hélio Beltrão, economista e advogado, responsável pela reforma administrativa do governo Castello Branco e ministro do Planejamento de Costa e Silva, foi um dos signatários do AI-5.

Manoel: Dom Hélder, Caio Prado Júnior...

Daniel: Se disse muito que o governo brasileiro, botando a mão nessa documentação, não permitiu que ele continuasse aqui, quase que o convidou a se retirar.

Cláudio: Durante o meu interrogatório, já tinha passado a fase mais crítica, veio um cara do Cenimar, oficial de Marinha, com um gravador e pediu o meu depoimento exclusivamente sobre o comportamento do embaixador. Eu estava incomunicável ainda, mas a fase violenta já tinha passado. E o cara veio sozinho, só para isso, aparentando assim um bom-mocismo, só me perguntar isso: qual tinha sido o comportamento do embaixador. E eu respondi assim: "Foi um comportamento digno para as circunstâncias." Foi só o que eu falei.

Manoel: Quando estive aqui no DOI-Codi, para aguardar o julgamento da ação na Auditoria, o pessoal do PCBR e da DI que estava preso ali também, na cela coletiva, nos contou que o embaixador fez uma série de revelações de contra-informação para a polícia: disse que o quarto tinha enfeites de gesso, não sei o quê, contra-informando. Disse que estávamos de capuz, e aí ele não conseguiria...

Cláudio: Deixa eu confirmar isso que o Manoel Cyrillo está dizendo. O cara, quando veio me interrogar, me disse o seguinte: "Aquele filho 'de tal' do embaixador não quis nos ajudar. Nós sacrificamos tudo para manter a vida dele, e ele não nos ajudou." O cara do Cenimar falou isso. "Ele sequer nos ajudou, disse que vocês estavam de capuz durante todo o tempo."

Franklin: Eu usei capuz o tempo todo com ele; sei que teve quem não usasse. Eu usei, o tempo todo. E olha que conversei com ele até dizer chega, mas usei capuz o tempo todo.

Daniel: Não vamos considerar o Jonas? Um personagem fundamental, que foi massacrado.

Cláudio: Eu acho que é um lugar-comum entre nós aqui o respeito e a admiração que temos em relação a essas duas personagens que participaram da operação: o Virgílio Gomes da Silva, que foi quem comandou – o Jonas, é o nome de guerra pelo qual o conhecíamos; e o Joaquim Câmara Ferreira, o Toledo. Foram personalidades que nos marcaram, pela eficiência, firmeza, dedicação. São companheiros que hoje teriam boas contribuições a dar nessa discussão, mas que infelizmente foram assassinados pela ditadura.

Franklin: Numa ação militar, o que você espera de um comandante? É que o comandante tome as decisões corretas, tenha os pés no chão, tenha a cabeça fria, não se deixe levar pela confusão e saiba onde quer chegar.

Paulo: E inspire confiança.

Franklin: E inspire confiança, segurança. Olha, eu vou dizer o seguinte: eu senti segurança total de ser comandado por ele. E olha que nós estávamos em circunstâncias difíceis, nós sabíamos que tinha gente ali fora. Ele reuniu, conversou. Ou seja, não tinha cara melhor ali para comandar aquela ação do que ele. Vocês tinham uma relação antiga já, tinham participado de ações, de operações. Nós não tínhamos nenhuma.

Cláudio: Ele dava um voto de confiança para os companheiros que estavam fazendo a operação. Ele partia do princípio de que todo mundo sabia fazer a sua tarefa e ele confiava na pessoa. Quando pegamos o carro da embaixada, era um carro hidramático, automático...

Franklin: Você enfiou o pé no freio, né?

Cláudio: Exatamente! Que é que acontece: eu fui embrear o carro na esquina e, em vez disso, só tinha um pedal, enfiei o pé no freio. Você lembra disso, Manoel?

Manoel: Lembro.

Franklin: O carro deu uma parada assim...

Cláudio: O carro: ehhhhh! E ficou balançando. Alguém lá atrás, eu não lembro se foi você...

Paulo: Não, eu estava do lado.

Manoel: Eu, eu e o Jonas.

Cláudio: "Que é que houve, alguma coisa?" "Não, não foi nada, não, eu botei o pé no freio em vez de embrear." Ele foi tranqüilo. Ele viu que eu estava tranqüilo, calmo, que não tinha havido nenhum problema, e deixou eu seguir. E depois, na retirada do embaixador, ele só me disse o seguinte: "Você vai dirigindo. E tem uma cobertura nossa atrás. Não se preocupe em tomar nenhuma atitude armada. É função da cobertura fazer isso. Pode ir." Quer dizer, você sente exatamente a competência da pessoa em fazer aquilo que ela está fazendo.

Franklin: Eu acho que poderia ter uma coisa da parte dele, confiar mais no pessoal da ALN, que seria até normal da parte dele. Mas não teve absolutamente nada disso.

Cláudio: Agora, lembro até de um recado que ele nos deu, que marcou também, que eu considero positivo, faz parte daquilo que se esperava naquelas circunstâncias de um comandante militar. Ele disse assim: "Olha, se houver algum problema de que, por desobediência a uma ordem minha, ou por vacilação, algum de vocês colocar em risco a operação, não pensem que eu vou ficar esperando pela justiça revolucionária, mais tarde. Eu executo na hora." Mas isso, no contexto da última reunião, de preparação para ir assaltar o carro, para ir capturar o cara. Quer dizer, naquele contexto, eu acho que pegou bem, senti firmeza: "Esse cara comanda mesmo!" Eu me senti seguro, esse cara sabe comandar. Olha, eu acho que o sucesso operacional do seqüestro se deve, em grande parte, à ação do Virgílio.

Franklin: A captura, ela é uma operação militar, em si, simplíssima, não tinha problema nenhum. No entanto, os quatro dias seguintes, a manutenção etc., isso não era simples. É uma coisa dilatada no tempo, chega polícia... É evidente, não é algo de confronto, mas é de tensionamento permanente. E dentro da casa, por acaso, nós estávamos nervosos? Não, o clima era de absoluta determinação, tranqüilidade, segurança. O que se transmitia para o próprio embaixador, que ficou tranqüilo, seguro. Isso tudo tem a ver, evidentemente, com o comando. Se tivesse um comando elétrico, inseguro, aquela casa ali explodia.

Manoel: Quando percebemos o carro lá no mato, o que é que fizemos? Ampliamos os plantões de vigilância, criamos uma escala.

Franklin: Agora, tem o momento em que a coisa é muito curiosa, quando temos a certeza de que... É o dia 7, né? Os presos chegaram ao México, ou seja, a operação, do ponto de vista dos seus objetivos, tinha sido completada. Já tinham lido o manifesto etc. Ganhamos. Mas agora tem o pepino, que é o seguinte: como é que saímos daqui e voltamos para casa? Nós sabíamos que tinha alguém ali fora. Qual era a intensidade do cerco? O que é que havia? Bom, aí é a decisão: vamos tirar no final do jogo,* que é o momento em que podemos ter melhores condições. Aquele dia para mim foi muito tenso! É a espera, que durou de dez da manhã às cinco da tarde. A espera pelo momento que vai ser crucial do ponto de vista do desfecho da operação, de sobreviver ou não sobreviver. Você atingiu os objetivos, mas agora tem a sua modesta cota pessoal nessa história. E esperar, e a tensão, porque você não tem nada a fazer senão esperar.

Cláudio: E ali tem aquele episódio da segurança, da Rural lá. Não sei se você lembra, você estava no carro, né?

Paulo: Eu estava no outro carro. Eu estava no carro atrás do embaixador, atrás do seu carro.

Cláudio: Mas acontece que, exatamente por causa do jogo, quando eu cheguei no cruzamento, eu esperei o sinal fechar para mim. Quando o sinal fechou para mim eu atravessei. Então os caras que vieram atrás não conseguiram passar, porque aquele fluxo de tráfego que vinha do Maracanã inviabilizou.

Franklin: O seu carro estava onde?

Paulo: Atrás dele. Eu fiquei toureando a Rural Willys.

Franklin: Mas você passou também?

Cláudio: Não, ele não passou, o carro dele é que tinha que me dar segurança. Eu passei sozinho ali, não foi ninguém atrás de mim.

Franklin: Você era o segundo carro.

Paulo: Eu era o segundo carro.

Franklin: Quando ele passou ali a rua, você não passou. Aí vocês botaram uma metralhadora para fora.

---

* Naquele 7 de setembro o Maracanã lotou para assistir ao jogo do Cruzeiro, campeão mineiro, enfrentando o Fluminense, campeão carioca de futebol.

Paulo: É outro carro. Meu carro era o seguinte: estava o Toledo, eu, que ia dirigindo, eu mandei o Toledo e o Gabeira se abaixarem, porque eu estava achando que vinha tiro. E então segurei o carro nesse farol.

Franklin: E o carro deles atrás?

Paulo: Atrás de mim. Aí eu fui embora e ele virou.

Franklin: Não, não, ele fugiu de nós. Eu tinha dúvida se era o carro de vocês, na frente. Porque o que acontece é o seguinte: eles não tinham reparado que nós estávamos atrás. E aí, quando vocês passam, eles viram e reparam que nós estamos atrás. Aí eles piscaram, piscaram. O Bené [Manoel Cyrillo] vira para mim e diz assim: "Vamos dar combate. Qual é o lugar melhor?" Então eu disse: "Passando aqui vai ter o Hospital da Aeronáutica. O problema é que no Hospital da Aeronáutica vai ter um soldado lá – que nós, inclusive, já roubamos a metralhadora dele –, mas ali é o melhor lugar." Então ele disse: "Vamos fazer o seguinte..." Eu acho que era o Cid que estava dirigindo, então virou para o Cid e disse: "Na hora que passar, você acelera, ultrapassa, nós vamos frear, você joga uma bomba e eu vou dar uma rajada de metralhadora." Eu olhei e disse: "Isso não vai dar certo, não existe a menor... Mas eu também não vou ficar discutindo aqui, seja o que Deus quiser." Felizmente, os caras medraram, pularam fora.

Daniel: Mas vocês tinham dúvida se a casa tinha caído ou não?

Franklin: Nós sabíamos que estávamos sendo observados o tempo todo, imagina, o carro lá. Qual é a intensidade do cerco, é esse cara aqui ou tem um esquema monumental quando sairmos? Eu achava que teria um esquema monumental.

Cláudio: Das 200, eles devem ter selecionado umas três de alta probabilidade, uma das três era a casa, com certeza.

Daniel: Alta probabilidade?

Manoel: O general que fez o IPM falou para mim, lá no Dops de São Paulo, que eles tinham 15 casas e selecionaram cinco. Números do general.

Paulo: Na minha época eram 200 casas que tinham denúncias.

Daniel: Isso os arquivos podem mostrar no futuro, porque eu tenho a impressão de que houve uma orientação de cima, de que essas cinco casas não podiam sofrer um cerco, porque quando você faz um cerco desse tipo, as probabilidades de derrapagem são muito grandes.

Franklin: Podia não ter o cerco operacional, mas o cerco tático teria.

Paulo: Daquele pessoal da casa eu era talvez um dos mais tranqüilos. Primeiro, porque eu estava fora. Eu fui ali, debaixo do poste de luz tinha um Kharman Guia vermelho, com um casalzinho namorando, já na baixada. Essa Rural Willys eu cansei de ver, várias vezes, já estava meio escuro, ela com a luzinha vermelha em cima. Isso tinha em todas as bocas de túnel, que eu vi. E então, quando paramos o carro, começou a descer gente, o Franklin saiu da casa e veio até o carro, se eu não me engano.

Manoel: Não, não, nós saímos na frente.

Franklin: Nós saímos antes de todo mundo.

Paulo: Mas tem um momento que vocês estão na rua, caminhando, eu já estava lá. O cara do Kharman Guia sai queimando. Eu acho que tinha metralhadora exibindo, tinha arma.

Franklin: Não, ficou evidente que nós estávamos armados, com metralhadora.

Paulo: E o cara lá da Rural Willys, na maior. Aí sai o embaixador, entra no carro. Quando está descendo o carro é que eu vejo a Rural Willys, já tava descendo o carro.

Franklin: Ela pulou de fora do mato, passou na nossa frente, assim a uns 30 metros.

Cláudio: Deixa eu dar uma interpretação minha aqui. Eu acho que nós fizemos isso, retiramos ele, o que aconteceu foi que os caras amarelaram, concretamente eu acho isso. Agora, eles achavam que tinha alta probabilidade de o cara estar ali dentro da casa. Eu tenho até um diálogo com o cara do Cenimar, durante o interrogatório, que pode ter sido puro papo dele. Não vou, evidentemente, tomar isso como referência de certeza, mas ele disse o seguinte – e foi por isso, inclusive, que ele veio me perguntar se a gente ia executar, e eu disse que sim. Ele disse que receberam ordens de não intervir. Que estavam com agentes especiais, fuzileiros, tropa de elite, e que queriam intervir e receberam ordem de cima para não intervir. Foi o que o cara me disse.

Daniel: Essa hipótese das cinco casas é plausível, mas os caras tinham homens para montar cercos operacionais em cinco casas. Por que eles não fizeram? É muito provável que tivesse havido uma orientação geral de não intervir. Porque eu sustento que esse negócio de fazer cerco é perigoso. Os caras já estavam com os presos, já tinham lido o manifesto, iam perder a vida do embaixador por uma questão de...

Franklin: Depois que a gente largasse, "poft" em cima.

Cláudio: Isso, exatamente. Era isso. Aí é que eu acho que eles amarelaram.

Franklin: Eu concordo que não é fácil, mas era o que eu faria: "Eu vou dar o troco nesses caras. Depois que eles soltarem, eu monto um cerco."

Daniel: E se o seqüestrador fica nervoso, percebendo o cerco, e mata o embaixador?

Franklin: Mas eu não quero provar nada, é só uma tese que eu tenho.

Paulo: Eu parei o carro ali, o embaixador continuou depois, eu fui, porque sabia para onde ia; eu cheguei lá, acompanhei a saída deles, os caras não me seguiram.

Franklin: Nosso carro aqui teve mais, porque como nós perdemos, nós passamos ali pela rua Barão de

O embaixador Elbrick chega em casa de táxi, após ser libertado nas ruas da Tijuca, na noite de 7 de setembro de 1969.

À esquerda: Charles Elbrick entrevistado ao chegar à residência diplomática. *À direita:* O ministro das Relações Exteriores Magalhães Pinto cumprimenta Charles Elbrick, recém-libertado.

Itapagipe, entramos nela e saímos ali pela Tijuca, procurando, para dar cobertura, ainda. Até que: "Vamos parar, botar o carro em algum canto, porque daqui a pouco vai estar tudo isso aqui coalhado." E nada!

Paulo: Nada. Nós nos despedimos do embaixador, eu desci do carro, eu até me despedi dele, pô!

Cláudio: Ainda como hipótese, veja: se você tem uma ordem lá de cima para não intervir, qualquer intervenção sua que dê errado você se ferra. O primeiro ponto é esse. Segundo ponto: os caras já não são muito corajosos, se tiverem ordem para intervir já vai ser um problema. Agora, se não tiverem, eles vão arriscar a vida para nada.

Silvio: *E a morte do Marighella, que aconteceu exatamente dois meses depois do seqüestro do americano, que impacto teve sobre a ALN?*

Paulo: Eu estava preso, então eu soube de ouvir contar pelos novos companheiros que chegaram presos. Mas foi determinante para acabar com a ALN. A Dissidência da Guanabara não tinha liderança expressiva como era o Marighella. Então, a morte do Marighella foi uma perda irreparável para nós. E, mais uma vez, infelizmente, também acabou sendo por não cumprir aquilo que estava previsto nos princípios básicos da organização, de segurança e tudo o mais. Porque ele não esperou um aviso. Mandou um cara a Porto Alegre para verificar se estava havendo prisões dos padres. O cara chegou, estava entrando em São Paulo, e escutou pelo rádio que o Marighella tinha acabado de morrer.

Então, eu acho que essa perda, que foi a morte do Marighella, foi muito maior do que se poderia imaginar se fosse outra organização, com mais estrutura partidária, que não tivesse uma liderança tão expressiva. Ele galvanizava. O Marighella tinha a qualidade de atrair pessoas diferentes. Tinha desde milicos, passando por padres, velhos comunistas, a rede de apoio que ele tinha era muito significativa, tinha empresários, médicos, psiquiatras, eram pessoas que tinham muito a ver com ele. E concepções políticas completamente diferentes. Não tinha que ter uma unidade política para que se viabilizasse uma atividade conjunta, um projeto qualquer.

Ele se caracterizava exatamente por galvanizar coisas muito diferentes. Essa era uma qualidade que ele tinha. Então, quando o Marighella morre, o Toledo não tinha o mesmo tipo de vida, o mesmo tipo de relacionamento, porque o Toledo era um fenômeno mais paulista, e o Marighella era uma liderança nacional, mais abrangente. E o Toledo sempre tinha sido um homem de aparelho, paulista. Então, eu acho que a morte dele foi determinante para acelerar a desintegração da ALN.

Nesse projeto de luta armada, no geral, a morte dele foi um abalo muito grande. A partir dali, ninguém mais tinha a mesma segurança de pregar a luta armada como tinha com ele vivo, com aquele símbolo, aquela figura emblemática.

FRANKLIN: Do ponto de vista simbólico, da mesma forma que o seqüestro foi uma demonstração de que você pode derrotar o outro lado, a morte do Marighella, o assassinato do Marighella é a demonstração de que a ditadura podia dar a volta por cima e golpear profundamente o lado de cá. Num período curtíssimo, foram dois grandes momentos simbólicos.

SILVIO: *Eu queria dividir com vocês uma coisa que descobri pesquisando no Arquivo Público do Estado de São Paulo. É um dossiê do Dops datado de 16 de janeiro de 1969. O Marighella seria assassinado no dia 4 de novembro daquele ano. O item intitulado "Investigações" tem o seguinte teor:*

> As primeiras investigações desse serviço levaram à pessoa do médico Antônio Carlos Madeira, elemento de ligação entre a Direção Estadual da "Ala Marighella" e os líderes do interior. Nesta ocasião, soubemos que uma reunião de cúpula, da

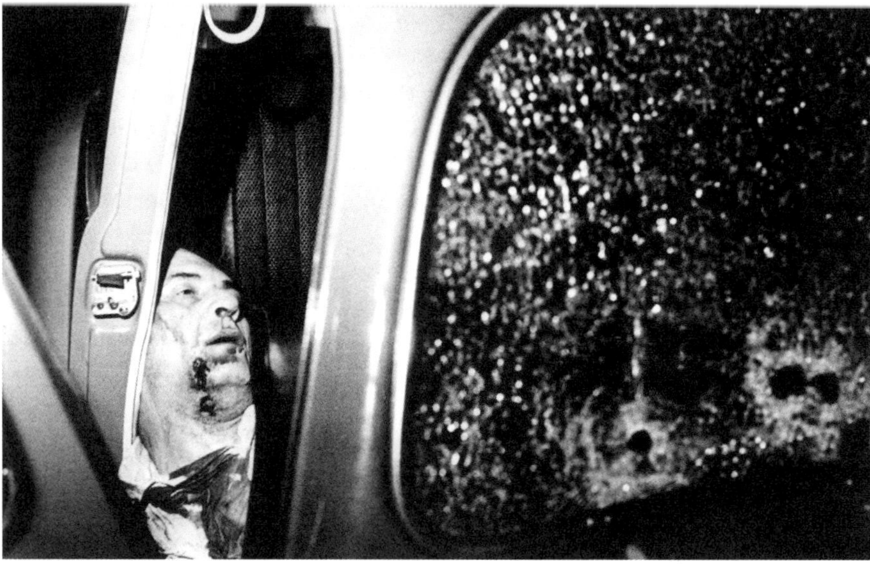

Carlos Marighella no interior do carro em que foi morto, na alameda Casa Branca, em São Paulo, na noite de 4 de novembro de 1969.

qual participaria o próprio Carlos Marighella, teria lugar nesta capital. O primeiro informe nos dava conta de que o mesmo se realizaria, possivelmente, no convento dos dominicanos, na rua Caiubi, em virtude da estreita ligação entre Madeira e os dirigentes daquele convento. Nestas circunstâncias, o Dops montou um serviço de observação em torno das atividades do médico, bem como no local, mas na data prevista o conclave não se realizou naquele convento.

Eu fiquei muito impressionado com a antecedência com que a repressão tinha o conhecimento das ligações entre o Marighella e os dominicanos do convento da rua Caiubi.

Franklin: Você sabia disso, Paulo? Que nessa época, em janeiro, eles já podiam estar...

Paulo: Não, que a polícia sabia, não. Mas eu sabia da bandeira que os dominicanos davam. Por exemplo, quando saiu aquele documento sobre a guerrilha rural, acho que foi o *JB* que publicou, de duas páginas, um documento enorme, do Marighella, eu freqüentava o convento.

Franklin: Isso foi quando?

Paulo: Em 1968. Eu cheguei no convento, de vez em quando eu almoçava lá com os padres. E estava o frei Oswaldo, na hora da refeição, lendo para todos os dominicanos presentes o documento do Marighella, em voz alta. Uma leitura coletiva, em pleno convento. Eu achei aquilo um absurdo, mas estava acontecendo ali.

Então, aquela vulnerabilidade já havia. Tanto é que quando eu cheguei no Dops e fui levado para o pau, o Fleury* pegou o telefone do convento, que eu tinha anotado no talão de cheques, e falou: "Você é um imbecil. É isso aqui que nós queremos."

Franklin: Eles interrogavam sabendo que aquilo levava ao Marighella.

Paulo: Não, eles sabiam da relação com o convento. E aí é que eles montam a campana.

Silvio: *Você cai uns 30 e poucos dias antes de o Marighella morrer.*

Paulo: Eu caio em 1º de outubro.

Silvio: *Ele morreu no dia 4 de novembro.*

Paulo: Então, mas naqueles meados, quando saí da Operação Bandeirantes e fui para o Dops, a Operação Bandeirantes passou batido, porque não tinha esse nível de informação. Quando os caras, eu acho, checando, pegaram o telefone, disseram: "Isso aqui é o convento." Era mais uma ponta que se fechava.

Então, já tinha indícios fortíssimos de que a repressão sabia. E o Marighella sabia disso, e o convento sabia disso. Isso não impediu que ele ligasse para a livraria Duas Cidades. Não podia ter ido ali, não podia nem ter ligado.** Mas acho que a ansiedade, imagina, o cara num aparelho, fechado.

---

* Sérgio Fernando Paranhos Fleury, delegado do Dops.

** A pedido de Marighella, Antônio Flávio Médici Camargo telefonou para a livraria Duas Cidades dando a senha para marcar um encontro com os dominicanos da base de apoio à ALN. Cercado de policiais, frei Fernando Brito atendeu e confirmou. Era parte de uma emboscada armada pelo delegado Sérgio Paranhos Fleury, que dois dias antes havia prendido Brito em companhia do frei Ivo Lesbaupin no Rio de Janeiro e os sub-

CLÁUDIO: Aquele tipo de vida que levávamos, aquilo tem um limite emocional e físico. Você começa a cometer erros inconscientemente. Você ultrapassa o limite da sua capacidade de tomar decisões, porque a pressão é muito grande durante muito tempo. Até isso eu acho que merece uma reflexão: a questão da propaganda armada feita sem um lastro social, seja de guerrilha rural, seja de uma estrutura urbana mais profundamente vinculada ao movimento social. Acho que nos isolamos de tal forma que os erros se tornaram inevitáveis. Não tinha mais como você avaliar, porque deixar de ir a um ponto podia significar outro enfraquecimento, podia significar toda uma ação que seria cortada. Então, você arriscava para ver a locomotiva continuar andando.

Na verdade, esse processo que vai do segundo semestre de 69 e adentra pelo ano de 1970 foi realmente o rescaldo de um processo de isolamento político em que nós entramos. E aí não cabe julgar quem tinha a estratégia X ou Y. Eu acho que simplesmente não tivemos a sensibilidade para perceber que estávamos dando um passo à frente, ou dois, três passos à frente daquilo que o movimento social nos permitia. Acho que avançamos demais. Até o final de 1968 havia perspectivas. Mesmo com o refluxo do movimento de massas, se tivéssemos tido flexibilidade, poderíamos refazer o caminho.

FRANKLIN: Acho que devíamos ter recuado. Do ponto de vista geral, nós erramos.

CLÁUDIO: Mas é muito difícil uma organização composta 99% de estudantes ter uma visão do conjunto da sociedade. Não é nem uma questão de construir ou não construir partido. É uma questão de ter conhecimento prático de como é que pensa um operário, uma dona-de-casa. Nós não tínhamos isso.

SILVIO: *Qual a avaliação que vocês fazem da ação, hoje?*

MANOEL: Eu acho uma das respostas mais importantes que nós já demos – nós, o povo – às arbitrariedades todas, ao que o Estado americano representa. Uma das mais importantes. Não se compara com a do povo vietnamita, não se compara com a do povo iraquiano, mas é algo de importância significativa, é algo muito marcante. E, infelizmente, nós brasileiros ainda

---

metera a severas torturas. Marighella foi crivado de balas ao comparecer ao encontro na alameda Casa Branca, na noite de 4 de novembro de 1969.

não estamos sabendo lidar com isso hoje, mas é uma questão de tempo, vamos encontrar...

DANIEL: Bom, eu acho que foi a maior ação da época e acho que ela exprime bem, simboliza muito bem aquele espírito ofensivo, revolucionário. Nessa dimensão, ela aparece realmente como a maior ação. Do ponto de vista da conjuntura, abstraindo outros elementos, ela foi muito bem pensada, no sentido de que conseguiu atingir todos os objetivos, globalizou as ações diversificadas que já tinham sido feitas. Aquilo apareceu claramente com a leitura do manifesto. Aliás, o manifesto é também uma peça dessa ofensiva, desse projeto ofensivo, muito clara. Isso apareceu para a opinião pública, conseguimos arrebentar com a Semana da Pátria e libertar os 15 presos. Foi uma ação limpa, ninguém morreu, ninguém saiu ferido. Foi uma ação muito bem executada, muito bem concretizada.

Agora, o espírito revolucionário que a animava não correspondia às demandas da sociedade. A sociedade não estava a fim de acompanhar uma ofensiva revolucionária que implicasse ações daquele tipo. De sorte que aqueles que fizeram a ação depois tiveram que sofrer as conseqüências, a repressão violenta que se abateu, com um nível de sustentação muito baixo. Porque se houvesse um grande apoio, se houvesse uma guerra revolucionária em curso, como fazia parte dos nossos discursos, e uma sustentação ampla na sociedade, os desdobramentos seriam outros. Como estávamos muito isolados, realmente, do ponto de vista social, a ação teve resultados catastróficos para as organizações.

Apesar disso, no imaginário da sociedade, a ação não é contabilizada pelas perdas humanas que gerou, mas pela audácia que representou, a bofetada que se deu na ditadura militar. Então, foi uma ação épica, nesse sentido.

PAULO: A dimensão da ação foi tão grande, seu impacto foi tão grande, que a contra-ofensiva que a gente sofreu foi brutal. A areia que nós botamos ali no ventilador foi muita para o caminhãozinho que tínhamos na época.

Eu tive a oportunidade de ficar fora da casa, do aparelho em que estava o embaixador, e ficar entre Rio e São Paulo, na rua. Estava vivendo o clima. E era uma coisa muito louca, uma euforia. Era assim: "Agora tem gente profissional aí!" Um amigo meu, jornalista, se dispôs a ajudar, porque tinha a certeza de que estava com profissionais, gente altamente gabaritada. Então, a dimensão que a ação teve, o impacto na mídia, o impacto internacional, foi um negócio marcante. Muita gente que não falava passou a comentar política, falar mal do governo, falar nos botecos, em tudo quanto é lugar. Isso eu vi, eu convivi.

Acho que esse clima de euforia, que era extremamente contagiante, era o que fazia com que os nossos líderes na época, o Toledo, o Marighella, se entusiasmassem. O exemplo da ação fazia parte do programa da ALN. E aquela ação, particularmente, quase materializou uma coisa que estava escrita: o papel da ação na construção da organização. Começou a chover gente na horta da ALN, gente que queria militar, que queria participar, que ficou entusiasmada. O projeto era ambicioso? Não tenho a menor dúvida. Mas o que esse projeto tinha de materialidade era insuficiente para agüentar as conseqüências da ação. E os resultados estão aí. Essa precariedade fez com que acontecesse tudo isso que aconteceu, essas prisões todas, essas mortes, que foram decorrentes disso.

Talvez, se tivéssemos feito a ação numa condição minimamente mais de acordo com aquilo que o próprio projeto pregava, do ponto de vista da ALN, do ponto de vista da sua segurança, da compartimentação, dos esquemas que deviam ser montados, se tudo aquilo que estava no papel tivesse sido executado naquela operação, talvez tivessem havido prisões e tal, mas a dimensão da repressão não seria tão grande. Foi terrível. Então, não dá para achar que o papel da ação ia ser absorvido automaticamente pelas massas, e as massas iam começar a seqüestrar, atirar, prender. Ou aquilo que dizíamos: quem der o primeiro tiro vai fazer a revolução neste país. Achávamos que, dado o primeiro tiro, as massas iriam correr atrás.

Se hoje nós estivéssemos vivendo as circunstâncias da época, naquele quadro, evidentemente, eu não vacilaria em participar de novo. Eu acho que não foi um erro. Naquele quadro, era justo; eu faria de novo.

Daniel: É, voltando às referências daquelas organizações, dos militantes que éramos, estava coerente.

Cláudio: Eu acho que está um pouco idílica a colocação de vocês, porque não podemos focalizar uma ação com esse grau de repercussão isolada de um contexto, de uma estratégia, de outros fatores. Essa ação, num outro contexto, onde houvesse uma guerrilha rural operacional, com espaços já libertados, ou onde houvesse um partido político operando, ou ambos, teria uma dimensão. Agora, naquele contexto, a dimensão foi essa que aconteceu.

Eu lembro a vocês o seguinte: quando veio o AI-5, não houve sequer condições de protesto. O ano de 68 foi riquíssimo: povo na rua, Passeata dos Cem Mil, insatisfação etc., mas foi o ano também da retomada do crescimento econômico, um pouquinho antes. E quando veio o AI-5, é como se a ditadura tivesse retomado a iniciativa. Acho que não nos demos conta disso. Resolvemos continuar, ou seja, a locomotiva continuou, e os vagões ficaram parados na estação.

Quer dizer, eu também não me arrependo, evidentemente; na visão que nós tínhamos, o que éramos, eu faria de novo. Mas esse raciocínio também não ajuda muito, porque não vamos chegar a concluir nada. A única coisa que nos mostra é que nenhum de nós se arrepende das coisas que fez, porque nós lutávamos contra uma ditadura sangüinária, que estava estiolando toda a capacidade de pensar e de criar do povo brasileiro. Então, acho que era uma ação coerente com a tática. Operacionalmente houve problemas, sim, mas no fundamental ela foi bem executada, sobretudo a parte de captura. Houve problemas de infra-estrutura, coisas que ocorreram e que nós não pudemos prever. Agora, no geral, a história está cheia de exemplos para mostrar que às vezes uma ação operacionalmente correta, dentro de uma estratégia incorreta, só faz agravar o equívoco estratégico. E foi isso que aconteceu. Se tivéssemos sido malsucedidos, talvez fosse até melhor do que termos sido bem-sucedidos. Vocês me desculpem estar falando uma coisa dessas. Mas é no seguinte sentido: de que não tomamos consciência do momento histórico real que estávamos vivendo.

E, no entanto, mesmo que a ação tenha tido uma repercussão catastrófica para as organizações, se nós formos um pouco para fora desse contexto das quedas, da destruição das nossas organizações, se olharmos com um distanciamento maior, vamos ver que a ação teve um saldo positivo, na minha opinião, em termos estratégicos, que foi o seguinte: ela de alguma forma obrigou a ditadura militar a se desmascarar. Ela foi o catalisador no processo de reversão daquela situação.

MANOEL: Você está dando um peso a essa ação que ela não teve. Por exemplo: em agosto de 1969 estavam presos em São Paulo, e nós ignoramos na ação, todos os companheiros da Ala Vermelha do PCdoB. E eles foram presos pela Operação Bandeirantes de São Paulo. Quer dizer, todo o embrião do DOI-Codi já existia, estava atuando, já estava prendendo gente, destruindo organizações, antes da ação. Então, não é a ação...

FRANKLIN: A Dissidência do Rio de Janeiro, que era o MR-8, tinha acabado de ser destruída.

CLÁUDIO: Mas eu estou dizendo que a ação é um marco para a ditadura, o regime, determinar internamente que ia levar até o fim esse processo.

MANOEL: Mas quantos meses de planejamento e preparação a ditadura teve para criar a Operação Bandeirantes? Algum tempo, pelo menos alguns dias, que antecederam a própria prisão da Ala Vermelha, e antecedeu mais ainda a ação do americano.

Daniel: Você está dizendo que a ação não piorou as condições de repressão?

Manoel: Exatamente!

Cláudio: Ah, disso eu discordo. Ela foi emblemática de uma estratégia equivocada.

Franklin: Se formos pensar numa revolução de resultados, numa guerrilha de resultados, assim como tem um sindicalismo de resultados, é evidente que a ação não produziu resultados, no sentido de que a repressão foi maior do que nós podíamos agüentar. Agora, eu acho que não se pode pegar a ação descolada do ambiente da época e da estratégia da época. Eu acho que o Daniel colocou bem: no AI-5 o povo recuou e nós continuamos. A questão de fundo é essa.

Paulo de Tarso, Antônio Freitas Filho (o Baiano, de cabeça abaixada), Cláudio Torres e Manoel Cyrillo na Auditoria Militar.

Agora, posto isso, eu quero colocar uma coisa que talvez seja uma heresia também. Eu acho que às vezes, em determinados momentos, vencer não é o mais importante, o importante é lutar.

Sinceramente, eu acho que tem momentos na luta política em que o importante – você pode dizer, eu quero vencer, é isso que você está querendo –, mas o importante é lutar. Acho que a guerrilha no Brasil, do ponto de vista da guerrilha de resultados, foi um desastre: nós perdemos grandes quadros, muita gente morreu, ela ajudou, em um determinado momento, a unificar setores mais duros etc. Mas, do ponto de vista do que gerou para o futuro, eu acho que gerou uma coisa extremamente positiva. Acho que a ditadura não teve condição de se recompor do jeito que muitas vezes teve, cavou-se um fosso entre o povo e a ditadura, entre as forças de resistência democrática e a ditadura. Houve um sacrifício, não só de quem fez a guerrilha. As pessoas disseram: "Nós estamos dispostos até a morrer, mas não vamos viver desse jeito que vocês querem." Eu acho que isso deu uma dimensão nova.

Por exemplo, sabe o que me emociona mais na resistência democrática? Em São Paulo, 1974, um terror desenfreado, a garotada se juntando para fazer show, o pessoal da oposição metalúrgica aqui, em outro canto, se recompondo, debaixo de terror. Por que esses caras continuaram lutando? Porque eles tinham, atrás deles, o exemplo de pessoas que tinham lutado, tinham se lascado, mas tinham deixado alguma coisa. Tudo isso está no Brasil de hoje. Eu, sinceramente, não vou analisar a guerrilha de resultados. Eu acho o seguinte: nós ajudamos a plantar uma coisa. Eu não tenho dúvida de que o Brasil é muito melhor hoje do que era 20 ou 30 anos atrás, nenhuma dúvida disso. E nós ajudamos nisso. Foi porque seqüestramos o embaixador? Não, foi porque lutamos. O seqüestro, a captura, foi um desses momentos de luta.

Passageiros do Hércules 56 falecidos antes da realização das entrevistas

GREGÓRIO BEZERRA

Nascido em 13 de março de 1900, no município pernambucano de Panelas de Miranda, Gregório Bezerra sofreu sua primeira prisão política aos 17 anos, sob acusação de "perturbação da ordem pública". Militante do Partido Comunista do Brasil, participou em Recife da insurreição promovida em 1935 pela Aliança Nacional Libertadora. Libertado em maio de 1945, já em dezembro foi eleito deputado federal. Bezerra atuava junto ao movimento camponês pernambucano quando foi novamente preso, na semana seguinte ao golpe militar de 1964. A caminho de um quartel do IV Exército, foi arrastado e supliciado pelas ruas de Recife. Era o mais antigo preso político do país quando foi libertado em setembro de 1969. Acompanhou o grupo de 13 brasileiros que viajou para Cuba, onde passou algumas semanas antes de partir para Moscou. Voltou ao Brasil com a anistia e morreu de ataque cardíaco em 1983, em São Paulo.

IVENS MARCHETTI

Militante do PCB no começo dos anos 1960, o arquiteto Ivens Marchetti de Monte Lima atuava junto às bases do partido na favela da Rocinha, no Rio de Janeiro. Logo após o golpe de 1964, participou da luta interna que formou a Dissidência de Niterói, organização que em 1968 passou a editar o jornal *8*

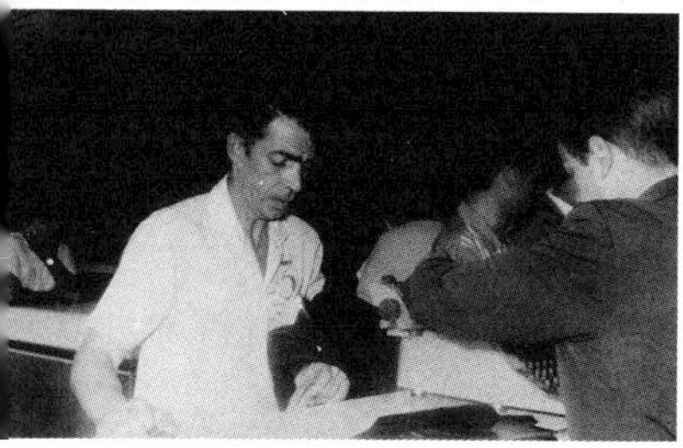

de Outubro, assim nomeado em referência à data da morte de Che Guevara na Bolívia. O grupo tentou sem sucesso implantar um foco guerrilheiro no oeste do Paraná, onde Marchetti foi preso, em abril de 1969. Para vangloriar-se de haver desbaratado uma organização de esquerda, o Cenimar criou a sigla MR-8, apropriada pela DI-GB pouco antes do seqüestro do embaixador Elbrick. Depois de passar por México e Cuba, Ivens viveu no Chile, onde foi novamente preso após o golpe de setembro de 1973. Passou a maior parte do exílio em Estocolmo, Suécia. Voltou ao Brasil com a anistia e retomou a atividade de arquiteto. Vivia entre sua cidade natal, Juiz de Fora, e Arraial do Cabo, no litoral do estado do Rio de Janeiro. Morreu de câncer em novembro de 2002.

JOÃO LEONARDO DA SILVA ROCHA

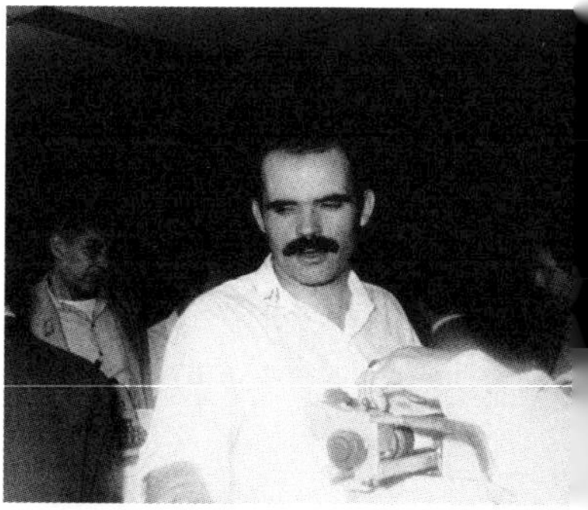

Baiano como Carlos Marighella, João Leonardo da Silva Rocha nasceu em agosto de 1939. Ex-seminarista, formou-se na Faculdade de Direito da Universidade de São Paulo. Militou no PCB e foi um dos pioneiros na luta interna que resultou na formação da ALN. Secundou Marco Antônio Brás de Carvalho, o Marquito, no comando do primeiro Grupo Tático Armado da organização. Participou de numerosas ações armadas, sem abandonar o trabalho como professor de português do estado de São Paulo. Tinha uma queda pelo cinema francês. Foi preso em São Paulo, em 28 de janeiro de 1969, no apartamento onde Marquito, poucas horas antes, havia sido assassinado por agentes da polícia. Depois de banido em troca do embaixador Elbrick, fez treinamento militar em Cuba e voltou ao Brasil clandestinamente em 1971, como membro do Molipo. Viveu em São Vicente, Pernambuco. Foi localizado e assassinado pela polícia no interior da Bahia, em 4 de novembro de 1974 – exatos cinco anos após Marighella ter sido fuzilado em uma escura rua paulistana.

LUÍS TRAVASSOS

Após fazer seminário em Bragança Paulista, Luís Travassos ingressou no curso de direito da PUC de São Paulo, em 1965. Militante da JUC e, mais tarde, da Ação Popular, foi sucessivamente presidente do Centro Acadêmico 22 de Agosto, do DCE da PUC, da UEE de São Paulo e da UNE. Foi preso em Ibiúna, em outubro de 1968. Ao deixar o México, viveu por um ano em Cuba e chegou ao Chile em janeiro de 1971. Após o golpe que derrubou o governo Allende, exilou-se na embaixada do México e voltou a passar curto período naquele país. Desembarcou em Bruxelas em 1974 e, com auxílio da Anistia Internacional, instalou-se na cidade alemã de

Luís Travassos discursa em manifestação estudantil na av. Rio Branco, no Centro do Rio de Janeiro.

Travassos chega ao Deops, após ser preso em Ibiúna.

Bochum. Uma bolsa concedida pela instituição protestante Ökumenisches Studienwerk lhe permitiu iniciar os estudos de economia na Universidade Livre de Berlim. Com a anistia, retornou ao Brasil, onde participou da fundação do PT e trabalhou como economista. Morreu em um acidente de carro no Aterro do Flamengo, Rio de Janeiro, na madrugada de 24 de fevereiro de 1982, uma quarta-feira de cinzas.

ONOFRE PINTO

O sargento do Exército Onofre Pinto nasceu em Jacupiranga, São Paulo. Ativo participante do Movimento dos Sargentos que antecedeu o golpe de 1964, teve seus direitos políticos cassados pelo AI-1. Foi militante do MNR e, em 1968, fundou a VPR. Foi preso em São Paulo no dia 2 de março de 1969. Do México foi para Cuba.

Passou pela Europa e reuniu-se à colônia de exilados brasileiros no Chile. Pouco antes do golpe que derrubou Salvador Allende, fugiu para a Argentina. Em julho de 1974, ao tentar voltar clandestinamente ao Brasil liderando outros cinco companheiros, foi atraído pelos órgãos de segurança e morto em uma emboscada no sudoeste do Paraná. Seu corpo nunca foi localizado.

ROLANDO FRATI

Filho de uma família de anarquistas de origem italiana, Rolando Frati nasceu em São Paulo, em 21 de janeiro de 1912. Começou muito jovem sua militância no movimento operário e ingressou no PCB em setembro de 1937, quando era presidente do Sindicato dos Trabalhadores da Construção Civil de São Paulo. Em 1941, deslocou-se para Santo André, onde veio a se tornar secretário do PCB. Já como membro do Comitê Central do partido, passou os anos 1953 e 1954 na União Soviética, de onde retorna anti-stalinista. Depois do golpe de 1964, acompanhou Carlos Marighella na luta interna que resultou na formação do Agrupamento Comunista de São Paulo, mais tarde ALN. Frati foi um dos expulsos do PCB em 1967, durante o VI Congresso do partido. Em 8 de março de 1969, sofreu sua 12ª prisão política. Após a libertação, em setembro de 1969, passou curto período no México e seguiu para Cuba, onde começou a organizar, juntamente com Ricardo Zarattini, a Tendência Leninista da ALN. Foi para o Chile e, após o golpe de 11 de setembro de 1973, asilou-se na Itália. Naquele país, aproximou-se das teses do eurocomunismo e percorreu a Europa participando de seminários, conferências e debates sobre a ditadura brasileira. Articulou a criação do núcleo europeu de apoio à oposição sindical no Brasil. De volta ao país com a anistia, retomou o trabalho junto aos sindicatos e teve morte natural em 1991.

Manifesto dos seqüestradores

Grupos revolucionários detiveram hoje o senhor Charles Burke Elbrick, embaixador dos Estados Unidos, levando-o para algum lugar do país, onde o mantêm preso. Este ato não é um episódio isolado. Ele se soma aos inúmeros atos revolucionários já levados a cabo: assaltos a bancos, nos quais se arrecadam fundos para a revolução, tomando de volta o que os banqueiros tomam do povo e de seus empregados; ocupação de quartéis e delegacias, onde se conseguem armas e munições para a luta pela derrubada da ditadura; invasões de presídios, quando se libertam revolucionários, para devolvê-los à luta do povo; explosões de prédios que simbolizam a opressão; e o justiçamento de carrascos e torturadores.

Na verdade, o rapto do embaixador é apenas mais um ato da guerra revolucionária, que avança a cada dia e que ainda este ano iniciará sua etapa de guerrilha rural.

Com o rapto do embaixador, queremos mostrar que é possível vencer a ditadura e a exploração, se nos armarmos e nos organizarmos. Apareceremos onde o inimigo menos nos espera e desapareceremos em seguida, desgastando a ditadura, levando o terror e o medo para os exploradores, a esperança e a certeza da vitória para o meio dos explorados.

O senhor Burke Elbrick representa em nosso país os interesses do imperialismo, que, aliados aos grandes patrões, aos grandes fazendeiros e aos grandes banqueiros nacionais, mantêm o regime de opressão e exploração.

Os interesses desses consórcios de se enriquecerem cada vez mais criaram e mantêm o arrocho salarial, a estrutura agrária injusta e a repressão institucionalizada. Portanto, o rapto do embaixador é uma advertência clara de que o povo brasileiro não lhes dará descanso e a todo momento fará desabar sobre eles o peso de sua luta. Saibam todos que esta é uma luta sem tréguas, uma luta longa e dura, que não termina com a troca de um ou outro general no poder, mas que só acaba com o fim do regime dos grandes exploradores e com a constituição de um governo que liberte os trabalhadores de todo o país da situação em que se encontram.

Estamos na Semana da Independência. O povo e a ditadura comemoram de maneiras diferentes. A ditadura promove festas, paradas e desfiles, solta fogos de artifício e prega cartazes. Com isso, ela não quer comemorar coisa nenhuma; quer jogar areia nos olhos dos explorados, instalando uma falsa alegria com o objetivo de esconder a vida de miséria, exploração e repressão em que vivemos. Pode-se tapar o sol com a peneira? Pode-se esconder do povo a sua miséria, quando ele a sente na carne?

Na Semana da Independência, há duas comemorações: a da elite e a do povo, a dos que promovem paradas e a dos que raptam o embaixador, símbolo da exploração.

A vida e a morte do senhor embaixador estão nas mãos da ditadura. Se ela atender a duas exigências, o senhor Burke Elbrick será libertado. Caso contrário, seremos obrigados a cumprir a justiça revolucionária. Nossas duas exigências são:

a) A libertação de quinze prisioneiros políticos. São quinze revolucionários entre os milhares que sofrem as torturas nas prisões-quartéis de todo o país, que são espancados, seviciados, e que amargam as humilhações impostas pelos militares. Não estamos exigindo o impossível. Não estamos exigindo a restituição da vida de inúmeros combatentes assassinados nas prisões. Esses não serão libertados, é lógico. Serão vingados, um dia. Exigimos apenas a libertação desses quinze homens, líderes da luta contra a ditadura. Cada um deles vale cem embaixadores, do ponto de vista do povo. Mas um embaixador dos Estados Unidos também vale muito, do ponto de vista da ditadura e da exploração.

b) A publicação e leitura desta mensagem, na íntegra, nos principais jornais, rádios e televisões de todo o país.

Os quinze prisioneiros políticos devem ser conduzidos em avião especial até um país determinado – Argélia, Chile ou México –, onde lhes seja concedido asilo político. Contra eles não devem ser tentadas quaisquer represálias, sob pena de retaliação.

A ditadura tem 48 horas para responder publicamente se aceita ou rejeita nossa proposta. Se a resposta for positiva, divulgaremos a lista dos quinze líderes revolucionários e esperaremos 24 horas por seu transporte para um país seguro. Se a resposta for negativa, ou se não houver resposta nesse prazo, o senhor Burke Elbrick será justiçado. Os quinze companheiros devem ser libertados, estejam ou não condenados: esta é uma "situação excepcional". Nas "situações excepcionais", os juristas da ditadura sempre arranjam uma fórmula para resolver as coisas, como se viu recentemente, na subida da junta militar.

As conversações só serão iniciadas a partir de declarações públicas e oficiais da ditadura de que atenderá às exigências.

O método será sempre público por parte das autoridades e sempre imprevisto por nossa parte.

Queremos lembrar que os prazos são improrrogáveis e que não vacilaremos em cumprir nossas promessas.

Finalmente, queremos advertir aqueles que torturam, espancam e matam nossos companheiros: não vamos aceitar a continuação dessa prática odiosa. Estamos dando o último aviso. Quem prosseguir torturando, espancando e matando ponha as barbas de molho. Agora é olho por olho, dente por dente.

Ação Libertadora Nacional (ALN)
Movimento Revolucionário 8 de Outubro (MR-8)

Glossário

4º RI • Quarto Regimento de Infantaria, localizado em Quintaúna, região metropolitana de São Paulo, próximo a Osasco. Em 23 de janeiro de 1969, Carlos Lamarca e três companheiros da VPR desertaram do quartel levando 63 fuzis, revólveres e munição.

AI-5 • Ato Institucional n.5. Editado no dia 13 de dezembro de 1968, foi o instrumento jurídico mais abrangente e mais autoritário do ciclo militar, autorizando o presidente da República, em caráter excepcional e, portanto, sem apreciação judicial, a: decretar o recesso do Congresso Nacional; intervir nos estados e municípios; cassar mandatos parlamentares; suspender, por dez anos, os direitos políticos de qualquer cidadão; decretar o confisco de bens considerados ilícitos; e suspender a garantia do *habeas corpus*, entre outras medidas discricionárias. Foi imediatamente seguido pela decretação do recesso do Congresso Nacional, através do Ato Complementar n.48.

ALN • Ação Libertadora Nacional. Sigla assumida publicamente pelo Agrupamento Comunista de São Paulo, dissidência do PCB liderada por Carlos Marighella em fevereiro de 1968.

AP • Ação Popular. Organização política que se originou de um setor da JUC em 1962 e realizou o primeiro congresso em fevereiro do ano seguinte. A partir de 1967, assumiu a doutrina marxista; no ano seguinte, o maoísmo; e em 1971 transformou-se em APML – Ação Popular Marxista-Leninista do Brasil. Integrou-se ao PCdoB em 1972.

Arena • Aliança Renovadora Nacional, partido político criado em 4 de abril de 1966 para dar suporte parlamentar aos governos militares. No mês seguinte, homologou o nome de Costa e Silva como candidato a presidente da República. Com a extinção de todos os partidos políticos, determinada pelo Ato Institucional n.2, de 27 de outubro de 1965, o quadro partidário brasileiro ficou por 20 anos resumido ao MDB e à Arena.

Caco • Centro Acadêmico Cândido de Oliveira, da Faculdade Nacional de Direito da Universidade do Brasil, atual UFRJ.

CDR • Conselho de Defesa da Revolução. Organismo cubano de organização popular, formado por grupos de bairro.

Cenimar • Centro de Informações da Marinha.

CIA • Central Intelligency Agency. Serviço internacional de inteligência dos Estados Unidos.

Colina • Comando de Libertação Nacional. Organização político-militar formada em abril de 1968 como resultado da fusão de dissidências da Polop em Minas Gerais e na Guanabara com ex-militares remanescentes do movimento nacionalista de inspiração brizolista. Em junho de 1969 fundiu-se com a VPR e duas organizações menores, formando a VAR-Palmares.

CPC • Centro Popular de Cultura. Centro de atividade artística criado pela UNE na gestão Aldo Arantes (1961-62), propondo o engajamento de intelectuais e artistas em uma arte popular revolucionária. O anteprojeto do manifesto do CPC afirmava que "em nosso país e em nossa época, fora da arte política não há arte popular".

Crusp • Conjunto Residencial da Universidade de São Paulo.

CUT • Central Única dos Trabalhadores. Fundada em 28 de agosto de 1983, na cidade de São Bernardo do Campo, SP, durante o Primeiro Congresso Nacional da Classe Trabalhadora.

DCE • Diretório Central dos Estudantes. Entidade que representa todos os estudantes de uma instituição de ensino superior.

Deops • Departamento Estadual de Ordem Política e Social.

DI-GB • Dissidência da Guanabara (também conhecida como Dissidência Universitária da Guanabara). Fração do PCB formada em 1966, definiu sua linha política na conferência que se reuniu em fevereiro do ano seguinte. Em meados de 1969, adotou a sigla MR-8. Foi a idealizadora do rapto do embaixador Charles Elbrick.

DOI-Codi • Destacamento de Operações de Informações-Centro de Operações de Defesa Interna. A criação desses órgãos coligados, em janeiro de 1970, representou a coordenação, por parte do Exército, da ação repressiva dos serviços de informação civis e militares, que até então atuavam com relativa independência.

Dops • Departamento de Ordem Política e Social. Ocupava o prédio da rua da Relação, esquina de Inválidos, no Rio de Janeiro, que a partir de 1912 sediou, sucessivamente, a Repartição Central de Polícia do Distrito Federal, a Delegacia de Ordem Política e Social e a Divisão de Polícia Política e Social.

FAU • Faculdade de Arquitetura e Urbanismo da USP.

GTA • Grupo Tático Armado. Organismo de base da ALN dedicado ao planejamento e execução de ações armadas.

IPM ▪ Inquérito Policial-Militar. Segundo o Código de Processo Penal Militar, é "a apuração sumária de fato, que, nos termos legais, configure crime militar, e de sua autoria"; peça informativa ao promotor em caso de ação penal. Durante o regime militar, indiciou inúmeros civis acusados de atividades subversivas, que foram julgados pela Justiça Militar.

JEC ▪ Juventude Estudantil Católica. Criada na França em 1927, no Brasil tornou-se a organização da Ação Católica no meio estudantil secundarista.

JOC ▪ Juventude Operária Católica. Organização da Ação Católica no meio operário.

JUC ▪ Juventude Universitária Católica. Organização da Ação Católica no meio universitário.

MAR ▪ Movimento de Ação Revolucionária. Organização político-militar pequena e de breve existência, formada a partir da fuga de um grupo de ex-marinheiros e fuzileiros navais do presídio Lemos Brito, no Rio de Janeiro, em junho de 1969.

MDB ▪ Movimento Democrático Brasileiro. Partido criado após o AI-2, de 27 de outubro de 1965, que extinguiu todas as agremiações políticas existentes e instituiu o bipartidarismo compulsório. O MDB foi criado para exercer uma oposição consentida e controlada, enquanto a Arena – Aliança Renovadora Nacional – era o partido governista. O MDB obteve registro na Justiça Eleitoral em 24 de março de 1966.

MNR ▪ Movimento Nacionalista Revolucionário. Organização formada em 1965 por ex-militares nacionalistas e seguidores de Leonel Brizola, à época exilado no Uruguai. Foi o primeiro grupo a receber apoio de Cuba. Preparou três focos guerrilheiros que não tiveram sucesso, sendo Caparaó o mais conhecido.

Molipo ▪ Movimento de Libertação Popular. Dissidência da ALN formada em Cuba, no início de 1971, por cerca de 30 militantes que se preparavam para retornar ao Brasil.

Montoneros ▪ Vertente de esquerda do peronismo argentino que, no final dos anos 60, transformou-se em organização armada clandestina.

MR-8 ▪ Sigla criada pelo Cenimar em julho de 1969 para propagandear o extermínio da Dissidência Estudantil de Niterói, grupo armado que editava o jornal-panfleto *8 de Outubro*. Pouco depois, a DI-GB assumiu a sigla ao fazer suas primeiras ações de propaganda armada, como o rapto do embaixador Charles Elbrick.

MST ▪ Movimento dos Trabalhadores Rurais Sem Terra. Criado em janeiro de 1984, em um encontro realizado em Cascavel, oeste do Paraná, organizou no ano seguinte seu primeiro congresso, em Curitiba. Sua sigla assemelha-se à do Master – Movimento dos Agricultores Sem Terra, criado pelo brizolismo em fins de 1961 e desmobilizado após o golpe de 1964.

Oban • Operação Bandeirantes. Organização de integração dos organismos atuantes no combate às organizações e partidos de esquerda. Criada no primeiro semestre de 1969 e oficializada no dia 1º de julho, tinha como sede a delegacia de polícia da rua Tutóia, em São Paulo.

ONU • Organização das Nações Unidas.

OPP • Organização parapartidária. Na estrutura de um grupo revolucionário clandestino, estágio intermediário entre os simpatizantes e os militantes efetivos.

PA • Polícia da Aeronáutica.

Parasar • Abreviação da 1ª Esquadrilha de Salvamento e Resgate da Força Aérea Brasileira.

PCdoB • Partido Comunista do Brasil. Sigla histórica de 1922, assumida pelos dissidentes que não aceitaram a decisão do Comitê Central, em agosto de 1961, de mudar o nome do partido para adequar-se à legislação brasileira, na tentativa de reconquistar a legalidade. Convocaram uma Conferência Nacional Extraordinária, em fevereiro de 1962, em que reivindicaram todos os símbolos, tradições e alianças internacionais do partido, embora tenham acabado por se alinhar ao Partido Comunista Chinês. Suas principais lideranças foram João Amazonas, Pedro Pomar e Maurício Grabois.

PCdoB/Ala Vermelha • Dissidência do PCdoB formada a partir de 1967. Em dezembro de 1968 aprovou uma linha programática que combinava a concepção maoísta de guerra popular com a teoria do foco.

PCB • Partido Comunista Brasileiro, fundado em 1922 por Astrogildo Pereira como Partido Comunista do Brasil. Mais antigo partido revolucionário brasileiro, alternou atuação clandestina com curtos períodos de legalidade, quando elegeu deputados e senadores. Sofreu sucessivas cisões a partir de 1961. Sua liderança mais expressiva foi o secretário-geral Luís Carlos Prestes, que encabeçou a lista de suspensão dos direitos políticos divulgada em 9 de abril de 1964 pelos militares golpistas.

PCBR • Partido Comunista Brasileiro Revolucionário. Dissidência do PCB formada em outubro de 1967, inicialmente denominada Corrente Revolucionária. Em abril do ano seguinte realizou sua assembléia de fundação, denominada Primeira Conferência Nacional, assumindo então a sigla PCBR. Suas principais lideranças foram Apolônio de Carvalho, Mário Alves e Jacob Gorender.

PDT • Partido Democrático Trabalhista. Agremiação fundada em 1980 sob a liderança de Leonel Brizola, quando perdeu para Ivete Vargas a sigla histórica do trabalhismo getulista, o PTB – Partido Trabalhista Brasileiro.

PE • Polícia do Exército.

PMDB ▪ Partido do Movimento Democrático Brasileiro. Surgiu em 1979, com a reforma política que restaurou o pluripartidarismo. O MDB decidiu então acrescentar a letra P à antiga sigla MDB, enquanto a Arena passou a denominar-se PDS – Partido Democrático Social, de vida breve.

PO ▪ Organização de Combate Marxista-Leninista/Política Operária (OCML-PO), também conhecida como nova Polop. Cisão do POC, que, em abril de 1969, condenava as ações armadas e propunha uma volta à linha programática da antiga Polop, cuja sigla resgatou.

POC ▪ Partido Operário Comunista. Resultou da fusão, em abril de 1968, entre a Polop e a Dissidência Leninista do PCB no Rio Grande do Sul.

Polop (ou ORM-Polop) ▪ Organização Revolucionária Marxista/Política Operária. Formou-se em fevereiro de 1961, em conseqüência da fusão de remanescentes do Partido Socialista Revolucionário (PSR) com setores da Juventude Trabalhista de Minas Gerais, da Liga Socialista Independente (LSI) e de outros trotskistas e dissidentes do PCB. No IV Congresso, em setembro de 1967, perdeu cerca da metade de seus militantes para duas novas organizações: Colina e VPR.

PRC ▪ Partido Revolucionário Comunista, organização radical clandestina dirigida por Tarso Genro e José Genoíno durante a década de 1980.

PT ▪ Partido dos Trabalhadores. Oficialmente fundado em São Paulo em 10 de fevereiro de 1980, no contexto da reforma política que institui o pluripartidarismo, resultou da aproximação de tendências heterogêneas, como o novo sindicalismo emergente das greves do ABC paulista, os ativistas das comunidades de base da Igreja progressista e remanescentes de organizações de esquerda atuantes nos anos 60 e 70.

PTB ▪ Partido Trabalhista Brasileiro. Fundado no Rio de Janeiro em 15 de maio de 1945, em torno da liderança do presidente Getúlio Vargas. Foi o maior partido político brasileiro, em termos de número de filiados, até o golpe de 1964.

PUC ▪ Pontifícia Universidade Católica.

SNI ▪ Serviço Nacional de Informações. Antigo projeto do general Golbery do Couto e Silva, que afinal o fundou em 13 de junho de 1964 e o presidiu por três anos. Vinculava-se diretamente à Presidência da República e teve atuação destacada durante todo o ciclo militar. Dos cinco presidentes militares, dois dirigiram o SNI: Emílio Garrastazu Médici e João Batista Figueiredo.

Tuca ▪ Teatro da Universidade Católica de São Paulo.

Tupamaros ▪ Organização político-militar urbana uruguaia, também denominada Exército de Liberação Nacional, atuante nos anos 60 e 70. Adotou o nome do cacique peruano Túpac Amaru, que em 1780 liderou a maior rebelião indígena da história das Américas.

Tusp ▪ Teatro da USP.

UEE ▪ União Estadual dos Estudantes. Entidade que representa todos os estudantes universitários de um estado.

UNE ▪ União Nacional dos Estudantes. Fundada no dia 13 de agosto de 1937, no I Congresso Nacional dos Estudantes, organizado na Casa do Estudante do Brasil, no Rio de Janeiro.

Upes ▪ União Paulista de Estudantes Secundaristas.

USP ▪ Universidade de São Paulo.

VAR-Palmares ▪ Vanguarda Armada Revolucionária-Palmares. Fruto da fusão, em junho de 1969, entre Colina, VPR e duas pequenas organizações do Rio de Janeiro e do Rio Grande do Sul. Seu primeiro congresso, realizado em agosto para efetivar a integração, rachou a VAR em três diferentes organizações. Já muito fragilizada, organizou em 1971 seu segundo congresso.

VPR ▪ Vanguarda Popular Revolucionária. Organização político-militar formada a partir do racha do 4º Congresso da Polop em 1967, reunindo estudantes, ex-militares nacionalistas e ativistas operários de Osasco. Em junho de 1969, contribuiu para a fusão que resultou na formação da VAR-Palmares. Já em setembro, cerca de cem militantes da VAR voltaram a agrupar-se sob a sigla VPR. Em 1970, a organização seqüestrou três diplomatas: o cônsul japonês em São Paulo e os embaixadores da Alemanha e da Suíça, no Rio de Janeiro, obtendo a libertação de 115 presos políticos.

BIBLIOGRAFIA

AARÃO REIS FILHO, Daniel (org.). *Versões e ficções – O seqüestro da história*. São Paulo, Fundação Perseu Abramo, 1979.

_______. *A revolução faltou ao encontro – Os comunistas no Brasil*. São Paulo, Brasiliense, 1990.

_______. *Ditadura militar, esquerdas e sociedade*. Rio de Janeiro, Zahar, 2000.

_______. *O golpe e a ditadura militar – Quarenta anos depois (1964/2004)*. Bauru, Edusc, 2004.

_______ e Pedro Moraes. *1968: a paixão de uma utopia*. Rio de Janeiro, FGV, 1988.

ARGOLO, José et al. *A direita explosiva no Brasil*. Rio de Janeiro, Mauad, 1996.

BERQUÓ, Alberto. *O seqüestro dia a dia*. Rio de Janeiro, Nova Fronteira, 1997.

BEZERRA, Gregório. *Memórias*, 2 vols. Rio de Janeiro, Civilização Brasileira, 1979.

BNM (Arquidiocese de São Paulo). *Brasil: Nunca Mais*. Petrópolis, Vozes, 1985.

BUARQUE DE HOLLANDA, Heloísa. *Impressões de viagem (CPC, vanguarda e desbunde)*. São Paulo, Brasiliense, 1981.

CALDAS, Álvaro. *Tirando o capuz*. Rio de Janeiro, Codecri, 1982.

CARONE, Edgar. *A quarta República (1945-1964)*. São Paulo, Difel, 1980.

CAVALCANTI, Pedro U. e Jovelino Ramos. (org.). *Memórias do exílio – Brasil 1964/19??*. São Paulo, Livramento, 1978.

COSTA, Albertina de O. et al. (org.). *Memórias das mulheres no exílio*. Rio de Janeiro, Paz e Terra, 1980.

COUTO, Ronaldo C. *Memória viva do regime militar*. Rio de Janeiro, Record, 1999.

DANIEL, Herbert. *Passagem para o próximo sonho*. Rio de Janeiro, Codecri, 1982.

D'ARAÚJO, Maria Celina et al. *Os anos de chumbo – a memória militar sobre a repressão*. Rio de Janeiro, Relume-Dumará, 1994.

DEBRAY, Régis. *Revolução na revolução*. São Paulo, Centro Editorial Latino-Americano, s.d.

DEL ROIO, José Luiz. *Zarattini, a paixão revolucionária*. São Paulo, Ícone, 2006.

DIRCEU, José e Vladimir Palmeira. *Abaixo a ditadura – O movimento de 68 contado por seus líderes*. Rio de Janeiro, Espaço e Tempo/Garamond, 1998.

FERNANDES JÚNIOR, Ottoni. *O baú do guerrilheiro*. Rio de Janeiro, Record, 2004.

FICO, Carlos. *Além do golpe*. Rio de Janeiro, Record, 2004.

FIGUEIREDO, Lucas. *Ministério do silêncio – A história do serviço secreto brasileiro de Washington Luís a Lula (1927-2005)*. Rio de Janeiro, Record, 2005.

FON, Antônio Carlos. *Tortura – A história da repressão política no Brasil*. São Paulo, Global, 1979.

FREI BETTO. *Batismo de sangue – Os dominicanos e a morte de Carlos Marighella*. Rio de Janeiro, Civilização Brasileira, 1983.

FREIRE, Alípio. "Anotações sobre uma tragédia – A quebra do militante revolucionário Edgar de Almeida Martins, o Matias." Campinas, mimeo., 2005.

______ et al. *Tiradentes, um presídio da ditadura*. São Paulo, Scipione, 1997.
GABEIRA, Fernando. *O que é isso, companheiro?* Rio de Janeiro, Guanabara, 1988.
GASPARI, Elio. *A ditadura envergonhada*. São Paulo, Companhia das Letras, 2002.
______. *A ditadura escancarada*. São Paulo, Companhia das Letras, 2002.
______. *A ditadura derrotada*. São Paulo, Companhia das Letras, 2003.
______. *A ditadura encurralada*. São Paulo, Companhia das Letras, 2004.
GORENDER, Jacob. *Combate nas trevas*. São Paulo, Ática, 2003.
EMILIANO, José. *Carlos Marighella, o inimigo público número um da ditadura militar*. São Paulo, Sol e Chuva, 1997.
______ e Oldack de Miranda. *Lamarca, o capitão da guerrilha*. São Paulo, Global, 1981.
LIMA, Haroldo e Aldo Arantes. *História da Ação Popular: da JUC ao PC do B*. São Paulo, Alfa-Ômega, 1984.
LUNGARETTI, Celso. *Náufrago da utopia – Vencer ou morrer na guerrilha aos 18 anos*. São Paulo, Geração, 2005.
MARTINELLI, Renato. *Um grito de coragem – Memórias da luta armada*. São Paulo, Com-Arte, 2006.
MIRANDA, Nilmário e Carlos Tibúrcio. *Dos filhos deste solo – Mortos e desaparecidos políticos durante a ditadura militar: a responsabilidade do Estado*. São Paulo, Fundação Perseu Abramo/Boitempo, 1999.
MOURA, Clóvis. *Diário da guerrilha do Araguaia*. São Paulo, Alfa-Ômega, 1979.
NOVA, Christiane e Jorge Nóvoa. *Carlos Marighella – O homem por trás do mito*. São Paulo, Unesp, 1999.
PAIVA, Maurício. *O sonho exilado*. Rio de Janeiro, Mauad, 2004.
PALMAR, Aluízio. *Onde foi que vocês enterraram nossos mortos?* Curitiba, Travessa dos Editores, 2006.
PAULINO, Leopoldo. *Tempo de resistência*. Ribeirão Preto, Oswaldo Cruz, 2001.
PAZ, Carlos Eugênio. *Viagem à luta armada*. Rio de Janeiro, Civilização Brasileira, 1996.
POLARI, Alex. *Em busca do tesouro*. Rio de Janeiro, Codecri, 1982.
PORTELA, Fernando. *Guerra de guerrilhas no Brasil*. São Paulo, Global, 1979.
PRADO JR., Caio. *A revolução brasileira*. São Paulo, Brasiliense, 1966.
RIBEIRO, Octávio. *Por que eu traí – Confissões de cabo Anselmo*. São Paulo, Global, 1984.
RIDENTI, Marcelo. *O fantasma da revolução brasileira*. São Paulo, Unesp, 1993.
ROLLEMBERG, Denise. *O apoio de Cuba à luta armada no Brasil – O treinamento guerrilheiro*. Rio de Janeiro, Mauad, 2001.
SAINT-PIERRE, Héctor L. *A política armada – Fundamentos da guerra revolucionária*. São Paulo, Unesp, 1999.
SIRKIS, Alfredo. *Os carbonários – Memórias da guerrilha perdida*. São Paulo, Global, 1980.
TAPAJÓS, Renato. *Em câmara lenta*. São Paulo, Alfa-Ômega, 1977.
TAVARES, Flávio. *Memórias do esquecimento*. São Paulo, Globo, 1999.
VENTURA, Zuenir. *1968, o ano que não terminou*. Rio de Janeiro, Nova Fronteira, 1988.

Créditos das ilustrações

Na listagem abaixo, os números referem-se às páginas; as letras especificam a imagem, quando necessário.

Acervo de família (Onofre Pinto): 337a; *Acervo Iconographia*: 62, 163, 275, 303, 322a, 324; *Acervo Jornal do Brasil*: 41, 91; *Acervo José Dirceu*: 55b, 215; *Acervo Mario Zanconato*: 133, 282; *Acervo Silvio Da-Rin*: 181, 335b; *AGN*: 27, 42, 55a, 71, 85, 103, 119, 129, 145, 167, 168, 175, 189, 209, 239, 245, 259, 278, 333a, 334a, 334c, 335a, 336a, 337b; *Arquivo Público de São Paulo*: 9, 31, 177, 180, 183, 219, 304, 321, 322b, 330, 336b; *Arquivo Granma*: 75, 105, 107, 130, 151, 227, 249, 333b, 334b, 334d, 337c; *Selmy Yassuda*: 287, 288, 289, 290.

Todos os esforços foram feitos para identificar as fontes das imagens aqui reproduzidas. Estamos prontos a corrigir eventuais falhas ou omissões em futuras edições.

ÍNDICE ONOMÁSTICO

Os números em negrito referem-se a páginas com ilustrações.

Este livro foi composto em Minion e Frutiger
e impresso por Geográfica Editora em outubro de 2007.